全国教育科学规划教育部重点课题"高校创业教育生态系统构建问题研究"（DIA190410）；吉林省哲学社会科学基金项目"马克思主义公益观视域下吉林省社会创业教育研究"（2022B126）

高校创业教育
生态系统研究

王　鹏◎著

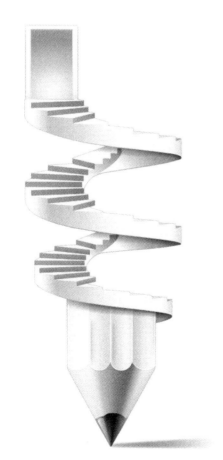

COLLEGES AND UNIVERSITIES
ENTREPRENEURSHIP EDUCATION
ECOLOGICAL SYSTEM

经济管理出版社
ECONOMY & MANAGEMENT PUBLISHING HOUSE

图书在版编目（CIP）数据

高校创业教育生态系统研究/王鹏著 . —北京：经济管理出版社，2023.3
ISBN 978-7-5096-8833-5

Ⅰ.①高…　Ⅱ.①王…　Ⅲ.①高等学校—创业—教育—研究—中国　Ⅳ.①G647.38

中国版本图书馆 CIP 数据核字（2022）第 243771 号

组稿编辑：谢　妙
责任编辑：谢　妙
责任印制：黄章平
责任校对：陈　颖

出版发行：经济管理出版社
　　　　　（北京市海淀区北蜂窝 8 号中雅大厦 A 座 11 层　100038）
网　　　址：www. E-mp. com. cn
电　　　话：(010) 51915602
印　　　刷：唐山昊达印刷有限公司
经　　　销：新华书店
开　　　本：720mm×1000mm/16
印　　　张：13. 75
字　　　数：225 千字
版　　　次：2023 年 3 月第 1 版　　2023 年 3 月第 1 次印刷
书　　　号：ISBN 978-7-5096-8833-5
定　　　价：68. 00 元

前　言

近年来，创新创业已经成为当代中国的时代旋律，高校作为大学生创业教育的主阵地，深入推进高校创业教育改革成为当前和今后一段时期高等教育改革发展的重要任务。本书调查结果显示，虽然高校师生对创业教育的满意度总体呈上升趋势，但仍有近1/3的大学生及超过1/4的创业教育教师和管理人员对当前高校创业教育的效果持不确定或不满意态度。如何进一步提升创业教育实效、提高创新型人才培养质量成为社会各界关注的焦点。

笔者在生态哲学理论、教育生态系统理论、三螺旋创业模型理论、蒂蒙斯创业理论等的指导下，运用文献法、问卷法、访谈法、比较法等研究方法，阐释了高校创业教育生态系统构建的理论前提，分析了生态与高校创业教育之间的内在联系，提出创业教育的"三类认知"，论证了学科借鉴的可行性与风险性，明确了创业教育生态分析的前提条件与特定价值。在对当前高校创业教育各功能要素实施现状进行实证分析的基础上，笔者描述了生态失衡的问题表征，分析了此问题背后的根源。在国外创业教育成功经验与我国实际相结合的基础上，笔者构建高校创业教育生态系统，探寻系统内部各要素之间的相互关联，旨在发挥系统综合效应，实现我国高校创业教育的转型升级与整体优化。各部分内容如下：

绪论部分，主要对研究的背景与问题提出、研究的目的和意义、研究的核心概念、研究的思路与方法，以及研究的理论基础等进行阐述，为后续研究提供必要的前提准备。

文献综述部分，主要通过主题综述对本书相关涉域的已有成果进行分析。主题综述主要围绕创业教育、教育生态和创业教育生态系统三个领域对已有成果进行述评。

理论前提部分，重点阐释生态与高校创业教育的内在关联。从"生态"理解的三重性开始，即作为一种实体描述的生态、作为一种分析方法的生态和作为一种价值观念的生态，阐述生态视域所蕴含的内在特征，即从"局部分析"到"整体关照"，从"实体思维"到"关系探究"，从"封闭单一"到"开放多样"，从"静态要素"到"动态平衡"。在"生态"理解的启示下，提出认识创业教育的三种视域。从本体立论，创业教育内含生态特质和生态要求；从方法立论，运用生态学分析方法来研究创业教育；从价值立论，创业教育有利于个人价值和社会价值的实现。

生态审视部分，重点阐释高校创业教育各功能要素的实施现状。通过调查与访谈，结合调查结果的定性与定量分析，呈现出当前高校创业教育生态失衡的种种现象，具体表现为创业教育目标的功利性、创业教育政策的局限性、创业教育环境的封闭性、创业教育课程的孤立性、创业教育课堂的单向性等。本部分从当前高校创业教育生态失衡的现状出发，按照生态学思维剖析其背后的形成机理，为创业教育生态系统的构建提供了必要的现实依据。

他山之石部分，重点阐释国外创业教育生态系统建设的经验与启示。以美国麻省理工学院、德国慕尼黑工业大学和新加坡南洋理工大学为例，对国外高校创业教育生态系统的模式构建与运行要素进行了介绍。同时，在创建"三位一体"创业教育生态系统、完善"激励与监控"的政策制度、建立"服务与支持"的组织机构、设置"多维与融合"的课程体系、孕育"浸润与体验"的文化氛围等方面为我国创业教育生态系统的构建提供了有益借鉴。

本土建构部分，重点阐释我国高校创业教育生态系统的构建。首先，明确了创业教育生态系统的构成包括实体要素和功能要素，并对主体、客体、介体和环体等实体要素加以分析，在认识"四要素"的基础上分析了"四要素"之间的相互关系。其次，在要素关系的基础上，进一步分析了创业教育生态系统的宏观、中观和微观结构，提出了系统具有目标性、动态性、整体性、制衡性、互促性和生命性的特征和非线性、相对均衡、动态发展的运行机制。最后，围绕高校创业教育生态系统中的五个功能要素，即目标、政策、环境、课程和课堂，分别提出了具体的生态优化策略。

目　录

第一章 绪 论

创业教育作为人类社会教育实践的一种具体形式,旨在培养教育对象的创新意识、创新精神和创新能力,其产生与发展具有合理的目的性和规律性。回顾我国高等教育的发展,在"大众创业、万众创新"的大背景下,创业教育得到了全社会的高度关注,创新型人才已经成为很多高校人才培养的新方向与新定位。从中央到地方相关政策文件的集中发布,创业活动的蓬勃开展,创业教育基础理论积淀的日益加深,研究方法的不断扩展,研究视域越发宽广,实践效果得到明显提升。可以说,学科综合研究在创业教育的理论与实践创新发展过程中具有重要的作用。近年来,关注生态学,包括教育生态学、社会生态学的有关思维与方法,是创业教育研究中的一个前沿问题。本书拟在生态视域下对高校创业教育进行研究,旨在探索改进创业教育现状的新思路与新办法。

一、研究背景与问题提出

(一) 加强生态文明建设的时代要求

自文艺复兴以来,"文明"开始成为与"野蛮"相对立的形容词,按照马克思主义的观点,"文明"是人类改造世界的物质和精神成果的总和,是社会生产方式发展进步的标志。20世纪以来,西方工业化国家所面临的环境污染、生态失衡等问题日益严重,甚至危及人类社会的生存发展。从1862年美国海洋生物学家蕾切尔·卡逊(Rachel Carson)《寂静的春天》的出版开始,到1972年罗马俱乐部(The Club of Rome)发布经济增长与环境相结合进行分析的第一份研究报告——《增长的极限》（*The Limits to Growth*），从 1972 年 6 月在瑞典斯德哥尔摩召开的第一次国际环保大会到 1992 年在巴西里约热内卢举行的联合国环境与发展会议，从 1997 年在纽约举行的第十九届特别联大到 2002 年 8 月在南非约翰内斯堡召开的第一届可持续发展世界首脑会议，国际社会一直期望能够找到社会进步与环境保护相协调的可持续发展道路。在我国，生态文明作为新的文明形态正伴随着"中国梦"而逐渐崛起。

今天，生态文明建设已经成为全面建设社会主义现代化国家的重要组成部分。文明与教育密不可分，一个国家一定时期的文明发展必然对教育提出特定时期的特殊要求，正如叶澜教授所言："教育理论的发展与时代有着内在的、直接的、多方面和多层次的关联。"面对当前经济社会转型所带来的思想文化等方面的冲突，高等教育必须要与时代发展同步，顺应人类社会自身发展规律。将生态文明融入当代高等教育发展是提高质量的重要举措，也是高等教育服务于生态文明建设的战略需要。创业教育作为高等教育的重要组成部分，涉及高等教育人才培养功能的再定位，涉及教育形式改革、教育内容调整等，反映出教育改革的创新发展。如果用现代生态文明观来审视生态文明的三个层次，即物质层次、精神层次和制度层次。在物质层次上，创业教育的内在生态属性，以及内外生态因子的协调作用对其功能发挥着多重影响；在精神层次上，存在"人类中心主义"的价值偏向，但尚未确立对人与社会和谐发展的创业教育价值观；在制度层次上，尚未形成适合生态文明的系统创业教育体制机制。因此，以生态文明的视野观察和分析创业教育，构建适合生态文明建设与发展的创业教育"本土化"发展策略成为当前我国创业教育改革实践亟待解决的问题。

（二）推进创业教育学科化发展的必要准备

学科化是一个漫长的过程，第一，它表现为学科基础理论的丰富，尤其是相关哲学基础理论的研究，使学科具有区别于其他学科的本质属性和内在规律。第二，在一定研究基础上确定研究方向和研究领域，使学科找到自己的场域，明确研究的边界。第三，在"自然历史过程"的外观下，在本领域形成了系统丰富的研究成果，特别是形成了被广泛认可的系列标志性成果。第四，建立了专业的研究机构和研究团队，并依托专门的学术组织开展工作。第五，形成逐渐成熟的科学研究成果，在教育主管部门的领导下，通过科学研究管理者和教育管理者，以一定的制度、体制和规划等形式列入人才培养的学科专业设置体系。

近十年来，创业教育的学科化建设成效显著，理论体系逐渐清晰，研究视野更加丰富多样，创业教育的"中国风格"正在逐步形成。第一，表现在创业教育的相关系统理论和文献大量涌现，国内主要刊物共发表与"创业教育"相关的论文近20000篇，其中核心期刊以上近3000篇，这在同时期的教育研究涉域中绝对领先，成为高等教育的关注焦点。第二，一批代表性的专门期刊和著作教材相继出现。国外创业教育与创业领域的学术期刊逐渐丰富，如《创业教育国际研究》《创业理论与实践》《商业与创业研究》等。国内中南大学主办的《创新与创业教育》已经成为专门研究创业教育的学术期刊。国外，Kuratko和Welsch的《创业成长战略》，Bangs的《商业策划指导》和Timmons的《开创新事业》等著作成为创业教育领域的重要研究成果。国内也出版了大量"创业教育学"相关教材，仅高等教育出版社就出版创业教育类教材近60种。第三，专门的学术组织和专业协会已经建立。2009年，在中国高等教育学会下成立了创新创业教育分会。2010年教育部组建了"高等学校创新创业教育指导委员会"，负责创业教育课程的建设与指导，教材建设和创业类实践活动的开展，指导创业教育教师的培训与交流，促进其专业成长，开展创业教育的理论研究，并将先进的理论成果与实践活动有效融合。第四，一批创业教育人才培养基地正在形成。如浙江大学设立了亚洲首个创业教育博士点，相继培养了几十名创业教育方向的博士生和硕士生。东南大学在"思想政治教育"博士点中开设了"创业教育"学科方向，招收博士生，系统探讨创业教育的规律，进一步推动创业教育学科的发展与建设。

但是，在当前高校创业教育学科化发展过程中还存在学科特色不明显、学科研究边界不清晰、学界角色模糊等问题。创业教育的学科化发展在坚持其基本理论基础的同时，需要注入新的有益的"元素"，应该借鉴其他学科的理论，丰富和深化自身理论，满足实践需要。美国教育家克罗韦尔曾说过："教育面临的最大挑战，不是技术，不是资源，不是责任感，而是去发现新的思维方式。"① 目前创业教育研究的成果已经借鉴了管理学、伦理学等相关学科的有关理论，生态学特别是教育生态学的思维和方法与创业教育学科化的发展特性具有高度的一致性，目前生态学思维已经被广泛地借鉴到哲学社会科学多个研究领域，正如环境伦理学创建人余谋昌教授所言："用生态学观点分析与生命有关的社会现象、社会问题，已越来越受到学术界的重视。"② 当代西方哲学认为，世界上存在着多种可供选择和互不相等的概念体系或假设体系，对现实世界的解释不能是一元或单向的，而应该是多元的、多维的、多视角的，在它们自己的系统中都能够解释世界。所以，将生态学思维与方法引入创业教育，对于促进创业教育的学科化发展具有积极的推动意义。

（三）提高创业教育实效性的现实需要

我国的创业教育源于 1989 年 11 月 27 日到 12 月 2 日，联合国教科文组织在北京召开的面向 21 世纪教育国际研讨会。③ 会议提出了 21 世纪的教育应发给学生三本"教育护照"的新观点：第一本是"学术护照"，第二本是"职业护照"，第三本是证明一个人事业心和开拓能力的"创业护照"。这就要求将以职业为导向和培养技能的教育提高到与学术和职业教育相同的地位。④ "企业教育"理念强调教育必须培养学生发展事业的精神和能力。后来，企业教育被翻译为"创业教育"，这是第一次提出"创业教育"的概念。然而，在随后的几年里，关于创业教育的理论研究很少，在大学里创业教育的实践探索相对较少。这种情况直到 20 世纪 90 年代后期才有所改变。1999 年 1 月，教育部发布《面向 21 世纪教育振兴行动计划》，正式提出"加强对教师和学生的创业教育，采取措施鼓励他们自主创办高新技术企业"。清华大学是高校创业教育的先驱。1998 年，清华大学在管理学院为 MBA 开创了"创新和创业管理方向"。2002

---

① 克罗韦尔，1993. 思维的新方式：未来的挑战［M］. 北京：人民教育出版社：65.
② 余谋昌，2000. 生态哲学［M］. 西安：陕西人民教育出版社：6.
③ 国家教委国家教育发展研究中心，中国教科文组织全委会秘书处，1991. 未来教育面临的困惑与挑战［C］//面向 21 世纪教育国际研讨会论文集. 北京：人民教育出版社：5.
④ 国家教委国家教育发展研究中心，中国教科文组织全委会秘书处，1991. 未来教育面临的困惑与挑战［C］//面向 21 世纪教育国际研讨会论文集. 北京：人民教育出版社：29.

年，教育部选定中国人民大学、黑龙江大学等 9 所高校进行创业教育试点。2007 年，教育部制定了《大学生职业发展与就业指导课程教学要求》，增加创业教育部分，明确具体教学内容。2008 年，教育部设立 30 个国家级创业教育人才培养实验区，培养创业教育人才。2010 年，教育部发布《教育部关于大力推进高等学校创新创业教育和大学生自主创业工作的意见》。2012 年 8 月，教育部出台《普通本科学校创业教育教学基本要求（试行）》及《"创业基础"教学大纲（试行）》。2015 年 5 月，国务院办公厅颁布《关于深化高等学校创新创业教育改革的实施意见》。同年，首届中国"互联网+"大学生创新创业大赛拉开帷幕。2016 年和 2017 年，教育部先后分两批认定"深化创新创业教育改革示范高校"200 所。

高校在开展创业教育的过程中，总感到莫名的困惑，实际的效果也不尽如人意，人们还是把创业作为找不到工作的"无奈选择"，把创业教育等同于就业教育，在广大的教师和学生中，创业教育的边缘化地位很难改变。目前具体开展创业教育的各环节普遍存在对创业教育的内在机理关注不足、研究不够，不清楚如何理顺政府、高校、企业和社会在创业教育中的职能地位和协调关系，如何创新创业教育模式、评估创业教育效果等；创业教育目标模糊，没有与道德教育、专业教育、通识教育等目标相融合，没有实现面向全体学生的"广谱式"教育目标；创业教育政策体系不完善，对系统中其他参与主体的职责划分模糊笼统，顶层文件下的各具体环节的操作与指导尚无"明文"；创业教育课程与专业课程、实践类课程等内容教学的耦合不够、融合不足，基本属于常规课程以外的"附属品"；创业教育的组织管理无序，相关工作涉及多个部门，但是各部门协调配合不够，高校内外部创业教育协同系统尚未形成。

所有事物和行为都有其根本性的目的，作为更加偏重应用研究的创业教育，实效性是创业教育存在、发生、发展的根本着眼点和落脚点。对于创业教育出现的种种现象，原因是多方面的，如果从管理研究的视角分析，我们一直以来更加偏重于创业教育各个"环节"的强化，如增加实践类课程的比例、开展各类创新大赛、增加创业教育基础课程、设定相应的创新学分奖励等，但这没有采用"系统性"的眼光或视角来关注创业教育的发展形态。对于各参与要素之间的关系和结构、各参与要素自身系统的构建等缺少深入的思考，容易出现"头疼医头，脚痛医脚"的倾向。

　　笔者从本科、硕士到博士一直从事教育管理的学习与研究，且多年来一直从事高等教育管理工作。面对当前受到广泛关注的创业教育，面对社会对学生创新能力的期待，面对广大师生对创业教育的需求和渴望，面对当前高校创业教育开展的种种不足，无论是"学科情结"还是"工作需要"，笔者认为"如何提高创业教育实效"这个问题都应备受关注。

二、研究的目的与意义

（一）研究目的

　　要素和生态是推进创业教育的两种不同思维方式。要素思维方式强调以部分为中心，主张从部分到整体；生态思维方式强调整体，特别注意系统的平衡与联动。虽然基于要素的创业教育推进模式可以在短时间内得到突破，能够显现出问题解决的集中表征，但却割裂了要素的内在逻辑性，容易造成短视性行为和后续的次生性弊病。教育系统是一个复杂、有机的整体，在这个意义上，我们研究创业教育必须要树立一种系统性、整体性、关联性和动态性的思维，构建具有生态特性的创业教育系统，研究创业教育生态系统的构成、体制和机制，从顶层设计到中间界面规划到运作层面的操作，提出一体化的解决方案是提高创业教育实效，提升创新型人才培养质量的现实需要。

　　本书拟引入生态哲学和教育生态系统等理论为指导，将生态学的思维和方法运用于创业教育的研究与实践，用生态视域认知和审视高校创业教育，对创业教育各要素进行生态学分析，对创业教育生态系统的特征、结构、运行机制等方面进行研究，旨在为改进当前高校创业教育的种种生态失衡现状、提高创业教育的有效性提供一种思维和方法论的转型尝试，为创业教育的学科化发展提供一种研究范式，为高校创业教育的有型有效提供一定的理论支持和实践依据。

（二）研究意义

1. 理论意义

第一，有助于扩展创业教育的研究视野，为创业教育理论的完善及其学科研究开辟了一个新视角。将创业教育同我国创新型社会大背景结合起来，借鉴生态学研究有机体与周围环境之间相互作用关系的理论与方法来研究，形成了一种独特的研究视域。从当前创业教育研究所借鉴的学科扩充到了生态学及教育生态学，对实现创业教育的转型升级、未来创业教育学科基础理论的奠基与发展有着一定的理论意义。第二，有助于形成一些理解、认识和研究创业教育的新的思维方式。知识经济的到来和生态文明的诉求，使人才培养观念发生了根本性的变化，需要我们在教育问题的研究与分析过程中树立整体、平衡、共生的观念，运用动态和系统思维。当我们把创业教育视为一个生态系统之后，对创业教育的认识和理解的思维就发生了变化，意味着我们要改进传统的研究范式所存在的不足。运用生态学的思维方式认识创业教育，在哲学层面上提出一系列视域转换问题，这种转换本身也体现了生态价值观和方法论。第三，有助于深化创业教育基础理论和过程理论的认知。生态分析方法的基本维度是互为影响、互为制衡的普遍关系。"过程理论"作为创业教育基础理论的重要组成部分，是创业教育效果优劣的重要制约理论。当然，学界对创业教育的过程理论尚无定论，从生态视域来看，创业教育过程本身是一个生态系统的构建过程，它内部包含着诸多生态因子及其构成的复杂关系，所以运用生态学来研究创业教育的过程是有依据的，相信最终也能得到不一样的结论。

2. 应用价值

第一，有助于提供一种高校人才培养模式重构的方式。提高当前高校创业教育的实效性是理论研究与实践应用的完美结合，本书通过深入分析在创新型社会大背景下我国高校开展创业教育所面临的种种变化，进一步明确创业教育在创新型国家建设过程中的客观位置及未来发展趋向，生态系统可以成为创业教育充分适应经济社会发展和人才培养需要的重构方式。第二，有助于从宏观层面上把握创业教育的过程和规律，进一步改进和调整创业教育的目标及政策措施。本书依托马克思人学理论，立足促进学生全面发展的终极目标，确立了高校创业教育目标生态构建的基本遵循。本书通过对国家层面出台的创业教育指导性文件和各省（自治区、直辖市）出台的落实国务院办公厅《关于深化高等学校创新创业教育改革的实施意见》的具体实施方案的文本分析，梳理现有创业教育政策体系的整体特征和不足，提出创业教育政策生态的发展策略。第三，有助于从中观层面上进一步明确高校创业教育生态系统的"围"与

"为"。本书通过调查访谈，立足高校创业教育实施现状，分析当前创业教育开展过程中的种种生态失衡问题及原因，从生态视域对高校内部创业教育课程系统、创业教育环境系统等进行分析，探索构建高校内部创业教育生态系统，完善运行机制、提高系统效能。第四，有助于从微观层面上深化对创业教育课堂教学的认识与改革。课堂作为创业教育实施的"微生态系统"，对最终培养效果的影响非常关键。本书在立足生态视域审视当前课堂教学的基础上，明确创业教育课堂生态的基本要素，力求打造"多样态"的课堂教学模式，提高创业教育"最后一公里"的质量和效果。

三、研究的核心概念

（一）生态

从词源学考察，在《现代汉语词典》中，"生态"是指生物在一定的自然环境下生存和发展的状态。一般认为，"生态"这一概念是伴随着近代生物学的发展而产生的，与生态学这门学科一起诞生，主要研究生物群落的生存发展的环境及各要素之间的相互关联和彼此制约，以期达到一种相对的平衡和美好。"生态学"一词是1865年勒特（Reiter）合并两个希腊字"logos（研究）"和"oikos（房屋、住所）"构成的"生态学（oikologie）"一词。德国生物学家海克尔（Haeckel）首次把生态学定义为"研究动物与有机及无机环境相互关系的科学"。日本东京帝国大学三好学于1895年把"ecology"一词译为"生态学"，后经武汉大学张挺教授介绍到我国。最早将生态学的原理与方法运用于人类社会问题研究的是以帕克（Park）和伯吉斯（Burgess）等为代表的芝加哥学派的学者们。1921年，帕克和伯吉斯在其所著的《社会学科学导论》（*An Introduction to the Science of Scociology*）一书中首次提出人类生态学的概念，他们认为"社会是由许多在空间上彼此分隔、在分布上却有统一的地区联系，而且能够独立移动的个人所组成的"。由此为起点，人们开始运用生态学的原理和方法研究人类生活和人类社会发展中的各种问题。

（二）系统

英文中"系统（system）"一词来源于古代希腊文（systεmα），意为部分组成的整体。系统的定义应该包含一切系统所共有的特性。一般系统论创始人贝塔朗菲认为，"系统是相互联系相互作用的诸元素的综合体"。这个定义强调元素之间的相互作用和系统与元素的集成。可以说，贝塔朗菲创立的一般系统理论开创了新的科学研究领域，对现代科学技术的发展产生了深远的影响。贝塔朗菲主要是针对笛卡尔的还原论提出的。还原论方法的核心是将我们所研究的问题尽可能地划分成许多必要的部分，以便更好地解决问题。还原法一直是科学研究的基本方法之一，它对科学的发展有很大的影响，但其很难解决来自生物学方面的难题。对此，贝塔朗菲提出，研究孤立的部分和过程是必要的，但还必须解决一个有决定性问题，即把孤立的部分和过程统一起来的、由部分间动态相互作用引起的、使部分在整体内的行为不同于在孤立研究时行为的组织和秩序问题。[①] 我国著名学者钱学森认为，"系统是由相互作用相互依赖的若干组成部分结合而成的，具有特定功能的有机整体，而且这个有机整体又是它从属的更大系统的组成部分。"

一般系统论是以"一般系统"为研究对象的，所谓一般系统，是指由若干存在关联的部分或子系统构成的整体，具有一般性、关联性、整体性和层次性。[②] 系统的一般性是指系统包含了自然界和社会中存在的所有事物；系统的关联性是指组成系统的各个部分之间存在着联系，因此系统的任何部分的状态都与其他部分的状态有关；系统的整体性是指系统首先作为一个整体而不是一个孤立的组件存在，同时系统中组件的功能不同于其孤立的功能；系统的层次性是指系统的任何部分也可以是一个具有完整的系统。同时，在系统的结构层面上，系统的行为总是由系统环境和系统结构决定和支配。因此，只有在这种层次的系统结构下，才能正确理解和控制系统行为。应该说，系统的结构层次是系统实现某些系统行为或功能的基础和客观要求，是正确认识和揭示系统运动规律的基础。

[①] 吴林富，2006. 教育生态管理［M］. 天津：天津教育出版社：40.
[②] 马歆静，1996. 对大教育的教育生态学分析［J］. 赣南师范学院学报（5）：53-55.

（三）生态系统

生态系统的概念是英国植物群落学家坦斯利（Tansley）于 1935 年首先提出的。生物生态系统是由非生物成分和生物成分组成的，使物质流、能量流、信息流通畅地流过生态系统而保持动态的平衡。① 我们所说的生态系统包括整个生物群落的物理化学因素以及生态系统所处的环境，它们是一个自然系统的整体。在成熟的生态系统中，这些因素接近平衡，整个系统通过这些因素的相互作用得以维持。生态系统是指某一地区（或空间）所有生物与环境相互作用的能量交换、物质循环代谢和信息传递功能的统一。② 它的基本观点是强调系统中各种因素之间的相互关系、相互作用和功能统一。生态系统是具有边界、范围和层次结构的系统，所研究的任何系统都可以形成一个更大的系统和周围的环境作为一个更高系统的一部分，它本身可以由许多子系统组成。它同时也是一个相互联系和整体关联的系统，不仅具有系统内部和外部环境的因果关系，而且在子系统和各子系统与母系统之间有着密切联系，有能量、物质和信息的交换。生态系统观念的产生，将原先分离的生物和非生物群落概念转变为一个将整个自然及其与人类的相互作用共同纳入的一个大系统。

美国著名生态学家奥德姆（Odum）在其代表作《生态学基础》（*Fundamentals of Ecology*）（1953～2002 年共修订五次）中见证了生态科学整体思想的演变历程，提出生态系统"功能性整体"概念，生态系统的本质内涵从群落的有机整体性扩充到整个生态系统。③ 同时，他提出了"生态系统各层次具有涌现性"，即强调生态系统中所有成分之间的有机联系，认为这种联系是非线性的，每个生态层次上都具有涌现性，且具有不可还原性，即整体的特性功能不能还原成各组分特性功能的综合。④ 奥德姆的"功能整体论"和他所倡导的整体研究方法，对推动整体生态学概念的发展起了重要作用，为人们在

---

① 范国睿，2000. 教育生态学［M］. 北京：人民教育出版社：114.
② 范国睿，2000. 教育生态学［M］. 北京：人民教育出版社：21.
③ Odum E P, 2000. The emergence of ecology as a new integrativediscipline［M］//Keller D R, Golly F B. The Philosophy of Ecology: from Science to Synthesis. Athens: The University of Georgia Press: 194-203.
④ Odum E P, Barrette G W, 2009. Fundamentals of Ecology. 5th ed. Belmont: Brooks Cole［M］. Lu J J, et al., trans. Beijing: Higher Education Press: 6-15.

各个学科中研究生态观点提供了认识论基础。社会生态系统与自然生态系统不同，社会生态系统是由政治、经济、文化、人口等子系统共同构成的复合生态系统。

生态系统作为一种"系统"而存在，它具有系统的共同特征。"系统"一词，源自系统论的创始人奥地利理论生物学家贝塔朗菲，他认为，"相互联系的诸要素的综合体就是系统，多样性和相关性是系统的基本规定性"。① 系统是事物存在的普遍形式，可以是有生命的系统，也可以是机械系统；可以是实体系统，也可以是认识系统或者虚拟系统。无论是自然系统还是社会系统，都有以下基本特征：一是整体功能。构成一个特定系统的元素是一个有机的、不可分割的整体，每个要素只有在特定系统中才能发挥或保持原有的性质、特征和作用，一旦脱离整体，其原有功能将无法保持。同时，整体功能是由各部分要素的有机整合而实现最大化，并不是各子要素的功能累加，整体功能将大于各部分功能之和，实现各部分独立无法达到的成效。二是结构层次性。系统由各要素组成，各要素与各子系统之间又存在横向和纵向的联系。一方面，每个系统由各子系统构成，每个子系统又由其具体的元素构成，构成系统的元素都具有无限可分性，每种元素由它的下一层诸元素构成，层层下移，依次类推，体现出系统的纵向结构性。另一方面，各组成元素、各子系统在横向关联上存在密切关系，彼此之间相互作用，以某种特定组合样式的网络关系和一定的数量关系呈现出来，表现出系统的横向关联性。三是相对稳定性。系统的运动是绝对的，但可以在一定时间内保持相对稳定。在自然系统中，由于各种生物都具有主动适应的生物学特性，因此自组织和自律性较强，系统的相对稳定性更为突出。与自然系统相比，社会系统属于人工系统，其相对稳定性非常弱。然而，合理的人类组织和调节可以增强其结构功能的相对稳定性。② 四是开放变异性。各类生态系统都是不同程度的开放系统，不断地从外界输入能量和物质，经过转换而输出，从而维持系统的有序状态。外部环境的变化和内部诸元素自身的变异都可能对系统的稳定性带来影响，经过量变的积累以实现质性的变异，系统在旧平衡不断打破与新平衡不断建立的过程中处于不断的运动

---

① 贝塔朗菲, 1987. 一般系统论 [M]. 林康义, 等译. 北京：清华大学出版社：3.
② 贺祖斌, 2004. 中国高等教育系统的生态学分析 [D]. 武汉：华中科技大学：24.

之中。

(四) 创业教育

创业教育按照联合国教科文组织给出的定义："从广义上来说是指培养具有开创性的个人，它对于拿薪水的人同样重要，因为用人机构或个人除了要求受雇者在事业上有所成就外，正在越来越重视受雇者的首创、冒险精神，创业和独立工作能力以及技术、社交、管理技能。"人们越来越重视员工的主动性、冒险精神、创业精神和独立工作能力，以及技术、社会和管理技能。创业教育的含义可以从语义学和语用学两个方面加以明确。语义学研究的重点是语言意义表达系统，不涉及具体的应用。语用学也研究语言的意义，但更多的关注语言在特定语境、言语行为、预设、会话等方面的意义。从语义学的角度看，创业教育包括"创业"和"教育"，"创业"可扩展到社会经济、文化和政治领域的思想、意识和行为创新，开拓或扩大新的发展空间，为他人和社会提供机遇，是企业家主体的探索行为，核心定义是"行为创新"和"探索性行为"。[①]"教育"是指一切培养人的活动，是一种提高人的综合素质的实践活动。两者都有其自己所规定的"集合"。"创业教育"，就是指这两个概念集合的"交集"。如果进一步研究它们在"逻辑意义"上的关系，"创业"在构词逻辑上，是在修饰、限定"教育"，"创业教育"指的是"关于创业的教育"。这样，我们就可以得出一个最为基本的初步定义：创业教育就是关于行为创新和探索性行为的育人活动，是一种提升人的创业素质的实践活动。从语用学的角度看，本书中的创业教育，是在高等教育的"语境"中展开的，是在研究、推行"生态教育""素质教育""就业教育"和"创新教育"的制订者和实施者的手中进行的，其意义的说明都由这些"语境"和"使用者"在事先规定下来。结合上述语义、语用分析与定义，可对本书所使用的"创业教育"给出较为明晰的解说，高校创业教育是以高等教育为背景，以结合专业教育为前提，通过多种途径，以增强受教育者的创业精神、创业意识、创业知识和创业能力为目标开展的教育活动，使受教育者能够在社会经济、文化和政治等领域创新思想、

---

① 席升阳，2007. 我国大学创业教育的理论与实践研究 [D]. 武汉：华中科技大学：29.

知识和行为，开辟或扩大新的发展空间，并为他人和社会的探索行为提供机会。

（五）创业教育生态系统

1. 创业生态系统

2015 年国务院出台《关于大力推进大众创业万众创新若干政策措施的意见》，其中明确指出要"发展创业服务，构建创业生态"。创业生态系统是由多种创业参与者及其创业环境组成的有机整体，它具有复杂的相互作用，致力于提高企业活动的总体水平。[①] 企业生态系统从系统的角度研究企业活动，更加注重系统内各组织的利益平衡，注重整个系统的均衡协调发展，从而确保为创业活动提供资源和良好的环境，并保持创业企业的发展势头。[②] 创业生态系统的概念最早出现于 2005 年，其内涵定义主要分为两大类：一是将创业生态系统视为创业企业的外部环境。科恩提出，创业生态系统是特定区域的互动。通过支持和促进新企业的创建和成长，形成社会主体、可持续发展和创造社会经济价值。[③] 二是以林嵩、Mason 和 Brown 为代表的学者将创业企业纳入创业生态系统，认为创业生态系统是一个由创业主体和外部环境组成的统一整体。[④] Mason 和 Brown 则认为创业生态系统是一系列相互关联的创业主体和创业环境，通过正式和非正式的联系提高业绩。[⑤] 创业生态系统是从生物学中的生态系统概念演化而来的，因此，可以认为，创业生态系统是一个开放的生态系统，多重创业活动参与者与其所处的创业环境系统之间存在共生关系。主体与环境是相互依存、相互作用、共同发展的，致力于共同创造社会财富。

2. 创业教育生态

上文提及的"创业生态系统"，其构成要素较为分散，无论是政策、金融、

---

① 蔡莉，2016. 创业生态系统研究回顾与展望［J］. 吉林大学社会科学学报（1）：5-16.

② 庞静静，2016. 创业生态系统研究进展与展望［J］. 四川理工学院学报（社会科学版）（2）：53-64.

③ Cohen B，2006. Sustainable valley entrepreneurial ecosystems［J］. Business Strategy and the Environment，15（1）：1-14.

④ 林嵩，2011. 创业生态系统：概念发展与运行机制［J］. 中央财经大学学报（4）：58-62.

⑤ Mason C，Brown R，2014. Entrepreneurial ecosystems and growth oriented entrepreneurship［R］. Final Report to OECD，Paris.

教育、文化，还是市场、人力资本、支持系统等，都是以创业企业或者创业者开展创业活动所需要的帮助和支持为出发点，可见，创业生态系统强调的要素中以市场要素居多，多是对创业实践所需实际支持的分析，对教育要素的强调相对较少，对创业者创业素质的培养进行探讨的少。教育是创业生态系统必不可少的生态因子，高校在创业者素质培养过程中的作用日益突出，高校创业教育已成为创业生态系统的重要组成部分，创业教育生态系统是创业生态系统的重要分支。"创业教育生态"在主体支持方面不同于"创业生态"，"创业生态"主要集中在企业或企业家创业活动所需要的支持要素上，"创业教育生态"以"创业教育"所需的支撑要素构建生态系统。苏联学者斯卡特金指出，"使用确切的和只有一个含义的术语是科学方法论无争议的要求。"为了更加准确地把握创业教育生态的内涵，我们首先需要对几个相近概念进行对比区分。

第一，创业教育生态与生态创业教育。虽然对创业教育生态的表述有"创业教育生态思维""创业教育生态方法""创业教育生态观"等不同侧重，但都是以生态哲学作为基础和依据对创业教育实践活动进行系统的关照，是用生态世界观的观点和原则来探讨和研究创业教育的发生发展规律、创业教育系统各因子和各要素之间的相互关系。而生态创业教育是一项有着特殊目的指向的，源于"生态创业"的教育实践活动，即建立在生态基础上，以体现维护生态环境，实现人与自然、人与人、人与社会的和谐共处，推进经济社会可持续发展的创业教育实践活动。创业教育生态是指把创业教育看作生态系统，分析系统与外部环境之间及系统内部各因素之间的关系，强调的是整体意识、系统思维、动态平衡与功能协调，更多倾向于对方法论的追求。生态创业教育本质是生态素质教育。① 即以生态育人为理念，围绕生态文明建设的现实需要，遵循人与自然社会"天人合一"的自然观，将生态和谐的观念内化为创业活动中的自觉行为，将生态理念、生态价值、生态知识、生态原则等内容融入创业教育的课程与实践活动中，在保证整体生态系统动态平衡的前提下，提升受教育者的生态文明观念、生态发展素质、生态保护意识和生态创业能力，培养出不同层次和不同类型的生态创业人才。

---

① 马小辉，2015. 大学创业教育的生态转型［M］. 北京：经济科学出版社：218.

第二，创业教育生态与创业教育环境。"环境"和"生态"这两个概念经常被混用，有的甚至把环境和生态当作相同的概念来使用，其实，在不同的学科中，环境和生态的概念是不尽相同的。生态是一定地域空间内生存的所有生物有机体之间及其与周围环境之间的相互关系，它强调系统中各因子之间的相互关系，含有整体、联系、和谐、共生和动态平衡之意。[①] 就外延而论，生态与环境是相同的，都是指影响主体的外在因素。但是，从内涵的角度看，"环境"强调主体性，是关于某一主体的，分析了影响它的各种条件；"生态"强调互联互通，认为一切都是整体的一部分，与整体中的其他因素密切相关并由其产生。当生态作为一种分析方法时实际就是一种生态思维，从生态思维而非环境的角度看待创业教育，是创业教育思维方式的重要转变。就生态环境而言，人们处于生态环境之外，创业教育也是如此。创业教育的环境在创业教育之外独立存在，对创业教育具有复杂的影响；创业教育作为一种教育活动，位于生态系统中，与系统中的其他元素相互作用。创业教育生态的概念注重对创业教育产生影响的一切内外部因素之间相互关系及其作用机制的考察，是对创业教育有效性生成构成影响的一系列自然和非自然的因素。当然，提出创业教育生态问题不是要否认创业教育的环境要素，而是要突出创业教育活动与其他社会复杂因素及创业教育自身各要素之间的交互作用的整体、联系和动态的考察。

第三，创业教育生态与创业教育生态学。创业教育生态强调将创业教育的主体、对象、媒介和环节联系起来，进行整体和动态的分析。而创业教育生态学则是一门学科，虽然目前创业教育的学科化发展尚处于初步阶段，但随着创业教育的发展，并借鉴已有的创业学、生态学等学科理论支撑，其学科体系会逐渐完善。学科体系是学科的概念和将这些概念联系起来的判断，通过推理和论证，形成层次分明、结构严密的逻辑体系。建立完整的学科体系需要成熟的理论支持和长期的实践探索，然而，目前还不具备创业教育生态学的学科研究条件。

高校创业教育生态系统的形成与发展基于高校社会角色的变化。虽然创业

---

① 余嘉云，2006. 生态化教学的理论与实践研究 [D]. 南京：南京师范大学：55.

教育生态系统是创业生态系统的重要分支，但又构成独特而又相对独立的生态体系。目前，学界对于创业教育生态系统的定义尚未形成共识，本书经过对系统要素和结构的分析，初步将其定义为，高校创业教育生态系统是"以培养开创性人才为目标，由多元主体、客体、介体和环体等实体要素，以及目标、政策、环境、课程、课堂等功能要素构成的自我调节、动态平衡、开放互联的可持续发展的育人系统"。

四、研究的思路与方法

（一）研究思路

本书从理论、实证和实践三个层面深入开展递进研究。首先，阐明高校创业教育生态系统构建的理论前提。一方面，从"生态"理解的"三重性"开始，提出了生态视域下认识创业教育的"三种视域"，并确证创业教育生态分析视域的合理性。另一方面，提出了创业教育生态分析应遵循的基本原则、限定性条件和特定价值。其次，在理论研究的基础上，一方面，按照已经掌握的问题和拟破解的方向编制问卷进行调查，选择创业教育实施主体的高校，分析当前创业教育的生态失衡现状，探讨失衡背后的原因。另一方面，对美国、德国和新加坡具有代表性的高校的创业教育生态系统进行了梳理和分析。最后，将国外创业教育成功经验与本土实际情况相结合，讨论我国高校创业教育生态系统构建的要素、结构、特征和运行机制，分别从目标、政策、环境、课程、课堂方面提出生态构建的实施路径，如图1-1所示。

（二）研究方法

1. 文献研究法

文献法是对文献进行查阅、分析、整理并力图找寻事物本质属性的一种研究方法，是人文社会科学研究的基本方法之一。在本书撰写的前期和写作过程中，笔者以国家和各省（自治区、直辖市）出台的推进高校创业教育的相关政策文件为重要依据，并对国内外近年来出版和发表的有关创业教育、教育生态

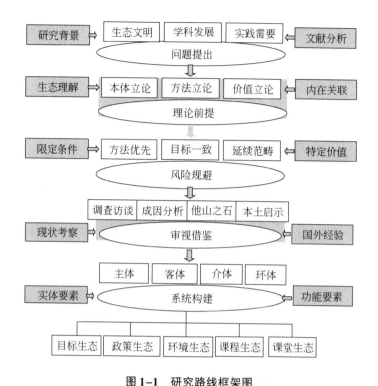

图 1-1 研究路线框架图

和创业教育生态系统的相关理论书籍、文章进行整理、归纳，在对这些文献研究的基础上，梳理对构建科学的高校创业教育生态系统研究可供借鉴的思路、方法和内容，为研究目标的实现奠定必要的理论基础。

2. 问卷研究法

问卷法是研究者利用控制式的测量对所研究的问题进行度量，从而搜集到可靠资料的一种方法。本书依托笔者主持的全国教育科学规划课题"高校创业教育生态系统构建问题研究"，在吉林省教育厅的支持下，通过问卷的形式对不同层次 10 所高校的 600 名大学生和 155 位创业教育教师和管理人员进行了调查，并运用描述性分析、因素分析、回归分析等统计方法，对创业教育生态系统各功能要素的实施现状进行分析，为高校创业教育生态系统的构建提供必要的现实依据。

3. 访谈研究法

访谈法是访谈者根据调查研究所确定的要求与目的，按照访谈提纲或问卷，通过个别访问或集体交谈的方式，系统而有计划地收集资料的一种调查方法。本书通过对 9 所高校的 12 位分管创业教育工作的校领导和创业教育主管部门负责人进行访谈调查，来获取高校创业教育工作中的有效信息，为高校创业教育生态系统的理论建构及如何加强高校创业教育工作提供了翔实有效的第一手资料。

4. 比较研究法

比较法是根据一定的标准，对两个或两个以上有联系的事物进行考察，寻找其异同，探求普遍规律与特殊规律的方法。"他山之石，可以攻玉。"本书通过选取美国、德国和新加坡的三所代表性高校进行分析，梳理和总结国外高校创业教育生态系统的构建模式和运行机制，提炼共性，找到差异，明确可借鉴的经验，旨在为我国创业教育生态系统的构建提供有益参考，并结合我国实际，实现国外经验的"本土化"。

五、研究的理论基础

（一）教育生态系统理论

生态系统理论于 1979 年由美国著名人类学家和生态心理学家布朗芬布伦纳（Bronfenbrenner）提出。该理论着重强调环境的影响是巨大的，尤其自然环境对个体行为、心理发展方面影响重大，这一点是以往被实验研究者所忽视的。他认为，个体是在一个相互联系、相互影响和相互作用的稳定的生态系统中不断发展的。个体成长在生态环境中，这个生态环境是有若干层级的，具体分为微系统、中间系统、外层系统和宏系统四级，这四个级别划分的标准是按照个体的互动频率和密切程度由低到高的顺序。社会生态系统由人文化的自然生态环境、社会生态环境和规范生态环境组成。教育生态系统是社会生态系统中一个相对独立的子系统，它有自身的结构和功能。教育生态系统的结构与功能的统一，制约着教育生态系统的发生与发展，制约着教育生态系统应付周围环境的能力。同时，教育生态系统又是一个开放的系统，它与社会生态系统不断地进行着物质与能力交换，与其环境相互作用。[①]

1. 教育生态系统环境论

生态环境是生物生存空间中各种条件的总和。人类生态环境包括自然环境、社会环境和规范环境。与自然环境、社会环境相比，人类的规范环境与教育生态的关系更加密切，因为教育本身就是规范环境的主要构成要素——文化的一部分。[②] 就教育系统内部的生态环境而言，同样包括自然环境（物理环境）、社会环境（结构环境）和规范环境（价值环境）这三类不同性质的环境要素。吴鼎福和诸文蔚认为，教育的发展离不开教育的生态环境，彼此之间存在着协同进化的关系。教育的生态环境是以教育为中心，对教育的产生、存在和发展起着制约和调控作用的 n 维空间和多元的环境系统。[③] 通过对生态环境因素的分析，探讨了各种生态环境与教育的关系及其作用机制，进而揭示教育发展的内在逻辑和一般规律是教育生态学研究的基础和发展方向。由于教育的客观环境往往是各种因素交织和渗透的，必须从系统的角度分析不同层次、不同类型的教育生态的现象、特征和规律。

2. 教育生态系统结构论

生态结构是生态系统的构成要素及其时、空分布和物质、能量循环转移的途径。不同的生物种类、群种数量、种的空间配置、种的时间变化具有不同的结构特点和功效。教育生态系统的结构是指教育内部的各个要素根据教育的目标、任务及自身的特性等，确定各自在一定的时间、空间中所处的相对位置，相互联系、相互作用，发挥各自的特定功能并影响各要素的整体功能的方式。教育生态系统宏观上包括教育的目标结构、程度结构、区域及布局结构等范畴；中观上包括课程结构、生源结构、教师结构等范畴；微观上包括教学结构、科目结构等范畴。教育生态系统的结构是客观存在的，其中，要素的数量、质量，各自在一定的时间、空间中所处的相对位置，相互联系和相互作用的制度及机制等都关系到各要素的整体功能及教育结构是否科学、合理。教育生态系统结构论是在对教育生态系统进行结构分析的基础上，解析教育的生态

---

① 范国睿，2000. 教育生态学［M］. 北京：人民教育出版社：30.
② 范国睿，2000. 教育生态学［M］. 北京：人民教育出版社：25.
③ 吴鼎福，诸文蔚，1998. 教育生态学［M］. 南京：江苏教育出版社：20.

功能，阐述教育生态的原则，揭示教育生态的基本规律。

3. 教育生态系统功能论

教育的生态功能直观地表现为教育可以提高公民的生态文明意识，改变当前的生态危机，是将生态意识渗透到教育实践活动中，对人们进行环境法规和生态伦理教育，明确了人在生物圈和自然生态系统中的地位。教育生态系统的功能是以教育生态系统的结构为基础的，由于系统结构决定了系统的功能，改变系统的组成和结构会影响系统的功能。现实中存在的系统结构的持久性是相对的，基本特征的变化也是不断发生的。吴鼎福和诸文蔚提出教育生态系统有三个主要的功能群，即指导保障群、传导开发群、继承发展群。[①] 在现代社会中，随着教育生态功能的演变，教育生态系统的功能正在向多元化的功能转变，政治取向、经济发展、文化选择、科技推广的功能也在转变，社会服务日益突出，与社会系统的其他因素更紧密地联系在一起。当然，系统结构功能的演化不是简单的线性演化，而是非线性的复杂演化。

4. 教育生态系统原理论

教育生态学作为一门独立的学科，有其独特的理论体系和特殊的规律。限制因子定律是教育生态学的基本原理，也就是说，在教育生态环境中，几乎所有的生态因素都可能成为制约因素。对于教育生态系统来说，主要的限制因素是能量流和信息流。耐度定律和最适度原则，即个人、群体适应范围的"阈值"，最恰当的程度是生态因素的质和量的统一。花盆效应，即在学校教育中，由于封闭或半封闭的教育环境的影响，学生很容易养成以我为中心的价值观。教育生态位原则不仅包括教育生态系统在整个社会制度中的时间和空间位置，而且包括教育生态系统中的生态群体和生态个体的层次分布，以及教育生态位原则的应用，发挥群体和个人在不同领域相互补充促进的作用。此外，教育生态系统中还存在教育生态链规律、教育节律、社会群聚、教育生态边缘效应等。

教育生态系统理论为创业教育研究尤其是创业教育生态系统的构建提供了必要的方法论准备。我们要在整体与部分的内在关系中揭示创业教育的本质属

---

① 吴鼎福，诸文蔚，1998. 教育生态学 ［M］. 南京：江苏教育出版社：82.

性，通过对各要素间的内在逻辑结构加以综合分析判断，找出整体发展的规律以及在整体发展中各要素所发挥的作用，以达到最大化的发展。教育生态学中的各种原理，如限制因子定律、花盆效应、社会性群聚等都对创业教育生态系统尤其是"微生态"即创业教育课堂教学生态的构建有积极的指导作用。总之，教育生态系统理论启发我们可以将创业教育的整个过程视为一个完整的系统，在这个完整的系统中既要深入分析系统的内部诸要素及其之间的相互作用，又要充分关注系统与外部环境之间的关系，这样才能系统地、全面地构建具有发展性和时代性的创业教育体系，并理性地应用于创业教育实践。

（二）三螺旋创新模型理论

亨利·埃茨科威兹首次提出使用三螺旋模型来分析政府、产业和大学之间关系的动力学，并用以解释政府、企业和大学三者间在知识经济时代的新关系。[①] 三螺旋模型理论认为，政府、企业和大学的重叠是创新体系的核心单元，其三方联系是促进知识生产和传播的重要因素。在知识转化为生产力的过程中，参与者之间的相互作用，推动了创新的螺旋上升。目前，三螺旋理论在高等教育领域的应用主要集中在创业型大学。三螺旋理论模型的演变大致可分为三个阶段：政府、企业和大学之间的约束模式；政府、企业和大学之间的自由放任模式；政府、企业和大学之间的三重螺旋模式，其中发展程度最高的就是三重螺旋模式，通常被称为三螺旋创新模型理论，如图1-2所示。它的具体结构是，在保持独立身份的同时，政府、大学和企业都显示出其他两个机构的一些能力，也就是说，除了履行传统职能外，政府、大学和企业三大机构也发挥了其他两大机构的作用。

三螺旋理论提供了一种方法学研究工具，它的核心价值在于促进区域经济社会发展中的政府、企业和大学的不同价值体系的统一，形成知识、行政、生产领域的三股力量整合，为经济的发展提供坚实的基础。创造这种协同效应的基石在于打破传统的边界，包括学科边界、行业边界、区域边界、概念边界，并在边界部分建立新的管理、教育和社会运作机制。创业型人才培养是典型的

---

① 亨利·埃茨科威兹，2005. 三螺旋：大学·产业·政府三元一体的创新战略 [M]. 周春彦，译. 北京：东方出版社：3.

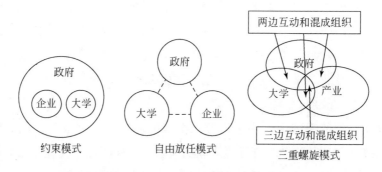

图1-2 三螺旋理论的模式演变过程

社会教育培训模式，广泛的社会参与是社会教育的要求。在三螺旋高校创业教育人才培养过程中，各主体优势互补、资源互补是实现创业人才培养目标的基础。三螺旋理论强调大学、企业和政府三大创新角色的协调和同步，如果其中一个不起作用或作用较弱，必然会影响创新效果。三螺旋高校创业教育模式引入了政府与企业两大社会主体，并且高校、企业与政府是平行主体，从不同角度为创业教育活动创造了有利条件。

（三）蒂蒙斯创业学理论

杰弗里·蒂蒙斯拥有百森商学院"Franklin W. Olin 创业学杰出教授"的头衔，同时是普莱兹—百森商学院师资项目的主管，该项目为全世界创业管理课程的教师提供培训。自20世纪60年代末以来，蒂蒙斯教授一直是美国创业教育和研究的领导者之一，在创业管理、新企业创建、风险融资与风险投资研究、创新课程开发与教学等领域被公认为世界级权威，形成了较为完整的创业理论体系。

1. 设定创业遗传代码

蒂蒙斯认为适应"创业革命"时代的大学创业教育，在教育理念方面不应如此短见。真正的创业教育应当面向未来，应当着眼于为美国的大学生"设定创业遗传代码"。① 他所说的"设定创业遗传代码"，是指通过一种独特的教育

---

① 杰弗里·蒂蒙斯，2002. 战略与商业机会 ［M］. 周伟民，译. 北京：华夏出版社：4.

方式，将比尔·盖茨式的创业意识、创业能力和创业个性传递给受教育者，并将其内化为一种独特的创业品质。这样，美国就可以依靠这一人力资源优势，不断推动"创业革命"的车轮，影响和支配美国乃至全球经济。显然，蒂蒙斯独特的创业教育理念是非功利主义的，更具前瞻性，更能够充分发挥高等教育的社会经济功能。

2. 建构创业过程模型

蒂蒙斯于 1999 年在其《新企业的创建》（*New Venture Creation*）一书中提出了一个创业管理模型。他认为，成功的创业活动必须最恰当地匹配机会、创业团队和资源，并与企业的发展保持动态平衡。创业过程是由机会引发的，创业团队成立后，要争取获得创业所需的资源，以便顺利实施创业计划。他认为，在创业过程中，由于机会不明确、市场不确定、资本市场风险和外部环境变化等因素往往影响创业活动，致使创业过程充满风险。因此，创业者必须依靠自己的领导力、创造力和沟通技巧来发现和解决问题，掌握关键点。同时，为保证新创企业的顺利发展，应及时调整机会、资源和团队的组合。在蒂蒙斯创业理论中，创业过程模型是目前公认的创业管理理论，其他理论都是在此基础上的补充、完善与量化，如图 1-3 所示。

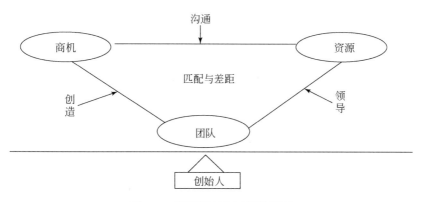

图 1-3 蒂蒙斯创业过程模型图

资料来源：杰弗里·蒂蒙斯，小斯蒂芬·斯皮内利，2005. 创业学 ［M］. 周伟民，吕长春，译. 北京：人民邮电出版社：10.

3. 蒂蒙斯创业课程框架

按照蒂蒙斯创业学框架，他提出在创业课程中要引入修辞学、艺术、人文和社会基础的普通教育课程，实现文科、理科、工科课程互相渗透，鼓励学生选修其他领域的课程。在综合学科方面，提出设立跨学科创业课程，使学生能够形成一个全面的知识结构。基于广泛课程的理念，蒂蒙斯不仅在百森商学院的课程计划中设置创业教育课程，也包括学生在学校从事或参与的任何学校组织所进行的与创业教育有关的活动或行为，整合学校资源，为不同学习阶段的学生提供"三阶段"本科创业教育课程体系，[①] 构建了"课程—课外活动—研究"之间资源共享，相辅相成创业教育课程生态系统，如图1-4所示。

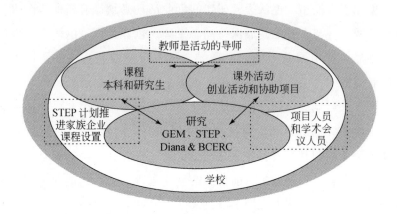

图1-4 蒂蒙斯创业教育课程体系整合图

资料来源：李佳丽，2019. 百森商学院创业教育 ET&A 理念和课程生态体系构建对我国的启示［J］. 高教探索（6）：54-60.

4. 让学生成为探究者

蒂蒙斯认为，创业教育必须以学生为主体，让学生成为"创业革命"的探索者。任何一种新的教育理念不仅需要课程体系的载体，更需要有效的教学模式来实现创业教育的预期目标。在众多教学模式中，课堂教学是学校教学中最基本的教学模式。他强调，在创业教育教学过程中，学生应成为学习和实践的主体，与教师、教学内容和教学环境相协调，成为创业教育教学过程中的参与者和探索者。他突破了传统的"教材中心"和"课堂中心"模式，鼓励通过

---

① 百森商学院网站本科生课程目录［EB/OL］. 2012-12-22. http：//www. babson. edu/undergraduate/ac-ademics/curriculum/Pages/course-catalog. aspx？Division＝Entrepreneurship.

智力激励探究、案例探究教学和"虚拟创业"探究等探索性教学方式，通过以学生为中心的实践体验创业过程，以积累创业潜能。

　　除了上述的理论外，美国工程师霍尔提出的霍尔系统工程的"三维结构"、卡尔·施拉姆提出的创业方盒理论等都对创业教育的生态研究具有重要的指导意义。本书在上述理论的指导下，以期在创业教育的生态认知、审视和创业教育生态系统的构建等方面有所突破。

第二章　文献综述

自 20 世纪 80 年代以来，创业教育引起了国外学者的广泛关注。直到 20 世纪 90 年代，我国学者开始关注创业教育，其逐渐成为高等教育研究的重要内容。本章按不同主题分别对现有的高校创业教育研究成果进行分析，主要包括对创业教育、教育生态和创业教育生态系统研究领域的代表性文献进行述评。

一、创业教育文献研究

创业教育内涵和概念研究。著名的创业教育学者 Bechard 和 Toulouse（1998）认为，创业教育是一种以创业或中小企业发展为目标的教学模式和教学过程。具有代表性的定义还包括美国学者 Colin 和 Jack（2004）认为创业教育是一种学习机会，为个人提供了认知商业机会的能力；也是一种教育模式，帮助个人拥有开展创业活动所需的理论知识、观察能力和实践能力。张德江（2006）在对创业教育与创造教育、就业教育、创新教育和学科教育进行区别分析的基础上，提出创业教育、创新教育和创造教育应成为素质教育的重要内容。赵志军（2006）提出创业教育的实质就是培养具有开创精神、开拓能力的人，这一教育对各级各类学校都是必要的。梅伟惠（2009）提出以立体创业教育观指引创业教育发展，这种立体创业教育观反映在战略性、系统性、联动性、创新性四个方面。张桂春（2011）提出创业教育的核心是培养企业家精神。冯霞（2016）提出创业教育的价值体现在它是一种价值观教育。纵观国内近年来的创业教育内涵与理念研究，虽然各位学者在表述上各不相同，但核心内容基本一致，即培养大学生良好的创新精神、创业意识和创业能力。

创业教育本质与价值研究。现有文献表明，国内外学者普遍认为创业教育对国家和个人的发展具有重要价值。Kuratko 和 Jennings（1999）认为创业教育对市场经济做出了巨大贡献，它不仅改变了市场结构，而且在促进创新方面发挥了关键作用。Lambert（2003）从学生的角度认为，创业教育有助于培养学生的创新能力和创业技能，确保他们有强大的就业能力。罗志敏（2011）提出，高校创业教育的本质是培养具有创业素质的人才。具体地说，它指的是一种在大学里实施的教育活动，旨在培养大学生现在或将来发展事业所需要的素质。高校创业教育的有效开展，必须要以"现实的人"为逻辑起点，以"发展的人"为逻辑终点，要实现从起点到终点的转变。肖龙海（2011）认为创业教育的价值取向是教会学生具有创业精神，具有企业家的思维方式。韩力争（2013）认为创业教育的本质是素质教育，创业教育的核心是培养创业精神。林文伟（2011）对创业教育的价值基础、价值意蕴、价值体系和价值实现进行了深入研究，提出创业教育的价值是人的自由而全面发展，美德与财富同生共长，成就幸福人生和促进经济发展、文化进步和创业人才培养。总体来看，研究者普遍认为创业教育作为一项复杂的系统性工程对创新型国家建设、和谐社会建设、高校创新型人才培养和大学生全面发展具有积极的意义。

创业教育目标与模式研究。针对创业教育的目标，国外学者主要从心理学、教育学等不同角度进行相关研究。Hills（1988）认为创业教育有两个重要目标：一是提高创业意识、了解创业和管理的过程。二是提高大学生的择业意识。通过对欧洲五个国家的六个项目在欧洲范围内的评估，Garavan 等（1997）认为创业教育目的包含：发现和刺激创业驱动力、创业能力的培养、正确的风险判断、对环境变化的容忍态度等。国内学者从不同角度对创业教育目标和类型展开了研究和探讨，既有纵向的分层教育目标，也有横向的分类教育目标研究。夏人青和罗志敏（2010）认为创业教育目标应该分为三个层级，第一层级是具有良好创业素质的社会公民，第二层级是自我工作岗位的创造者，第三层级是新型企业的创办者。杨益彬（2010）提出创业教育应该有基础性、普及性和提高性三层目标。现有研究者主要从研究型大学、创业型大学、师范型大学、应用型大学、高职院校等不同类型的高校提出各自的创业教育目标。马小辉（2013）提出创业型大学的创业教育要着重帮助大学生开发创业潜能、培养创业意识、塑造创业精神、提升创业能力和素质，以使其获得持续的发展能力。王贵兰（2010）提出高职院校的创新创业教育目标是培养"多样化"的创新型人才。冯光伟（2010）提出师范院校创业教育目标的界定应根据社会的需要体现时代性，根据高等教育的要求体现层次性，根据师范院校的性质体现教育性，根据个体发展需要体现差异性。总体来说，创业教育的目标设定应站在人的发展的起点上，在整个人才培养的体系框架内确定好创业教育的总目标。

多年来，国外创业教育的发展形成了以能力和创业实践为基础的多种模式。我国创业教育模式的研究受美国高校创业教育的影响，著名的美国创业教育管理学者Timmons（2009）提出了两种创业教育模式，即一体化模式和复合式模式。国内对该模式的研究既有概念框架，又有实践上的改进。木志荣（2006）提出：一是建设合理的创业教育课程，以及包括创业课程、创业研究、创业论坛、创业竞赛和创业者联盟五个模块的创业教育体系。二是组织和培养优秀的创业教师。徐萍平和叶伟巍（2010）探讨基于动态能力的创业教育模式，构建环境和谐型创业教育模式。李政和唐绍祥（2011）实施了地方综合性高校平台—模块—窗口创业教育模式。梅伟惠（2016）介绍了美国高校创业教育的聚焦模式、磁石模式和辐射模式。胡超（2016）在借鉴和整合美国大学创业教育模式优势的基础上，构建了适合我国高校创业教育的"创业中心模式"组织模式。在案例研究中，许进（2008）介绍了中央财经大学的大众化创业教育，以创业先锋班为龙头的系统创业教育和培训，并将学生创业实践活动引入了教育模式。周秋江和赵伐（2009）介绍了宁波大学"课程、实践、管理"三合一创业教育模式。

创业教育课程和实践研究。作为实施创业教育的主要载体，课程是将思想转化为教育实践的桥梁，直接影响创业教育的效果。因此，创业教育课程一直是创业教育研究的一个重要领域。国外创业教育课程设计完善，具有良好的系统性和综合性。Brown（2000）建议，基于现有课程的创业教育课程还应该包括：创建商业计划、创业实践、商业环境、政治和教育。Solomon等（2002）认为有必要在多个学科推广创业课程，具体涉及创业管理、创业法和创业财务会计，以达到帮助学生掌握创业、合法经营等基本知识的目的。国内学者主要从引进国外课程体系和国内课程结构两个方面进行研究。胡宝华和唐绍祥（2010）介绍了美国百森商学院的创业教育课程，从整体创业的角度来看，创业所需的知识课程被整合到完整的创业过程中，如创业机会识别、企业成长、成功收获等。向东春和肖云龙（2003）将创业教育课程体系分为两大类和四大模块。两大类分别是显性课程和隐性课程，四大模块分别是学习创业基本理论的课程、加强创业意识的活动课程、创造创业文化的环境课程和提供创业实践的实用课程。黄兆信和郭丽莹（2012）提出创业教育理论课程与实践课程、基础课程与专业课程、隐性课程与显性课程三种课程形态有机整合。总体来看，对创业教育课程设置、体系、模块研究较多，而对创业教育课程的管理、评价与实施的研究成果较少，对国外和试点高校的课程体系引入较多，对本土化特色课程体系与实践研究和介绍较少。

近年来，各大高校以多种形式开展高校创业教育实践成为学界持续关注的热点话题。李时椿等（2004）较全面地梳理并总结了发达国家和国内高校开展创业教育实践的典型模式。孟新和胡汉辉（2016）提出高校创业教育实践系统应包含创业教育实践主体、实践内容和实践环境，认为大学科技园是创业教育实践系统的有效载体。姚冠新等（2016）提出实践性教育改革，给大学生创业教育带来新的发展契机和挑战。在具体高校实践过程中，王占仁（2012）提出了"广谱式"创业教育。马永斌和柏喆（2015）以清华大学深圳研究生院双创教育实践经验，提出全面运用生态网模式。黄兆信等（2011）对温州大学的创业教育实践进行了全面介绍，也使得"温州模式"受到各界广泛关注。但是现有文献中关于创业教育实践系统构建及创业实践效果评价的研究相对很少。

创业教育比较与评价研究。国内学者对世界各国家和地区的创业教育进行了广泛介绍与研究，其中对美国高校创业教育的介绍最多。游振声（2011）在其博士学位论文中对美国创业教育进行了较为全面的介绍与研究，其中以伊利诺伊大学作为创业教育实践个案，分析指出伊利诺伊大学创业教育呈现出"商学院型"创业教育、"工程学院型"创业教育、跨学科的创业教育及学术创业主导的创业教育相结合的特征。黄兆信等（2010）介绍了美国创业教育中的"合作"，宏观上结成全国性的创业教育联盟，中观层面的创业教育合作广泛多样，微观上实施校园内的跨学科创业教育。包水梅和杨冬（2016）以麻省理工学院、斯坦福大学和百森商学院为例，提出美国的创业教育具有素质教育的目标定位，趋于专门化的教育管理、专兼职相结合的师资队伍、跨学科课程群、以创新创业活动为主、高校主导下的大学与企业及政府相结合的保障机制六大特征。李文英和王景坤（2010）对澳大利亚高校创业教育主要采用的专业模式、普及模式和培训模式进行了介绍。刘敏（2010）以巴黎中央理工大学为例介绍了法国的创业教育。当然，还有学者对德国、韩国等地开展的创业教育进行了介绍与研究。最终目的基本一致，即通过创业教育经验的分析，为我国创业教育的未来走向提供有价值的参考。

创业教育质量评价也是国外学术界对创业教育研究的重点。早在 20 世纪 90 年代初，美国的《成功》和《企业家》等杂志就定期对创业教育进行评估。Lundström 和 Stevenson（2003）通过对 15 个国家的公共创业政策进行分析，提出可以从创业促进、创业教育、创业环境、创业融资、初创期的商业支持和目标群体战略六个方面对创业政策进行评价。Vesper 和 Gartner（1997）提出创业教育的评估内容主要包括提供的课程、教员发表的论文和著作、对社会影响力、毕业校友的成就、创业教育项目自身的创新、校友创建新企业情况、外部学术联系 7 个方面。国内关于高校创业教育评价的研究较晚，研究成果甚少，但定量与定性相结合的研究成为趋势。秦敬民（2009）在其博士学位论文中构建了基于 QFD 的包含 5 个一级指标、16 个二级指标、57 个三级指标的创业教育评价结构。董晓红（2009）将创业教育质量评价指标体系划分为 8 大类，共计 40 项评价指标。刘海滨（2018）对 AHP 创业教育评价指标体系进行了研究，构建了 4 个一级指标、10 个二级指标、40 个三级指标组成的评价指标体系，并对各层指标进行了权重赋值。葛莉（2014）对基于 CIPP 的高校创业教育能力评价指标体系进行了研究。

综上对创业教育各领域研究文献的计量和内容的初步分析，创业教育已经成为近年来我国高等教育研究的重要领域，文献数量之多，涉及研究领域之广都前所未有，且研究方法呈现多样化。

第一，当前关于创业教育的研究多在模式、课程、现状和对策等操作方面，而对创业教育的本质论研究较少，创业教育的本质论涉及创业教育的本质与价值、概念与性质、功能与目的等关键性议题，是创业教育理论扩展与实践探索的根本性支点，没有这一系列的研究，创业教育的研究将成为"空中楼阁"和无源之水，所以未来的创业教育研究必须首先厘定其本质、价值、目的等根源性问题，只有这样，才能为我国创业教育学科化发展奠定基础。

第二，当前研究对国外创业教育的经验介绍较多，但对国外经验的"本土化"改造不够，对如何创建符合我国实际的创业教育实践体系和话语体系研究较少。"他山之石，可以攻玉"，国外的经验给我们的理论与实践带来一定的启示，但是，国情的不同，高等教育发展水平的差异，传统观念的根基，使得如何从"事理"层面，以具有本土化的思考来引领和规范我国创业教育实践应该成为未来的研究方向。另外，在院校研究层面，如何根据不同高校的办学类型、发展定位、特色领域、基础条件等差异开展有针对性的创业教育的研究与实践还非常少。

第三，现有研究中多关注宏观层面的整体架构，而对微观要素，如创业教育效果的影响因素分析、创业教育政策完善、创业教育社会服务和创业教育的"微生态"即课堂教学生态研究较少。如何从国家政策和制度层面加强对创业教育的引导和激励，规范与评价将成为提升创业教育的顶层依据。作为创业教育效果推进的"最后一公里"，如何提高创业教育课堂教学效果，提升创业教育师资水平，改善创业教育教学方法等应该引起研究者的关注。

第四，从现有的创业教育研究方法来看，以教育学研究的视角较多，跨学科研究的引入较少。从现有研究来看，管理学、心理学等学科已经有所介入，生态学引入创业教育也成为研究的新视角，但是跨学科研究所产生的基本概念的界定、特征的分析、原则、条件和风险等方面的研究屈指可数，这也使得创业教育在学科化发展过程中缺少足够的多元化支持。同时，现有的创业教育研究多为经验性总结和定性思辨，定量研究相对较少，这造成了创业教育研究结论的苍白。

二、教育生态文献研究

教育生态学作为一门运用生态学原理和方法研究教育现象的科学，自20世纪60年代和70年代以来，已成为英美两国新兴的边缘学科。美国学者Waller（1932）在《教育社会学》中提出"课堂生态学"，并首次将生态学的概念引入教育。1966年，英国学者Ashby提出了"高等教育生态学"的概念，并开始运用生态学的原理和方法来研究高等教育。20世纪70年代是国外教育生态学研究的繁荣时期，出现了各种研究趋势。其中，美国哥伦比亚师范学院前院长 Cremin 的影响力较大，1976 年他在《公共教育》一书中正式提出"教育生态"。教育生态学的研究思想，特别是 Cremin 的教育生态思想，得到了国际教育评价协会会长 Huxen 的高度评价。20 世纪 80 年代以后，西方教育生态学研究的范围得到了拓宽和深入发展。华盛顿大学 Goodlad（1987）更关注于微观学校生态学研究，率先提出了学校作为"文化生态系统"的概念。Bowers 和 Flinders（1990）是这一时期研究成果比较丰富的教育生态学家，其研究内容既包括微观课堂生态学的研究，也包括教育、文化、生态危机等宏观教育生态问题的研究。在探索现代教育观点与生态危机之间关系的基础上，David（1992）呼吁加强"生态素养"。国外学者对教育生态学的研究对象有不同的认识，但都强调生态综合、联系、平衡的生态思维和生态精神。

我国教育生态学研究在台湾起步较早，总的趋势是从宏观研究到微观研究，从理论探索到实践分析。李聪明（1989）出版了《教育生态——教育议题生态思考导论》一书，针对我国台湾教育的现实，运用教育生态的原则，思考"教育管理""幼儿教育""国民教育"等各种教育问题。我国大陆学者对教育生态学的研究起步较晚，大部分研究开始于 20 世纪 80 年代末和 90 年代初，代表性成果主要有：吴鼎福和诸文蔚（1990）撰写的第一本关于教育生态学的专著《教育生态学》，因为作者的生态基础深厚，所以该书借用了大量的生态理论、概念和术语。任凯和白燕（1992）合著了《教育生态学》，他们希望运用生态学的原理和方法来分析教育现象。范国睿（2000）所著的《教育生态学》一书，以文化、人口、资源、学校、环境等为具体系统，并从这些方面考察环境对教育、学校和人类发展的影响。近年来，生态学思维运用于各级各类教育的研究逐渐增加，朱家雄（2007）所著的《生态学视野下的学前教育》，主要探讨了生态取向的理论在学前教育中的运用。张庆辉（2010）在其博士学位论文《生态学视野下的大学战略管理》中运用生态学方法对大学战略管理进行了全方位的透视与设计。范国睿（2011）所著的《共生与和谐：生态学视野下的学校发展》，运用教育生态学研究的方法对学校教育生态系统进行分析。

教育生态的适切性研究。教育生态为什么可能是教育生态研究开展的前提？要回答这个问题，我们必须首先确认教育的生态属性，即证明教育活动在本质上与生物学活动和其他社会活动相似，从而为将教育研究引入生态理论和思维提供必要的可能性。刘贵华和朱小蔓（2007）在《教育研究》发表的《试论生态学对于教育研究的适切性》一文影响力较大，单篇被引频次达到223次。作者通过对生命的、社会的和教育的生态学原则分别从整体性、持续性、动态平衡性等方面进行比较，从生态学的方法论、价值观和生态思维方式等方面，证实了自然、社会和教育系统有着共同遵循的生态学原则，在和谐价值观的关照下，生态智慧可以应用于教育研究，生态思维模式本身更贴近教育形态。第一，关注个体生命成长的整体性和持续性，教育生态与自然生态都以"生命"作为研究的基础，尊重生命发展的规律和价值方式。第二，关注环境的适应性。生态学关注有机体与无机界的关系，同样教育生态也关注生命成长的"和谐环境"，环境在个体的发展过程中起到重要的基础性作用。第三，尊重生命对象的多样性。生态系统有着复杂多样的结构和关系，同样，有着不同生理结构、心理文化结构的教育对象决定了教育方式和结果的多样性。第四，遵循过程的动态平衡性。生态系统中的成员在物质与能量等交换过程中保持相互依赖，教育生态系统中师生之间的思想、知识、情感等方面在动态交换中保持平衡。

教育生态研究方式。近年来，国内外教育生态研究成果的大量涌现和发展繁荣，反映了生态学作为教育研究的视角、立场、思维方式和价值取向的独特价值。但是，也有相当的成果存在简单套用、穿凿附会，徒有生态之名，而无生态之实的现象。究其原因，缺少一种兼顾研究视角和价值取向的教育生态学研究方式可能是重要原因。当然，教育生态研究已经逐渐形成了自己的研究范式，目前主要集中在生态学范畴路径和生态学原则路径。在生态学范畴路径中，主要是将生态学的核心范畴直接或者创造性移植于教育生态研究。范国睿（1997）将教育生态主体及其与生态环境之间的关系概括为"适应与发展""平衡与失衡""共生与竞争"三对范畴。刘贵华和朱小蔓（2007）在生态学应用于教育研究的适切性探讨中提出"主体与环境""遗传与变异""平衡与失衡""共生与竞争"四对范畴。生态学范畴的研究方式之所以能够拓展教育学科研究领域，是因为学科之间的差异性也存在着简单推绎。另外一种较为常见的研究方法是生态学原则路径，即生态作为教育中指导生态研究的来源的核心命题，以"命题"为核心的研究方法。范国睿（2000）提出的思维方式，与

"范畴"研究方式相比，"原则路径"这种带有"哲学意蕴"的思维方式对于教育生态研究具有更广泛的适应性，这种预设与生态学中所要突破的"人类中心主义"在研究理路上是相通的。王加强和范国睿（2008）提出，创造教育生态研究方式和方法要坚持教育学的基本立场，同时进一步拓展生态学资源，引入不同生态学分支的最新研究成果。

高等教育生态研究。生态理念运用于高等教育，为高等教育发展提供了新思路，用生态思维研究高等教育是近年来高等教育研究的新范式。近十年来，有50余篇文章和近10篇硕博学位论文对该领域进行了讨论，主要包括高等教育生态结构、区域高等教育生态平衡、高等教育生态环境等方面，其中影响力较大的是贺祖斌（2005）发表的《高等教育生态研究述评》已被引用141次，他的博士学位论文《中国高等教育系统的生态学分析》首次提出了高等教育的生态传承负荷能力问题，以及高等教育生态承载能力具有客观性、可变性和多层次的特点，包括高等教育生态系统的自我维持和能量调节、子系统教育资源和环境承载能力。李军（2006）在对高校生态系统概念内涵进行阐述的基础上分析了高校生态系统的意义、特点、构成要素和结构。张国昌和胡赤弟（2009）提出了区域高等教育生态化发展的生态位策略和环境策略。彭福扬和邱跃华（2011）对高等教育生态化发展的必要性和实现途径进行了分析。郭玉清和夏文菁（2016）通过 CiteSpace 软件进行态势与关键词分析，归纳了高等教育生态体系研究发展阶段与脉络，并对 MOOCs 对我国教育生态系统开放发展带来的机遇与挑战进行了研究。总体而言，作为生态学与高等教育的交叉研究，因为教育生态学本身就是一个年轻的学科，所以高等教育生态研究尚处于起步阶段，成果系统性不足。

21世纪以来，学者们对学术生态学、学校生态学、高等教育生态学、区域教育生态学、课程生态学、教学生态学等方面进行了探讨，并将生态研究方法应用于职业教育、高等教育、成人教育、基础教育等领域。然而，我国的教育生态学研究尚处于初级阶段，如何将生态学原理应用于教育现象和教育问题的分析与研究上，如何建立一个独特的教育生态学研究领域，进一步提高教育生态学学科的科学性成为未来的研究方向。

三、创业教育生态系统文献研究

创业教育生态系统内涵与特征研究。将生态思维引入创业教育的研究与实践成为近年来创业教育研究的新视点，学者们试图借用生态学的研究范式，找到提高创业教育实效的有效途径。他们对创业教育生态系统的内涵、特征、构建策略与运行机制等方面进行了积极的探索。创业教育是一项系统工程，Pittaway 和 Lope（2007）提出要系统地理解创业教育。Cheng（2012）认为"生态系统"对于创业教育的意义在于要素间协同合作的关系：系统内各要素各司其职而又相互作用，并作为整体的部分来发挥作用。Mc Keon（2013）指出高校是创业教育系统的核心，作为"召集人"促使系统各关键成分进行对话交流，协同社区各要素产生一种合力。关于创业教育生态系统的内涵研究，现有研究多以"创业生态"为起点，创业教育生态系统作为创业生态系统中的重要分支，徐小洲和王旭燕（2016）提出，创业教育生态系统应该是一个目标功能单元，创新创业型人才是创业教育生态系统中的核心物种，学校、家庭、政府、企业、其他社会机构等群落占据相应的生态位。陈少雄（2014）认为创业教育生态系统是在一定时间和空间范围内，开展创业教育的主体（高校）与周围的生态环境因子（政府、企业、社会、家庭等）之间由于不断进行物质循环、信息传递和资源互补而形成的统一整体。徐志怀（2016）提出创新创业教育生态系统就是要构建支持学生创新创业的软硬件环境，发挥高校的主体主导功能，汇聚其他主体的广泛参与，以培养创新型人才为目标的一体化教育。关于创业教育生态系统的特征方面，研究者大多从高等教育系统的特征衍生展示，陈静（2017）认为创业教育生态具有两个特征：开放性和非线性、实践性。刘海滨（2018）认为，高校创业教育生态系统是以培养创新创业人才为目标，由高校、政府、企业等多元主体，以及项目、资源、政策等多要素构成的育人系统，具有开放性、复杂性和动态平衡性等特征。

创业教育生态系统的要素与理论构建。在创业教育生态系统的研究过程中，学者们一般首先探讨系统的要素组成。Carvalho 等（2010）认为创业教育生态系统应包括三个方面：创业课程、课外创业项目和辅助性基础设施。Dodd

和 Hynes（2012）认为高校创业教育生态系统逐渐趋向于区域化特征，系统建设过程应明确四个方面：创业教育目标、创业教育成本、资源与机会差异、创业文化建设。Brush（2014）认为高校在区域创业生态系统中处于重要环节，高校内部的创业教育实践扮演着关键角色，高校创业教育包括创业课程、创业实践、创业研究三个相互关联的关键领域。Caiazza 和 Volpe（2016）认为高校创业教育生态系统的四大支柱是所有利益相关者、大学创业文化、基础设施和网络建设、科技成果转化办公室和创业中心。马小辉（2013）提出创业教育生态转型受内部创业教育顶层设计、组织体系等生态因子以及外部政策资金扶持体系和保障体系等生态因子的相互作用、协同发展。陈静（2017）从微观、中观、宏观三个层次入手，对高校创业教育生态系统在操作实践、组织管理、战略调控等不同功能层次的结构要素逐个进行分析。黄兆信和王志强（2017）对高校创业教育生态系统中的"关键主体、支持群体、关键要素"进行了说明。在创业教育生态系统的构建方面，王长恒（2012）认为目前的创新创业教育研究应与各方面的支持进行系统整合，构建一个全方位的立体创新创业教育生态培育体系。董旖旎和徐阳（2013）借用"生态学"理论，构建了包括目标体系、课程体系、实践体系、孵化体系、师资体系、文化体系在内的高校创业教育生态系统。徐小洲（2016）提出我国创业教育生态体系建设要树立以全球（Global）、全民（All）和终身（Lifelong）为外驱力，以互补性、整体性和可持续性为内应力的"GALCHS"创业教育生态发展观念，破解学校创业教育"生态位"角色缺失、政策因子缺位、创业教育生态系统运行基础薄弱等难题，推进创业教育生态系统萌芽、发育并进入"稳态"。田贤鹏（2016）提出基于教育生态理论视域下，创新创业教育共同体的构建策略，从政府、企业等多元主体的内在生态关系改善着手，从而实现创新创业教育的生态式推进。林航和邓安兵（2016）提出了我国创业教育生态系统引入的可行思路，并指出生态系统引入我国高校可能诱发的风险。杨晓慧（2018）对我国的创业教育的独特路径、文化和境遇及创业教育生态系统建设方面存在的特殊问题进行阐释，提出要切实体现中国特色，着力构建中国特色创业教育生态系统建设的理论体系。

国外创业教育生态系统介绍与启示。近年来，学者们对国外高校创业教育生态系统的成功经验进行了比较丰富的介绍。尤其是麻省理工学院（MIT）等一批美国高校在创业教育生态系统建设方面成效显著，所以对这些学校的研究介绍较多。张森和贺国庆（2011）从实践教育、通识教育、课外活动和创业精神等方面对麻省理工学院的创业教育生态环境进行了探究。张昊民等（2012）介绍了 MIT 的"创业教育生态系统"，重点从高校定位、课程体系、师资队伍、校内组织、社会支撑及文化氛围方面探讨其创业教育成功要素。何郁冰和周子炎（2015）以斯坦福大学、慕尼黑工业大学、南洋理工大学为例进行多案例研究，试图揭示创业教育生态系统的内部运行机制。卓泽林和赵中建（2016）以英国伦敦大学国王学院为例，分别对理论联系实际的跨学科创业课程体系、师资力量、全面的创业教育支持性机构、组织消费者、行业与企业对其创业教育生态系统进行了全面介绍。许涛和严马丽（2017）从创新创业教育学位和课程等六个方面，论述了麻省理工学院创新创业教育生态系统模型及其构成要素。范琳（2017）对英国高校创业教育生态系统的发展建设、内外部因子等方面进行了介绍。姚小玲和张雅婷（2018）从对内学校融合人力、物力、财力，对外融合州政府政策支持等方面对斯坦福大学内外协调、良性循环的创新创业生态系统进行了介绍。陈诗慧和张连绪（2018）分别以斯坦福大学、慕尼黑大学和东京大学为例，对美国、德国和日本的创业教育生态系统进行了比较研究。当然，在前文关于创业教育主题综述中的"比较与评价"方面，国外创业教育的研究成果中很多也涉及创业教育生态系统的相关内容。

国内创业教育生态系统实践探索。在引入和借鉴国外高校创业教育生态系统建设经验的基础上，国内关于区域创业教育生态系统的研究也有所呈现，周勇和凤启龙（2013）以江苏省为例，对区域内构建创业教育生态系统进行了顶层设计，在对区域内创新创业文化进行调研的基础上，提出可采取理念转换、顶层设计、系统重构、分类指导等策略来实现创业教育生态系统的和谐可持续发展。陈少雄（2014）以广东省为例，选取七所高校进行抽样调查，发现当前创业教育实施过程中的瓶颈及背后的原因，提出高校创业教育应从生态系统的视角出发，注重多部门、多资源、多因子之间的合作与共生。王涛和刘敬东（2015）以辽宁省为例，在对辽宁省部分高校调研的基础上，提出高校创业教育生态系统的四个层面，即微观系统、中间系统、外层系统和宏观系统，并对这几个系统中的具体建设策略进行了思考。谢志远等（2018）以浙江省为例，以应用新技术为背景，认为高校构建创新创业教育生态系统的关键在于把握宏观、中观和微观三个层面中各个要素的协同机制和激发各主体的创新动力。同时，也有学者立足本校实际，就开展创业教育生态系统的建设实践进行了总结分享，惠兴杰等（2014）以东北大学秦皇岛分校为例，对该校的基于创业生态系统的创新创业教育模式的运转中枢"创新创业与风险投资研究所"及主要表现形式"创新型企业商业计划路演大赛"进行了介绍。刘月秀和刘卫民（2015）以华南农业大学为例，就农业院校如何培养具有创新创业精神的农业科技人才进行了探讨，分别从建设创新创业教育课程体系生态链、师资队伍生态链、实训实践生态链、培养格局生态链等方面，阐述了农业院校创业教育生态系统的最佳效益。方兴林等（2016）以黄山学院为例，对其由资源因子、环境因子和相关人因子为核心的创新创业教育生态系统的构成进行了全面介绍。马永斌和柏喆（2015）主要从创业教育课程生态系统的视角，在对清华大学创业教育课程体系进行介绍分析的基础上，提出要突破创新创业教育课程缺乏系统设计、课程内容与实践脱节等问题，构建一个高效的创业教育课程生态系统。

创业教育生态系统的时代扩展。近年来，随着大数据的兴起与发展、创客教育的引入与扩展，高校的创业教育生态系统在"互联网+"背景下注入了新的活力。万力勇和康翠萍（2016）提出了依托"互联网+创客教育"，创设无处不在的"互联网+创客"教育环境；开发开放多元的"互联网+创客"教育课程；打造专业的"互联网+创客"教育师资队伍；基于创造的"互联网+创客"学习模式四大路径，构建高校创业教育新生态。米银俊和许泽浩（2016）以广东工业大学为例，通过搭建课程链条，促进专创内容融合；搭建平台链条，促进内外资源聚合；搭建导师链条，促进课堂产业配合；搭建实践链条，促进创新创业耦合；搭建资金链条，强化覆盖和全过程扶持结合等途径，构建创客教育生态系统。许涛等（2016）在对校园创业的界定和要素分析的基础上，构建了以学生创客教育为中心、以校园创客空间建设为基础、以创客教育教师和创客教育课程为两翼的校园创客教育生态系统。大数据驱动高校创业教育作为创业教育未来发展的一种趋势，如何将现代信息技术与创业教育深度融合也成为创业教育研究中关注的新的增长点，但目前关于大数据与创业教育生态系统建设之间的关系研究还很少。王娇（2016）以大数据和创业教育生态系统的概述为前提，分析了大数据对高校创业教育生态系统中主客体、环境、介体等要素的影响，提出了基于大数据技术系统构建策略。相信，随着信息技术的快速推进，创业教育生态系统构建中的"技术含量"会越来越高。

总体来看，近年来高校创业教育研究中关注"生态"的文献有所增加，借用生态学来分析创业教育对于未来创业学的学科化发展具有一定的前瞻性。但从现有文献来看，创业教育借用生态学或者教育生态学开展研究尚处于初创和探索阶段，突出的问题主要有以下几个方面：

第一，对创业教育生态研究的理念认识有待深入。当前研究多关注创业教育的要素、内容和体系的构建，但是对各要素之间如何通过物质流、能量流、信息流进行交换、摄取、协调进化的研究甚少；现有研究多偏于宏观系统的研究，而对系统中的关键要素缺少从微观层面的生态学剖析，没有局部的生态学分析，整体结构的生态生成将存在先天缺陷，探讨创业教育中的政策生态、课程生态、课堂教学生态等方面的文献屈指可数。要提高创业教育生态的实效，显然不是某一门学科所能承担的，它需要借助相关学科所取得的成就作为参考或者助推力，如伦理学、教育学、生态学、哲学的相关成果等，以此来丰富和完善创业教育生态的理论基础，为创业教育的生态发展提供动力。

第二，大部分研究者对生态学有了一定的前期了解和研究，但是运用在创业教育的研究过程中却显得有些浅显。多处于简单的生态学名词嫁接阶段，研究中虽然大量使用"创业教育生态""创业教育生态系统""创业教育生态观"等术语，但是对"什么是创业教育生态"没有一个比较明确的界定，使得很多成果徒有生态之"名"而无生态之"实"，即使抛离"生态"的语境限制，其结论也能够有效推导，或者不论自立。这说明生态思维并没有与创业教育研究真正融合。

第三，创业教育生态研究在方法论意义上有待突破。目前有些学者的研究多为套用或借用生态学中的基本术语或概念，缺少用生态、系统的思维方式进行生态系统的整体架构，应该借用生态学研究生命主体与其所在环境之间相互作用及关系的理论与方法研究高校创业教育。高校创业教育作为一个动态有机体，应用系统思维对整个生态系统进行全局性、全方位的观察。

第四，对学科交叉研究的前提性条件分析不足。由于学科的差异性，因此将生态学思维引入创业教育不是全部照搬，而应遵循其学科交叉借鉴的条件、原则和限制，把生态分析方法引入创业教育研究中，必然涉及一个借鉴或介入的限定条件、基本原则和有效论域，也必然会在某种程度上出现一定的风险。目前，对于创业教育生态分析的风险规避相关研究鲜有，这就容易造成学科借鉴的盲目性与不规范，这一点需要引起研究者的高度重视。

第五，创业教育生态研究的现实应用有待拓展。目前的研究中关于创业教育生态系统构建与运行的个案研究还非常少，针对不同办学定位类型的高校如何构建特色的创业教育生态系统的研究更是少之又少。因此，加强对创业教育生态的可操作机制研究，按照"立足特色""符合实际""面向未来"的原则来探索创业教育发展的生态路径是未来研究的方向。

第三章 理论前提：生态与高校创业教育的内在联系

世界经济经过"二战"后的恢复与发展，到 20 世纪 60 年代末和 70 年代初，科学技术快速发展，生产力不断提高，但人类对生物圈的影响和干预不断加强，人类与环境的矛盾日益突出，全世界面临着资源短缺、能源危机、环境污染等挑战。人们在寻找这些问题的原因及解决办法的过程中，认识到生态学对创造和保持人类高度文明的重要作用。从此，生态学冲出了学术园地，从高楼深院走入社会实践及经济建设领域中，引起了全社会的兴趣和广泛关注。同时，面对社会问题给教育系统发展带来的深刻影响，"教育危机"成为许多教育理论和实践工作者关注的问题。面对教育体制的发展变化和动态失衡，人们需要一种新的研究视角来探讨各种教育问题，而生态学的思维与方法在教育研究中的应用成为人们的选择之一。本章从"生态"理解的三重性开始，提出生态视域所蕴含的内在特征，进而从"三个层面"来认知高校创业教育，厘定生态与高校创业教育的内在关联，为创业教育生态系统的构建提供必要的理论前提。

一、"生态"理解的三重性

不同的学者从不同的角度对"生态"的概念给出了不同的表述。有学者认为，生态是由生物及其环境形成的结构，是由这种结构表现出来的功能关系。①

---

① 周小平，1991. 生态是什么：对生态的实质及其表现形式的初步思考 [J] . 生态学杂志（5）：52-64.

有学者认为，生态是指生活在某一地区的所有动植物之间以及动植物与其环境之间的关系，它包含着系统性、整体性、联系性和平衡性的含义。① 同时，也有学者从哲学的角度对生态进行了界定，认为生态是主体生命中各种基本要素有机联系、良性互动形成的生命状态。② 一些学者认为，"有机体与环境之间存在的各种因素及其相互作用的关系是生态"。③ 生态哲学是从生态系统的角度和方法来研究人类社会与自然环境的相互关系及其普遍规律的科学，是将人类社会与自然世界相互作用的社会哲学研究整合起来的。生态哲学为我们分析和解决问题提供了一种新的思维方式，它使我们能够从生态的角度来研究现实事物，观察现实世界，建立一个完整的生态系统观。

（一）作为一种实体描述的"生态"

"本体论"的研究起源于希腊哲学史。从米利都学派开始，早期的希腊哲学家就致力于探索最基本的元素。对这种"原始"的研究成为本体论的先驱，并逐渐走向对存在的讨论，而"存在"和"行为"是对真实事物本身的描述，包括其基本属性和特征。亚里士多德认为哲学研究的主要对象是实体，实体或本体论的问题是关于本质、共同阶段和个体事物。他认为研究实体或本体论的哲学是高于所有其他科学的第一哲学。此后，本体论的研究转向了对自然与现象、普通与特殊、一般与个体之间关系的研究。在《辞海》里，本体论是指研究世界的本源或本性问题的理论。④《中国百科大词典》中对"本体论"的定义为"关于世界本原或本质的哲学理论"。⑤ 当然，本书无意在这里对本体论的主要概念和定义进行深入探讨，亦非研究本体论哲学，只是借本体论来理解和认知"生态"作为实体描述的概念。

虽然上述不同哲学家和研究者对"本体论"的定义不尽相同，但普遍认为"生态论"是关于一切实在的基本性质的理论或研究，是一门考察"是"的哲

---

① 余嘉云，2006. 生态化教学的理论与实践研究 [D]. 南京：南京师范大学.
② 樊浩，田海平，等，2000. 教育伦理 [M]. 南京：南京大学出版社：273.
③ 钱俊生，余谋昌，2004. 生态哲学 [M]. 北京：中共中央党校出版社：152.
④ 辞海编辑委员会，1999. 辞海 [M]. 上海：上海辞书出版社：197.
⑤ 王伯恭，1999. 中国百科大词典 [M]. 北京：中国大百科全书出版社：360.

学，因而其本身是一门"是论"。① 在这里，我们用"本体论"的思维来透视和研究"生态"的概念，就是要强调对生态本身的最初含义的理解和追溯。虽然在人类生活的很长时间，并没有"生态"的明确概念，但是人们早就意识到生活的环境对自身的影响和制约作用，所以"生态学"最初来源于"住所""栖息地"之意。随着人们对自身"住所"和"栖息地"的选择越来越多，在对周围环境因素的影响作用日渐认识的同时，也催生了人们对有机体与自然环境相互联系和相互影响的考察与研究，于是，生态的概念从生物学研究当中被明确提出来并逐渐被人们所认可。像其他学科一样，生态学也逐渐开始了不断更新、发展的过程，由生物个体生态学向生物群体与群落生态学、生态系统生态学、人类生态学、人文生态学延伸发展。在这个过程中，生态学也从最初的研究"动物与无机界之间的关系"扩展为"人与自然环境乃至社会环境之间的关系"，实现了研究对象的扩展与丰富。从本体论的视角，如今的生态概念所指的"是"已经比最初的时候在内涵上丰富了很多，生态是构成某种生物的个体种群或某个群落的各种生态因子的总和及其相互关系。

（二）作为一种分析方法的"生态"

方法是人们认识和把握对象所必须借助的手段，是人类生存不可回避的路径，是关于认识世界和改造世界的目的方向、途径、策略手段、工具及其操作程序的选择系统。② 从狭义的角度，方法是指研究视角、手段、工具、程序、规则等方面的内容。③ 当把生态作为一种分析方法来使用时，其实就是生态所蕴含的丰富的生态思维、生态意识和生态视角的分析。从前文中不难看出，生态学之所以能够在 20 世纪中期以后迅速扩展或者与众多其他学科相嫁接，主要在于生态学所天然蕴含的生态思维方式。生态思维开启了一种新的整体论思维方式。④ 生态的方法论价值的产生和发展同时代的发展是密切相关的。近代建立在牛顿力学基础上的机械论思维模式作为一种世界观以二元论和还原论为主要特征，它试图用力学定律解释一切自然和社会现象。牛顿—笛卡尔世界观

---

① 俞宣孟，1999. 本体论研究 [M]. 上海：上海人民出版社：27.
② 李志才，2000. 方法论全书：哲学逻辑方法 [M]. 南京：南京大学出版社：5.
③ 孙伟平，2008. 价值哲学方法论 [M]. 北京：中国社会科学出版社：1.
④ 任暀，2006-06-05. 生态思维与科学发展观 [N]. 光明日报.

的分析性思维思考问题时强调对部分的认识，用孤立、静止、片面的观点看问题，认为认识了部分，找出哪一部分是主要矛盾，一切问题也就迎刃而解了。它割裂了主体与客体、局部与整体之间的有机联系，最终形成人与自然相疏离。

牛顿—笛卡尔世界观是工业革命以来，人掳夺自然、主宰和统治自然的哲学基础。随着时间的推移，这种思维方式与人类社会历史发展的适应性程度明显不足，渐渐呈现出诸多弊端。有机论是代替笛卡尔机械论世界观的一种新的世界观。随着时代的发展，以有机论为特征强调事物和现象之间相互联系和相互作用的整体性的思维日益得到彰显。美国环境哲学家科利考特说："一种世界观，现代机械论世界观，正逐渐让位于另一种世界观。谁知道未来的史学家们会如何称呼它——有机世界观、生态世界观、系统世界观……"① 生态世界观，科利考特称之为"后生态学"，提出了有机论具有的统一、相互联系、辩证的冲突与互补、系统性、稳定性、整体性等特点。② 科学的生态学思维，是用生态学思考、认识和解决问题，全面和辩证地把握所研究的对象。③ 它是在现代科学技术革命及其后果严重性的影响下，形成的特殊的辩证思维，特别是生态学向人类生态学发展，它从自然科学发展为综合性科学，自然科学和社会科学全部新思潮都在这里得到体现和现实化。

（三）作为一种价值观念的"生态"

价值属于关系范畴，从认识论上讲，是指客体能够满足主体需要的利益关系。它是一个哲学范畴，表达了客体的属性和功能与主体需要之间的效用、利益或效果关系。在历史和现实中，价值一直是一个有争议的话题，既是一个普遍常见的概念，也是一个内涵丰富的概念。德国哲学家、新康德主义弗莱堡学派的创始人文德尔班认为，哲学问题就是价值问题，他把世界分为"现实世界"和"价值世界"。因此，他将知识分为"事实知识"和"价值知识"，他认为任何知识都不能脱离价值，应该以价值为标准，甚至提出社会历史科学也

---

① ② J. B. 科利考特，雷毅，1999. 罗尔斯顿论内在价值：一种解构［J］. 世界哲学（2）：19-26.
③ 余谋昌，2000. 生态哲学［M］. 西安：陕西人民教育出版社：62.

不外乎是关于价值世界的科学。① 当然，本书并不是为了区分现有的哲学概念和价值内涵，而是通过对"价值"概念的解读，为我们对生态概念的理解提供一种"内在关系"。生态价值源于人们对自然价值存在前提的认识。传统哲学和科学认为只有人才有价值，没有人自然就没有价值可言，它们发展了一种自然无价值的科学和哲学。②

关于自然价值是主观的还是客观的，有学者从本体论、认识论和实践论三个层次进行了分析。③ 罗尔斯顿对个体生命价值及其外部整体联系的肯定超越了传统价值主观主义和客观主义的局限，为自然价值的认知存在确立了理论前提，即"生态价值"已被人们所确认。"生态价值"是"生态哲学"的基本概念，随着当代生态哲学作为一种普遍的思维方式在不同学科中的应用，生态价值是"一般价值"在哲学中的特殊体现，在满足生态环境客体的需要和发展过程中的经济判断，以及人与生态环境主体和客体关系中的伦理判断。自然生态系统独立于人，独立于系统功能判断。对"生态价值"概念的理解值得特别关注。第一，生态价值是一种"自然价值"，即自然物体和自然物体对整个自然系统的系统"功能"。这种自然系统功能可以看作一种"广义"价值。为了人类的生存，它是人类生存的"环境价值"。第二，生态价值不同于我们通常所说的自然物体的"资源价值"或"经济价值"。今天，生态价值已经成为一种独特的生态概念的释义和理解范式，主要体现在自然的"三个过程"：运动过程，表现在自然系统的整体关联与相互作用；发展过程，表现在自然系统的动态变化与蓬勃发展；共生过程，表现在自然系统的内在互动与和谐共生。

人们对生态的理解实质是根源于人类对生态意识的深化与发展，这种深化与发展过程本质上与人对人类与自然关系的认识与发展是同步的。生态的理解从本体论到方法论，再到价值论的延伸与拓展，根本上是基于人对人类与自然生态环境之间的相互关系的深刻反思。生态学所揭示出来的生态系统中各要素的相互依赖、系统的平衡性、有机性和整体性都描绘出一幅与传统机械论自然观迥然不同的图景，孕育了一种整体平衡、有机联系的价值观。

---

① 巴克拉捷，1980. 近代德国资产阶级哲学史纲要 [M]. 涂纪亮，等译. 北京：中国社会科学出版社：260.

② 余谋昌，2000. 生态哲学 [M]. 西安：陕西人民教育出版社：55.

③ 余谋昌，2000. 生态哲学 [M]. 西安：陕西人民教育出版社：86.

二、生态视域蕴含的内在特征

生态学的描述产生了对自然的评价，肯定了生态系统的"对"。从"是"到"好"再到"应该"的转变就在这里发生了，生态描述让我们看到生态系统的统一性、和谐性、依存性和稳定性等，而这些特征正是我们评价时所要肯定的。① 前文中对生态概念理解的三个维度是对生态的认知进一步加深的过程，在这种过程的背后蕴含着一系列人们认知视域的转变。"视域"是一个在胡塞尔、海德格尔、狄尔泰和其他现象学及解释学哲学家们的著作中被赋予了特殊哲学意义的词。视域是一个人在其中进行领会或理解的构架或视野，生态学视域下对高校创业教育的认知首先要实现认知思维的转换。

（一）从局部分析到整体关照

整体性通常与事物的关联性是联系在一起的，因为正是由于不同事物之间的普遍联系最终构成了系统的整体性特征。带有整体性的事物通常可以被理解为一个系统，事物之间的关系则表现为一个系统内部要素和要素之间的联系。也就是说，整体性事物本身内含着系统与要素的关系范畴。从局部到整体的考察分析方法是生态确立的首要转变。正如美国学者 E. 拉兹洛提出的，生态思维是从系统论的角度来看待世界。今天，我们看到的是另一种思维方式的转变，既要谨慎、细致，又要全面。也就是说，构成一个集合，具有自身的性质和关系的整合，从与整体相关的事实和事件的角度来思考。②

局部分析的方法根源于机械论思维，以现代哲学为依据，考察机械论思维具有以下特点：存在论的二元论，强调主客体的分离，人与自然的分离和对立，否认人与自然的相互关系和相互作用；认识论的还原主义，强调人对世界

---

① 霍尔姆斯·罗尔斯顿，2000. 哲学走向荒野 ［M］. 刘耳，叶平，译. 长春：吉林人民出版社：135.

② E. 拉兹洛，1985. 用系统论的观点看世界——科学新发展的自然哲学 ［M］. 闵家胤，译. 北京：中国社会科学出版社：14.

认识的消极性，自然万物不以人的意志为转移，具有客观独立性，人的认识只有通过理解其各组成部分才能最终认识整体，即对事物整体进行还原；方法论的分析主义，用孤立、片面的观点看问题。奥地利科学家贝塔朗菲通过批判机械论和活力论当中存在的不足提出了有机论，他通过开放系统来定义和描述生命体，即开放系统通过持续地交换物质和能量来维持其动态存在，进而提出一切有机体都是一个整体的系统观点。① 整体性是生态思维最为鲜明和最为基本的特征，这种思维强调从整体的角度来考察局部的存在状态和存在模式，强调事物发展的整体性，并从一个综合的角度来把握整体上各单元之间的相互关系以及系统与系统之间的相互关系。分析整个视野下的系统，在系统的基础上连接整体，在系统与整体统一的基础上理解世界。

任何事物的存在不仅依靠其他个体事物，而且依靠整个系统本身。高校创业教育的有效性是创业教育存在与发展的根本性问题，也是创业教育研究与实践的根本落脚点。用生态整体性思维认知和审视高校创业教育的有效性，创业教育作为一项社会实践活动，其本身就是一个生态系统，同时也是整个社会生态系统的一个子系统。当前我们把创业教育研究的出发点局限在教学问题而不是社会问题，这是创业教育有效性不足在思维方式上的一个重大偏差。要提升创业教育的有效性，仅靠传统局部的创业教育是不够的，要把创业教育的研究思维扩展到整个社会系统中并实现创业教育系统中各要素的动态平衡。

（二）从实体思维到关系探究

从实体思维到关系思维的转变不仅是生态思维的典型特征，也是传统哲学向现代哲学的一种重要转变。实体思维把存在预设为实体、把宇宙万物理解为实体的集合，并以此为前提来诠释世界。对于实体思维，无限复杂的宇宙可以还原为某些基本实体，其思维逻辑是"存在＝实体＝固有质"。实体思维正是缺乏对自然界之间相互依存关系的考察而渐渐成为一种形而上学的思维。所谓关系，是一种哲学范畴，反映事物与其特征之间的相互联系。它是不同事物和特

① 冯·贝塔朗菲，1987. 一般系统论：基础、发展和应用［M］. 林康义，等译. 北京：清华大学出版社：48.

征的统一形式，是一种"从关系的角度看一切"的思维。根据关系的思考，每个存在的基础都是由无数其他人形成的关系和领域。存在是通过特定的中介和在特定的"相空间"中无数潜在因素的组合和表现。一切所谓实体都与周围的环境发生这样或那样的联系，实体间的相互联系是通过物质、能量和信息的交换实现的。就某一种具体事物而言，其通常具有多重属性，但表现为哪一种属性，则取决于与他物之间的相互联系与作用。

从实体思维到关系思维，反映了辩证法思想的价值存在，生态概念所蕴含的关系思维，就其实质而言，正是一种辩证法思维。生态思维要求人们从追求事物的本质与追求宇宙的本质的绝对和单一的思考方式转变为关注事物本身的活力和生机，并在它们之间建立有机的联系。在思维过程中，它体现了事物存在的对立统一，使事物的独特性和多样性有机地结合在一起。生态思维的转换，在整体把握创业教育认知结构的同时，推动创业教育研究思维的核心概念、研究方法的与时俱进，促进创业教育研究与发展的工具性思维向科学思维的转变，生态思维为当前创业教育研究思维的发展提供了有效参照。

（三）从封闭单一到开放多样

思维视野越是广阔，则思维的广度越大，认识越周全，见解也越有深度。[①]要扩大思维的视野就要坚持思维的开放性和多样性，开放意味着普遍的交往和普遍的联系，生态思维是开放的多样性思维。生态思维就是要应用广阔的思维视野将世界看成一个开放的和多样的系统构成，开放意味着组成的多元，多元则蕴含着生态系统及其要素组成的差异性。生态思维在认识到生态系统整体性的同时，也认识到生态系统的多样性，生态思维的多样性观念体现了辩证唯物主义中联系的多样性特征。生态系统的开放性和多样性揭示了唯物辩证法所提出的"世界是普遍联系的，联系是复杂多样性"的观点，只有开放性的多样性思维才能更好地揭示事物的普遍联系和尊重生物多样性的客观存在。

整个生态系统是由不同特征、性质和功能的要素组成的有机体，以一定的

---

① 喻文德，2008. 生态思维的内涵及其意义 [J]. 吉首大学学报（社会科学版）（5）：38-42.

比例相互作用，这也导致生态系统内部和生态系统之间广泛的物质运动、能量转换和信息交流。① 开放是封闭的对立面，开放使思维领域更加宽阔，封闭使思维领域更加狭窄。生态系统是一个开放循环系统，其开放性主要体现在自然孕育的事物与许多其他事物之间的联系上；其循环性主要体现在生态系统内部的相互循环和生态系统与外在环境之间的开放循环。所有的实践活动必须是在保证生态系统的开放性和可循环性的原则下进行的，生态系统从其形成过程看是开放循环的体系，正是这种循环开放才有利于生态系统内部各要素之间汲取对其自身发展有利的因素而逐步壮大，形成生态系统的多样性。

高校创业教育生态系统作为高等教育系统的一部分，同时也是社会系统的组成部分，其开放性思维体现在当前世界经济创新发展的全球化浪潮中，必须用开放的眼光来探讨我国创业教育进一步发展的方向；其循环性思维体现在与经济系统、教育系统、家庭系统和社会系统之间的物质、能量和信息的交换，学校、家庭、社会作为创业教育的三大基本场域，创业教育生态系统要在与其他系统的交互过程中汲取自身发展壮大的要素和资源。创业教育生态系统内部各要素之间的交互影响和彼此作用及创业教育生态系统与外部环境之间的开放循环；其多样性思维体现在面对高校不同受教育者的不同需求和现状差异，开放多样性的生态思维转换将促进创业教育的研究与实践以更为广博的视野、更为深入的视角来关注和满足不同主体的多样性和差异性需要，推进创业教育的公平。

（四）从静态要素到动态平衡

从静态到动态的过渡是生态思维的主要特征，我们必须从广泛且复杂的联系中来认识世界，从事物的动态发展来把握事物，因为在广泛且复杂的联系中，任何动态的变化都可以造成整体的动荡，即所谓的"蝴蝶效应"。普遍的联系、动态、和谐和辩证的冲突与互补、共存与共生，成了生态世界的特征，从分析取向上，从静态到动态的变化，是生态学方法的基本特征。动态体现着生命的存在性特征，表现为一种发展、联系的状态。生态思维是一种动态平衡

---

① 张林，刘海辉，2014. 生态思维：思想政治教育研究的一种现代选择［J］. 现代教育科学（高教研究）（3）：6—10.

思维。动态平衡之所以是其内涵的价值，是因为从生态学的角度来看，生态系统始终是一个互利共生的动态平衡体系。我们常常把"平衡"理解为"静态"的同义词，错误地认为平衡是"固定不变的"，而生态平衡则是在相互依存、相互制约的过程中形成的动态平衡，以及系统内各要素的相互协调。动态平衡不仅是生态系统生存的基础，也是生态系统发展和演化的本质属性，更是推动生态系统从更合理的生态结构向更有效的生态功能转变，取得更明显的生态效益的不可避免的方式。

生态思维中的动态分析既是生态观的基本特征和要求，也是借助于生态视域来分析高校创业教育的基本要求。创业教育作为一种教育实践，是一种持续的运动、变革和发展。我们应该把创业教育理解为一个过程，而不是一个事件，我们应该看到创业教育的动态发展和复杂性。创业教育的地位、内容、方法和目标将随着社会时代的变化而变化。随着社会关系的变化和经济结构的调整，创业教育体系的构成要素也呈现出一定的差异和发展。因此，创业教育的研究与实践不能简单地停留在传统的经验层面，不能放置在一个静态的真空中。运用动态、多元化的研究和开发思维，建立具有高水平思维战略的创业教育长期发展机制是必要的，一方面要充分满足当下不同教育利益相关者的多元化需要，促进创新人才培养和创新型国家建设；另一方面要具有一定的前瞻性和现实超越性，根据事物动态发展规律，科学预测和引导创业教育的目标定位和发展方向，在制定和设计政策制度、组织机制、教学内容和教学方法的过程中做到与时俱进。

三、"生态"理解对认识创业教育的启示

"生态"概念及其世界观、方法论的出现，在一定意义上说，是人类实践活动发展的必然。生态思维的出现，无疑对人类历史及人的社会实践生活产生深远的影响，对于创业教育这样一种特定的人的精神塑造和社会化实践活动，生态思维同样具有深远的意义。接下来，本书将从生态概念理解的三个层次出发来探讨生态思维本身对认识创业教育的启示。

（一）本体立论：创业教育内含生态特质与生态要求

1. 创业教育内含生态特质

"生态"作为一个新的理念和新的视域，是将生态学的思维渗透到人类活动的范围中，运用人与自然协调发展的观念来思考各种问题，最终达到人与自然关系的最佳状态。创业教育系统的主体是人，人类作为生命的主体处在与周围环境不断接触和互动的动态过程中。环境因素通过对人的作用影响创业教育系统的发展，创业教育系统也可以通过培养人与周围环境的相互调适来实现自身的发展。从这个意义上讲，创业教育与其周边环境的关系具有一定的生物学意义。在成熟的生态系统中，主体、环境等因素趋于平衡，并通过这些因素的相互作用维持整个系统，重点是强调系统各要素及其功能的均衡发展。创业教育包括主体的人、教育环境、教育目标、教育内容、教育手段等，其自身的发展离不开各种因素的相互作用和均衡发展，具有生态系统的特质。因此，创业教育可以看作是一个生态系统，可以分析其内部要素和系统与环境的关系，实现系统的整体协调发展。

第一，生态关联性。生态系统的关联性可以从两个方面来理解：一是空间结构的整体相关性；二是时间的历史发展性。基于这一观点对高校创业教育系统的分析主要是全面理解和分析系统内生态要素之间的关系，表现为高校创业教育作为高等教育系统的一部分，与自然、社会、文化的发展息息相关，是人类社会自我发展的子系统。因为生态学认为，"任一生态因子总要与周围环境经常不断地处于相互交换之中。"[①] 因此，高校创业教育必须与社会政治、经济、文化进行物质、能量和信息的交换，与这些因素相互依存、相互适应。社会因素的变化和发展总是会对高校创业教育系统产生影响，制约其内部结构的变化。当然，高校创业教育系统的关联性还包括系统中任何要素与其他要素之间的关系，每一要素都不能脱离其他要素而无限发展，每个要素的存在状态必然是整个系统与其他社会要素（环境）之间各种形式交流的结果，其发展程度应与教育系统和环境的作用程度相协调。

---

① 马歆静，1996. 对大教育的教育生态学分析 [J]. 赣南师范学院学报（4）：53-55.

第二，生态平衡性。平衡是生态系统的特征，高校创业教育系统也是如此。高校创业教育是与自然环境、社会环境、规范环境和校园环境相互作用的，它不是被动地受制于各种环境因素的影响，还需要根据当前社会形势和未来发展趋势及时调整和完善内部结构，积极适应和促进自然、社会和自身的发展。在高校创业教育的全过程中，涉及教育者、受教育者、教育目标、教育环境、教育载体等诸多重要因素，如何保证创业教育的有效性是高校创业教育的根本，这种有效性要求受教育者接受相关的教育，实现预期目标，并促进整个社会发展的积极效果。如果某个环节或因素发生错乱，在一定的情况下自然会导致不平衡，要素分配的比例和要素本身的条件都将对其产生影响。可以说，随着各种环境因素的变化，高校创业教育的生态结构必然发生变化。只有建立在相应社会因素基础上的高校创业教育生态系统，才能称之为一个开放平衡的系统。经过调适之后的高校创业教育系统的稳定，也只是暂时的稳定，因为事物是不断变化的，各种要素之间比例关系的变化体现出高校创业教育系统的动态平衡性。

第三，生态可控性。在生态系统中，人不仅是"消费者"，而且是生态系统的"调控者"。正如奥德姆所说："人类是站在他所在的生态系统中的最高控制点上。"① 以人类活动为中心的高校创业教育生态系统与自然生态系统是有着典型的区别。事实上，高校创业教育生态系统是人类在科学手段的基础上设计、构建、干预和调控的人工生态系统，不是纯天然生态系统，而是一个可控的社会生态系统。根据生态学原理，社会生态系统一般是由生产、消费和分解构成的相应的生态网络结构，只有这样才能保证生态系统的稳定生产能力。同样，生态系统中任何网络环节的缺失都将导致其生产力和稳定性的下降，导致系统结构崩溃，稳定的生产能力瓦解。因此，要保持高校创业教育系统的生态可持续发展，必须加强对该系统的调控，这是高校创业教育系统可持续发展的基础。马尔特比认为，"生态系统的调节控制是基于生态系统管理的，因为从本质上来说，它强调的不是生态系统过程，而是人类活动对这些过程和生态系统结构、功能结果的影响。"② 按照"循环再生、协调共生、持续稳生"的生

---

① 奥德姆，1993. 系统生态学［M］. 蒋有绪，徐德应，等译. 北京：科学出版社：607.
② 马尔特比，2003. 生态系统管理：科学和社会问题［M］. 康乐，等译. 北京：科学出版社：2.

态调控原则对高校创业教育进行系统地调节控制，可使系统的教育资源使用合理化，使系统内部各要素关系最优化，从而实现高校创业教育系统的可持续发展。

第四，生态共生性。一般来说，任何两个生活在一起的种群的结合都是共生的，因为它们共享相同的生活空间，所以不同类型种群之间的相互作用甚至竞争都是共生的。互利共生是两个物种间最强大、最有利的互动方式。为了分析高校创业教育生态系统，需要注意系统中各种生态因素和现象之间的相互依存和积极配合。在高校创业教育系统中，主体与环境的互动实际上产生了共生特征，系统的各个要素在共生中相互关联、相互作用，使系统成为一个和谐的有机整体。系统中各要素的自我发展必然会对其他要素和整个系统产生能动作用。如师生之间的相互依存与共生关系、教育主体与环境的互动、教育目标对教育主体作用的引导、教育内容的规定、教育方法的规范等，以及教育主体对教育目标的遵循、对教育内容的接受与反馈、对教育方法的调整与适应，甚至课堂子系统的生态发展也对创业教育母系统的自身发展起着能动的作用。

2. 创业教育内蕴生态要求

从某种意义上来说，近年来得到国家、各地区和各高校高度重视并全力推进的创业教育可以定性为"要素式创业教育"，更加关注教育主体、教育客体、教育内容和教育方法等之间的矛盾运动。我们并不反对以要素的形式来推进创业教育，但如果缺少对创业教育整体性、开放性、系统性和平衡性的关注，势必造成创业教育方向的误区。在国家推进"双一流"建设的背景下，如何通过创业教育有效助力创新型人才和技术技能型人才培养成为亟待解决的难题；从协同共生的视角出发，要提高高校创业教育的实效，真正使"口号"落地，必须做到在创业教育理论与实践的协同、目标与手段的协同、过程和方法的协同、课程与课堂的协同、教育者和受教育者的协同等方面实现突破和发展。

近年来，随着生态文明的建设带来了人类生态意识的觉醒，生态世界观提供给我们分析和把握社会系统的新思维和新方法，以生态思维审视和重构高校创业教育，赋予其典型的生态特征。纵观当前的高校创业教育，确实存在很多不尽如人意的地方，也正是因为创业教育生态系统尚未构建并有效运行，导致其生态链条的断裂错位。高校创业教育系统需要内外各要素的协调和共同发展，各要素排列有序、相互共生，以一种相互调适、相互制约的关系形成创业教育的生态结构，并实现良性循环。一旦某些要素发生冲突或失衡，创业教育的生态效益就会大大降低。本书的目的是呼吁人们树立生态意识，运用生态思维分析和解决创业教育中的生态失衡危机，最终实现预期的生态目标。

（二）方法立论：运用生态分析方法来研究创业教育

生态概念不仅包含丰富的理论内容，还蕴含着重要的方法，即表现为生态学除了涵盖大量的概念、范畴、原理、观点、原则和规律等科学的理论内容之外，又通过这些概念、范畴和原理等彰显出具有独特性与科学性的方法论层面的价值。从创业教育理论研究与现实实践的角度来看，运用生态分析方法对创业教育进行整体性关照，应该说是基于生态概念的三种理解所带给创业教育若干启示中最为显著的。生态分析方法就是运用生态学的有关原理、观点来分析特定事物的一种原则和视域，是一种将研究对象进行生态仿生的研究方法。

1. 运用生态分析方法来考察创业教育中蕴含的关系性问题

运用生态分析方法，可以分析创业教育在整个社会系统结构中的地位、性质、特征和功能等基础性问题，特别是其与政治、经济、文化和社会等其他多重复杂要素之间的相互关系。与传统的就创业教育论创业教育的研究思维相比，把创业教育同社会政治、经济、文化等因素整合起来加以研究，是生态视域下所确立起来的最为重要的一种研究思维，是一种研究方法的变革。创业教育作为我国建设创新型国家、培养创新型人才的重要路径和主要方式，本身具有很强的实践性和综合性，无论是理论研究还是日常实践，都需要有广阔的视野和开放的姿态，这是由创业教育活动的性质所决定的。如果不考虑宏观的国家经济社会发展需要和民生的现实生活需要，中观的高校开展创业教育的实际需要和资源条件，微观的教育对象的心理需要和价值认同等，是做不好创业教育工作的。另外，从学科基础理论研究层面来看，运用生态分析方法对创业教育进行整体性研究，有助于改变传统对创业教育分门别类研究带来的局限性。从前文中的文献综述部分可以看出，目前我们对创业教育的理论研究多为基于本质论、价值论、环境论、过程论的"条块式"研究方法，这样的研究结果更适合教材化的体系展示，但也造成了对创业教育实际问题关注的不全面和不完整，这本身不应成为创业教育，特别是基础理论研究的唯一叙述模式。

2. 运用生态系统的结构思维来探查创业教育系统的静态结构

运用生态分析方法来看待高校创业教育，一方面从创业教育系统与外部系统的关联来看，创业教育系统既具有相对的独立性，又具有与其他社会系统之间的关联性，需要与其他社会系统之间的协调一致与和谐共生、创业教育的顺利开展和有效实施受到社会其他系统组成的生态大环境的影响。创业教育生态系统的平衡与发展需要从相对其而言作为外部社会生态系统存在的社会系统中汲取物质、信息和能量，并与其他社会生态系统保持协调、平衡的关系。同时，创业教育生态系统内部又划分为若干小生态系统，这些小生态系统都与高校创业教育存在特定关系。从横向上分，可以分为目标文化系统、师资队伍系统、课程教学系统、管理组织系统、监控评价系统、资源保障系统、政策环境系统等；从纵向上分，可以分为宏观层面的国家创业教育系统、中观层面的高校创业教育系统、微观层面的各创业教育子要素系统等。

3. 运用生态系统的动态思维来考察创业教育的动态运行过程

创业教育过程是诸教育环节和要素之间的有机配合、协调的状态，其中的每一个环节都可以运用生态观来考察。以高校创业教育系统为例，我们可以在创业教育的动态运行过程中分析系统各要素之间是如何定位并相互作用的，如创业教育主体如何影响创业教育客体，客体如何反作用于主体，主客体之间的主体间性关系如何；创业教育主客体如何与创业教育环境发生关系并相互影响；创业教育主客体与创业教育介体或载体之间的相互作用是如何发生的；创业教育环境对创业教育介体或载体的影响；等等。以高校创业教育的课堂教学为例，教师和学生成为课堂生态的主客体，课程设置、教学内容、教学方法、教室布局、课堂容量、课堂物理环境等成为课堂生态环境，我们可以分析各类环境对学生接受效果的影响，也可以分析课堂中的各类组织，如正式组织、非正式组织、半正式组织、参照群体组织及其课堂中的各种关系，如师生关系、同学关系、朋辈关系等对教育对象创新素质形成发展的影响。

（三）价值立论：有利于个人价值和社会价值的实现

陶行知认为：教育是人生的转变，它的核心是人类经验的转变，它的直接目的是指向人类的幸福和自由。① 在创业教育中，国家、社会和教育者、受教育者是价值主体，创业教育能够有效地满足人的自由全面发展的需要和社会发展的需要就是其价值的体现和生命所在。以生态观关照创业教育，既要关注满足个体个性和全面发展的需要，也要关注创业教育为促进社会有序平衡、协调运行和创新型人才培养所彰显出的特定价值。

1. 生态视域下的创业教育更有利于个人价值的实现

第一，生态视域下的创业教育更加突出对生命的尊重。在创业教育过程中，要重视个人的生命和尊严，促进个人的自由全面发展，促进个人价值观的实现。第二，生态视域下的创业教育更有助于促进学生的自我发展。个体的发展不仅表现在知识的增加、智力的发展和人格的成熟。更重要的是，它是基于自我主动发展的"动机"，而动机的来源是增强个人的自我意识和主观意识。高校创业教育的生态发展将更有利于大学生创业能力的发展，使其具有组织能力、感召能力、适应能力、执行能力和发展能力，培养这些能力的过程也是增强个体主体性的过程。② 第三，生态视域下的创业教育更有助于挖掘个人的创新潜力。创新潜力是一种潜伏在体内的隐性的、沉闷的能力状态，潜力不会自动转化为现实，而是取决于教育的理念和实践。创业教育将唤醒人们创新创造的潜在力量，为充分发挥潜力创造条件，这既是创业教育的核心内容，也是其重要使命。

2. 生态视域下的创业教育更有利于社会价值的实现

第一，生态视域下的创业教育更有利于创新型国家建设。创新经济与创业教育的发展有着直接的互动关系。发展和实施以普及创业知识、培养创业能力、创建创业团队、发展创业实践为基础的创业教育，有利于提高受教育者的创业质量，激励创业行为，使更多受教育者能够将创业和自营职业作为职业选择和生活方式。③ 第二，生态视域下的创业教育更有利于创新型人才的培养。创新是一个民族的灵魂，是一个国家兴旺发达的不竭动力，也是满足时代发展

---

① 华中师范大学教育科学研究所，1992. 陶行知全集（第 2 卷）［M］. 长沙：湖南教育出版社：435.

② 林文伟，2011. 大学创业教育价值研究［D］. 上海：华东师范大学：76.

③ 林文伟，2011. 大学创业教育价值研究［D］. 上海：华东师范大学：103.

需要的动力。随着经济社会的发展，"大众创业、万众创新"浪潮的兴起，提高全民素质，培养学生的创新意识和创新能力成为中国教育面临的紧迫任务。构建高校创业教育生态系统，有利于推进高校创业改革创新，促进高校知识创新体系的形成，建立以创新人才培养为轴心的知识、精神、能力三合一的人才培养模式。第三，生态视域下的创业教育更有利于创新型人才文化的形成。文化是人的精神灵魂，是一种价值，是一种传统。① 创业文化是与创业有关的社会意识形态、文化氛围，这种文化能够唤起一种不可估计的能量和责任感，有利于组织形成凝聚力、竞争力和创新力。创业教育的生态发展将创业教育精神价值与社会价值相融合，在特定的社会历史条件下，企业家精神的培育与发展形成了独特的文化观。

① 朱永新，2005. 科学发展观与中国教育改革［M］. 福州：福建教育出版社：270.

第四章 生态审视：高校创业教育功能要素的实施现状

高校创业教育的实施现状如何？2012 年，李俐对湖南省大学生创业教育的现状调查结果显示，基本满意的占 33.8%，不了解的占 33.8%，不满意的占 22.4%，满意的仅占 10.0%。[①] 2019 年，戎晓霞等基于山东省两所"双一流"高校的调查，利用模糊综合评价法评测学生创业教育满意度结果显示，学生对各要素满意度评价存在较大差异。[②] 笔者调查结果显示，总体上，随着近年来国家对高校创业教育的大力推进和全社会"双创"氛围增强，师生对创业教育的满意度相比前面所列举文献中的调查结果有所提升，但仍有近 1/3 的大学生和超过 1/4 的教师和管理人员对创业教育效果持不确定或不满意态度。本章从当前高校创业教育各功能要素生态失衡现状的调查与审视出发，为创业教育生态系统的构建提供必要的现实依据。

一、研究设计与实施

为了准确、全面地了解高校创业教育的实施现状，本书依托笔者主持的全国教育科学规划教育部重点课题"高校创业教育生态系统构建问题研究"和吉林省教育厅人文社会科学重点课题（委托课题）"高考改革背景下高校创业教育转型发展研究"，在吉林省教育厅的支持下，自 2018 年 10 月至 12 月对吉林

---

① 李俐，2012. 湖南省高校大学生创业教育的现状调查与对策研究 [D]. 长沙：湖南师范大学.

② 戎晓霞，马骁东，孟庆春，2019. 基于模糊综合评价的大学生创业教育满意度研究 [J]. 黑龙江高教研究 (4)：116–120.

省部分高校的创业教育开展情况进行了问卷和访谈调查。

（一）研究内容

首先，笔者在对研究工具进行初步设计的基础上，通过问卷项目分析、因素分析和信度分析等确保问卷各题目的鉴别度、各维度划分的合理性及问卷的内部一致性，即首先保证研究工具的科学性。其次，笔者分别从创业教育目标认同、政策了解、环境评价、课程设置、课堂教学五个维度（教师问卷中是四个维度）对调查结果进行统计分析；同时，结合对 12 位高校创业教育主管领导的访谈问卷调查结果，通过定量分析与定性分析相结合，全面呈现师生对创业教育各生态要素实施现状的满意度和认同度。最后，分别对学生问卷和教师问卷的各维度进行多元回归分析，并对不同高校、性别、年级、专业的学生创业教育满意度进行显著性差异检验，为后续高校创业教育质量的改进提供必要的参考建议。

（二）研究对象

（1）问卷调查对象。笔者选取吉林省的东北师范大学、吉林农业大学、长春理工大学、东北电力大学、吉林财经大学、吉林师范大学、长春工业大学、通化师范学院、白城师范学院、吉林师范大学博达学院十所高校开展调查。抽样调查的对象涉及的地区不同（涵盖长春地区、四平地区、吉林地区）、各院校层次不同（涵盖"双一流"高校、一流学科建设高校、省重点高校、省普通高校和民办高校）、各高校性质不同（涵盖综合类、理工类、农林类、财经类、师范类）、专业类别不同（涵盖理工类、人文类）。每所高校发放 50～60 份《高校创业教育实施现状调查问卷》（学生篇），共发放问卷 600 份，回收 596 份，回收率 99.3%，其中有效问卷 555 份，有效率 93.1%；每所高校发放15～25 份《高校创业教育实施现状调查问卷》（创业教育教师和管理人员篇），共发放 155 份问卷，回收 153 份，回收率 98.7%，其中有效问卷 144 份，有效率94.1%。因为得到各高校创业教育主管部门的支持，问卷发放与回收过程规范、严密，学生问卷主要在创业教育课堂教学中发放并当场回收，提高了答题的认真程度和问卷的回收率，如表 4-1、表 4-2 所示。

表4-1 调查问卷对象基本信息（学生）

		人数	百分比（%）			人数	百分比（%）
性别	男	218	39.3	学校	"双一流"高校	67	12.1
	女	337	60.7		普通本科院校	488	87.9
年级	大一	96	17.3	专业	文科类	232	41.8
	大二	260	46.9		理科类	323	58.2
	大三	181	32.6		N = 555		
	大四	18	3.2				

表4-2 调查问卷对象基本信息（创业教育教师及管理人员）

		人数	百分比（%）			人数	百分比（%）
性别	男	75	52.1	岗位	创业课程教师	57	39.6
	女	69	47.9		创业管理人员	40	27.8
职称	初级	26	18.1		两者兼有	47	32.6
	中级	70	48.6	学历	本科	6	4.2
	副高级	40	27.8		硕士	101	70.1
	正高级	8	5.5		博士	37	25.7
学校	"双一流"高校	26	18.1		N = 144		
	普通本科院校	118	81.9				

（2）访谈调查对象。笔者选取9所高校的12位创业教育管理部门负责人进行访谈调查，为了更加全面地对高校创业教育实施现状进行了解，访谈对象所在高校中只有3所与调查问卷发放高校相同。本书严格遵循学术伦理，所有访谈都是在基于自愿的基础上进行的，并明确告知了研究目的。受访者都进行了匿名。访谈对象涉及的地区不同（涵盖长春地区、四平地区、吉林地区）、各院校层次不同（涵盖省重点高校、省普通高校和独立学院）、各高校定位不同（涵盖综合类、理工类、艺术类、师范类）。访谈调查对象中有高校分管创业教育工作的副校长3人，教务处长3人（这些高校未单独设立创业教育主管部门，由教务处负责管理），创业学院（创业教育中心）院长（主任）5人，

省级"互联网+"大学生创新创业大赛金奖团队指导教师 1 人，如表 4-3 所示。

表4-3　访谈调查对象基本信息

受访者	担任职务	学校类型	办学定位
A	副校长	省重点高校	师范类
B	创业教育中心主任	省重点高校	师范类
C	教务处副处长	省重点高校	综合类
D	创业教育学院院长	省普通高校	综合类
E	副校长	省普通高校	师范类
F	创业教育学院院长	省普通高校	师范类
G	就业创业处处长	省普通高校	理工类
H	教务处副处长	省普通高校	理工类
I	创业教育学院院长	省普通高校	综合类
J	副校长	省普通高校	综合类
K	教务处长	独立学院	艺术类
L	省"互联网+"大学生创新创业大赛金奖团队指导教师	省重点高校	师范类

（三）研究工具

（1）问卷基本情况。经过文献梳理及对创业教育相关政策的文本分析，参考其中的有益维度，同时通过对专家和学者及教师和学生的访谈和意见征求，笔者从创业教育的目标设定、政策实施、课程体系、课堂教学、文化氛围、组织领导、影响因素和总体满意程度等方面，按照生态视域的特征，从整体、融合、协同等角度初步编制了《高校创业教育实施现状调查问卷》（学生篇）和《高校创业教育实施现状调查问卷》（创业教育教师和管理人员篇）。问卷分为两部分，第一部分是基本信息，第二部分是问卷量表，采用李克特五点量表计分法，用 SPSS24.0 进行统计分析，从"非常不同意"到"非常同意"分别计 1 分至 5 分，全部采用正向计分。

在《高校创业教育实施现状调查问卷》（学生篇）中，主要从不同层次高校、不同年级、不同性别、不同专业对高校在校生进行了调查。在《高校创业教育实施现状调查问卷》（创业教育教师和管理人员篇）中，为增强调查结果的准确性和可信度，鉴于不同学科教师对创业教育的了解和理解程度的不同，笔者主要选取高校承担创业教育公共课程和专业类创业教育课程的教师及创业教育工作管理部门的具体工作人员进行调查，因为这个群体直接参与高校创业教育的实施过程，他们的回复更具有针对性、更加聚焦。为进一步提升问卷设计的科学性与合理性，笔者在问卷编制完成后抽取了30名在校学生和10位创业教育教师和管理人员进行了小范围试测，经过问卷项目分析和因素分析，并综合考虑被试意见建议后，删除和调整了问卷中一些容易产生误解或者交叉重叠的题项，增加了部分未涉及具体内容的题项，最终两类问卷的两个部分各合计23个题目。

同时，笔者编制了《高校创业教育实施现状访谈提纲》，同样从调查问卷涉及的几个方面对高校创业教育工作具体管理部门的主要领导及高校分管此项工作的领导进行了面对面访谈或通信访谈，因为这部分群体是高校创业教育工作的顶层设计者和总体谋划者，他们的回复为本书的结论提供了更加权威的支持。正式访谈采用的是结构式访谈，笔者通过记录的方式对访谈者的回答进行整理，因访谈人数不多、访谈时间不长、访谈题目相对聚焦，所以，笔者主要采用文本直接比对提炼的方式对各题目的回答进行了分项整理。

（2）问卷项目分析。笔者采用极端组检验法，取上下27%为高低分组，求《高校创业教育实施现状调查问卷》（学生篇）的每一个题项的决断值（CR），然后进行独立样本 t 检验，所有题项的 CR 值在 14.94～23.46，都在 0.05 水平上显著，显示问卷题项具有良好的鉴别度，如表4-4所示。

表4-4　《高校创业教育实施现状调查问卷》（学生篇）各题目独立样本检验

		莱文方差等同性检验		平均值等同性 t 检验						
		F	显著性	t	自由度	显著性（双尾）	平均值差值	标准误差差值	差值95%置信区间	
									下限	上限
b1	假定等方差	16.317	0.000	14.967	303	0.000	1.405	0.094	1.220	1.590
	不假定等方差	—	—	14.944	246.627	0.000	1.405	0.094	1.220	1.590
b2	假定等方差	42.732	0.000	15.706	303	0.000	1.476	0.094	1.291	1.661
	不假定等方差	—	—	15.676	226.123	0.000	1.476	0.094	1.290	1.661

续表

		莱文方差等同性检验		平均值等同性 t 检验						
		F	显著性	t	自由度	显著性（双尾）	平均值差值	标准误差差值	差值95%置信区间	
									下限	上限
b3	假定等方差	29.582	0.000	17.270	303	0.000	1.581	0.092	1.401	1.761
	不假定等方差	—	—	17.237	226.337	0.000	1.581	0.092	1.401	1.762
b4	假定等方差	18.132	0.000	19.580	303	0.000	1.786	0.091	1.607	1.966
	不假定等方差	—	—	19.557	267.893	0.000	1.786	0.091	1.606	1.966
b5	假定等方差	17.463	0.000	19.495	303	0.000	1.714	0.088	1.541	1.887
	不假定等方差	—	—	19.471	263.200	0.000	1.714	0.088	1.541	1.888
b6	假定等方差	11.872	0.001	19.560	303	0.000	1.728	0.088	1.554	1.901
	不假定等方差	—	—	19.539	272.293	0.000	1.728	0.088	1.554	1.902
b7	假定等方差	17.381	0.000	17.963	303	0.000	1.581	0.088	1.408	1.755
	不假定等方差	—	—	17.933	239.674	0.000	1.581	0.088	1.408	1.755
b8	假定等方差	9.707	0.002	18.914	303	0.000	1.681	0.089	1.506	1.855
	不假定等方差	—	—	18.889	261.695	0.000	1.681	0.089	1.505	1.856
b9	假定等方差	38.403	0.000	20.606	303	0.000	1.831	0.089	1.656	2.006
	不假定等方差	—	—	20.566	224.073	0.000	1.831	0.089	1.655	2.006
b10	假定等方差	31.544	0.000	23.499	303	0.000	1.924	0.082	1.763	2.085
	不假定等方差	—	—	23.463	249.401	0.000	1.924	0.082	1.763	2.086
b11	假定等方差	56.136	0.000	22.613	303	0.000	1.943	0.086	1.774	2.112
	不假定等方差	—	—	22.572	229.658	0.000	1.943	0.086	1.774	2.113
b12	假定等方差	10.650	0.001	19.524	303	0.000	1.661	0.085	1.493	1.828
	不假定等方差	—	—	19.494	249.651	0.000	1.661	0.085	1.493	1.829
b13	假定等方差	35.135	0.000	19.077	303	0.000	1.739	0.091	1.559	1.918
	不假定等方差	—	—	19.038	216.829	0.000	1.739	0.091	1.559	1.919
b14	假定等方差	12.459	0.000	18.007	303	0.000	1.634	0.091	1.455	1.813
	不假定等方差	—	—	17.976	236.059	0.000	1.634	0.091	1.455	1.813
b15	假定等方差	34.076	0.000	19.810	303	0.000	1.766	0.089	1.590	1.941
	不假定等方差	—	—	19.773	229.756	0.000	1.766	0.089	1.590	1.942
b16	假定等方差	31.006	0.000	19.543	303	0.000	1.785	0.091	1.605	1.965
	不假定等方差	—	—	19.503	219.519	0.000	1.785	0.092	1.605	1.965
b17	假定等方差	18.236	0.000	19.502	303	0.000	1.686	0.086	1.516	1.856
	不假定等方差	—	—	19.467	233.129	0.000	1.686	0.087	1.515	1.857

笔者采用极端组检验法，取上下 27% 为高低分组，求《高校创业教育实施现状调查问卷》（创业教育教师和管理人员篇）的每一个题项的决断值（CR），然后进行独立样本 t 检验，所有题项的 CR 值在 3.928～9.808，都在 0.05 水平上所有题项显著，显示问卷题项具有良好的鉴别度，如表 4–5 所示。

表 4–5　《高校创业教育实施现状调查问卷》（创业教育教师和管理人员篇）各题目独立样本检验

		莱文方差等同性检验		平均值等同性 t 检验					差值95%置信区间	
		F	显著性	t	自由度	显著性（双尾）	平均值差值	标准误差差值	下限	上限
b1	假定等方差	2.864	0.094	3.928	83	0.000	0.661	0.168	0.326	0.996
	不假定等方差	—	—	3.944	75.511	0.000	0.661	0.168	0.327	0.995
b2	假定等方差	20.215	0.000	5.584	83	0.000	0.988	0.177	0.636	1.340
	不假定等方差	—	—	5.625	61.407	0.000	0.988	0.176	0.637	1.340
b3	假定等方差	7.473	0.008	4.574	83	0.000	0.779	0.170	0.440	1.118
	不假定等方差	—	—	4.602	67.382	0.000	0.779	0.169	0.441	1.117
b4	假定等方差	25.600	0.000	6.155	83	0.000	1.177	0.191	0.797	1.558
	不假定等方差	—	—	6.205	57.373	0.000	1.177	0.190	0.797	1.557
b5	假定等方差	12.982	0.001	8.120	83	0.000	1.434	0.177	1.083	1.785
	不假定等方差	—	—	8.176	63.178	0.000	1.434	0.175	1.084	1.785
b6	假定等方差	17.642	0.000	7.008	83	0.000	1.246	0.178	0.892	1.599
	不假定等方差	—	—	7.061	60.798	0.000	1.246	0.176	0.893	1.599
b7	假定等方差	20.432	0.000	7.163	83	0.000	1.269	0.177	0.917	1.621
	不假定等方差	—	—	7.216	60.935	0.000	1.269	0.176	0.917	1.621
b8	假定等方差	0.003	0.958	9.808	83	0.000	1.334	0.136	1.063	1.604
	不假定等方差	—	—	9.854	72.685	0.000	1.334	0.135	1.064	1.604
b9	假定等方差	6.392	0.013	5.712	83	0.000	1.056	0.185	0.689	1.424
	不假定等方差	—	—	5.743	70.092	0.000	1.056	0.184	0.690	1.423
b10	假定等方差	12.835	0.001	7.296	83	0.000	1.432	0.196	1.042	1.823
	不假定等方差	—	—	7.346	63.362	0.000	1.432	0.195	1.043	1.822
b11	假定等方差	12.440	0.001	5.885	83	0.000	1.214	0.206	0.804	1.625
	不假定等方差	—	—	5.923	65.535	0.000	1.214	0.205	0.805	1.624

续表

		莱文方差等同性检验		平均值等同性 t 检验						
		F	显著性	t	自由度	显著性（双尾）	平均值差值	标准误差差值	差值95%置信区间	
									下限	上限
b12	假定等方差	22.947	0.000	7.581	83	0.000	1.568	0.207	1.157	1.980
	不假定等方差	—	—	7.637	61.327	0.000	1.568	0.205	1.158	1.979
b13	假定等方差	25.084	0.000	8.002	83	0.000	1.687	0.211	1.267	2.106
	不假定等方差	—	—	8.067	58.001	0.000	1.687	0.209	1.268	2.105
b14	假定等方差	4.796	0.031	7.396	83	0.000	1.313	0.178	0.960	1.666
	不假定等方差	—	—	7.438	68.970	0.000	1.313	0.177	0.961	1.665

（3）问卷效度分析。在《高校创业教育实施现状调查问卷》（学生篇）中，限定因素个数为 5，笔者运用主成分分析法抽取因素，选取特征值大于 1 的因子，然后采用最大变异法进行直交转轴。第一次因素分析显示 KMO 值为 0.948，表明因素分析适合度很好，同时 Bartlett 检验的 χ^2 值为 6181.114（df = 136），达到显著性水平。5 个因素累计可以解释 75.46% 的变异量，如表 4-6 所示。

表 4-6 《高校创业教育实施现状调查问卷》（学生篇）总方差解释

成分	初始特征值			提取载荷平方和			旋转载荷平方和		
	总计	方差百分比	累计（%）	总计	方差百分比	累计（%）	总计	方差百分比	累计（%）
1	9.089	53.465	53.465	9.089	53.465	53.465	3.090	18.177	18.177
2	1.275	7.500	60.964	1.275	7.500	60.964	2.524	14.850	33.026
3	0.980	5.767	66.731	0.980	5.767	66.731	2.457	14.452	47.478
4	0.857	5.043	71.774	0.857	5.043	71.774	2.444	14.376	61.854
5	0.627	3.688	75.462	0.627	3.688	75.462	2.313	13.608	75.462
6	0.529	3.114	78.576						
7	0.462	2.719	81.295						
8	0.444	2.611	83.905						

续表

成分	初始特征值			提取载荷平方和			旋转载荷平方和		
	总计	方差百分比	累计（%）	总计	方差百分比	累计（%）	总计	方差百分比	累计（%）
9	0.410	2.409	86.315						
10	0.357	2.099	88.413						
11	0.349	2.055	90.469						
12	0.321	1.890	92.359						
13	0.298	1.755	94.114						
14	0.276	1.621	95.735						
15	0.256	1.505	97.240						
16	0.255	1.499	98.739						
17	0.214	1.261	100.000						

笔者在《高校创业教育实施现状调查问卷》（学生篇）开发之初，预设了 5 个维度，探索性因素分析时，限定了 5 个维度，结果符合原先的预期。验证性因素分析，进一步证明了这 5 个维度的合理性：GFI = 0.935>0.9，AGFI = 0.909>0.9，NFI = 0.948>0.9，CFI = 0.965>0.9，RMR = 0.029<0.05，RMSEA = 0.06<0.08。虽然 χ^2 值显著，违背模型适配度标准，但是上述其他指标都符合模型适配度判断标准。$p<0.05$ 可能与本书的样本量（555 份）有关，样本量大容易导致 p 值显著，如表 4-7 所示。

表 4-7　《高校创业教育实施现状调查问卷》（学生篇）因素分析摘要

题项	抽取因素					解释变异量	累计解释量	共同性
	1	2	3	4	5			
b11	0.728	0.213	0.268	0.295	0.241			0.793
b12	0.724	0.325	0.211	0.155	0.165			0.726
b13	0.689	0.392	0.174	0.214	0.173	18.177	18.177	0.735
b10	0.689	0.198	0.247	0.330	0.275			0.760
b15	0.571	0.534	0.165	0.155	0.249			0.760

续表

题项	抽取因素					解释 变异量	累计 解释量	共同性
	1	2	3	4	5			
b17	0.241	0.773	0.203	0.279	0.130	14.850	33.026	0.791
b16	0.317	0.738	0.149	0.238	0.219			0.771
b14	0.385	0.633	0.224	0.214	0.165			0.671
b2	0.220	0.177	0.822	0.202	0.120	14.452	47.478	0.811
b1	0.199	0.165	0.783	0.223	0.200			0.769
b3	0.209	0.171	0.739	0.157	0.315			0.743
b8	0.208	0.291	0.195	0.772	0.191	14.376	61.854	0.799
b7	0.226	0.192	0.235	0.739	0.187			0.724
b9	0.262	0.219	0.189	0.699	0.253			0.705
b5	0.268	0.143	0.182	0.211	0.796	13.608	75.462	0.804
b4	0.154	0.240	0.274	0.130	0.776			0.776
b6	0.251	0.131	0.192	0.408	0.665			0.726

注：撷取方法使用的是主体元件分析；转轴方法使用的是具有 Kaiser 正规化的最大变异法。

在《高校创业教育实施现状调查问卷》（创业教育教师和管理人员篇）中，限定因素个数为 4，笔者运用主成分分析法抽取因素，选取特征值大于 1 的因子，然后采用最大变异法进行直交转轴。第一次因素分析显示 KMO 值为 0.907，表明因素分析适合度很好，同时 Bartlett 检验的 χ^2 值为 1113.435（df = 91），达到显著性水平。4 个因素累计可以解释 73.27% 的变异量。笔者在《高校创业教育实施现状调查问卷》（创业教育教师和管理人员篇）开发之初，预设了 4 个维度，验证因素分析，进一步证明了这 4 个维度的合理性：GFI = 0.931>0.9，AGFI = 0.897<0.9，NFI = 0.932>0.9，CFI = 0.993>0.9，RMR = 0.033<0.05，RMSEA = 0.027<0.08。虽然 χ^2 值不显著（p = 0.259>0.05）。除 AGFI 不符合指标，上述其他指标都符合模型适配判断标准，如表 4-8 所示。

（4）问卷信度分析。《高校创业教育实施现状调查问卷》（学生篇）Cronbach 的 α 系数为 0.945，所有题项更正后项目总数相关在 0.628~0.776，单独删除每个题项后的 α 系数皆低于总系数。五个分维度的 Cronbach 的 α 系数均在 0.83 以上，这表明问卷的内部一致性信度良好，具有较高的稳定性和可靠性，如表 4-9 所示。

表 4-8　《高校创业教育实施现状调查问卷》（创业教育教师和

管理人员篇）总方差解释

成分	初始特征值			提取载荷平方和			旋转载荷平方和		
	总计	方差百分比	累计（%）	总计	方差百分比	累计（%）	总计	方差百分比	累计（%）
1	6.348	45.342	45.342	6.348	45.342	45.342	3.592	25.656	25.656
2	2.337	16.691	62.033	2.337	16.691	62.033	3.029	21.633	47.289
3	0.888	6.342	68.375	0.888	6.342	68.375	2.392	17.085	64.374
4	0.685	4.895	73.270	0.685	4.895	73.270	1.245	8.896	73.270
5	0.560	4.000	77.271						
6	0.531	3.795	81.066						
7	0.473	3.378	84.444						
8	0.432	3.088	87.532						
9	0.364	2.603	90.135						
10	0.336	2.397	92.533						
11	0.295	2.104	94.637						
12	0.290	2.074	96.711						
13	0.238	1.703	98.414						
14	0.222	1.586	100.000						

表 4-9　《高校创业教育实施现状调查问卷》（学生篇）信度检验

	删除项后的标度平均值	删除项后的标度方差	修正后的项与总计相关性	删除项后的 Cronbach 的 α 系数
b1	60.54	132.776	0.639	0.943
b2	60.35	132.571	0.628	0.943
b3	60.44	131.987	0.648	0.943
b4	60.71	130.665	0.633	0.943
b5	60.73	130.927	0.656	0.943
b6	60.72	130.887	0.680	0.942
b7	60.46	131.740	0.657	0.943
b8	60.52	130.947	0.694	0.942

续表

	删除项后的标度平均值	删除项后的标度方差	修正后的项与总计相关性	删除项后的Cronbach 的 α 系数
b9	60.45	130.122	0.679	0.942
b10	60.66	129.159	0.770	0.940
b11	60.57	128.343	0.776	0.940
b12	60.49	131.156	0.702	0.942
b13	60.39	130.086	0.729	0.941
b14	60.47	130.852	0.694	0.942
b15	60.52	129.914	0.734	0.941
b16	60.43	130.098	0.708	0.942
b17	60.42	131.233	0.687	0.942

《高校创业教育实施现状调查问卷》（创业教育教师和管理人员篇）Cronbach 的 α 系数为 0.901，所有题项更正后项目总数相关在 0.277～0.734。除去 b4、b5、b6，其他单独删除每个题项后的 α 系数皆低于总系数，因为 α 系数变化在 0.002～0.004，非常微弱，所以影响不大。四个分维度的 Cronbach 的 α 系数均在 0.82 以上，这表明问卷的内部一致性信度良好，具有较高的稳定性和可靠性，如表 4-10 所示。

表 4-10　《高校创业教育实施现状调查问卷》（创业教育教师和
管理人员篇）信度检验

	删除项后的标度平均值	删除项后的标度方差	修正后的项与总计相关性	删除项后的Cronbach 的 α 系数
b1	50.85	62.704	0.277	0.905
b2	50.87	61.640	0.347	0.903
b3	50.78	62.384	0.293	0.905
b4	50.83	57.664	0.582	0.895
b5	50.90	56.094	0.734	0.888
b6	50.85	56.601	0.722	0.889
b7	50.89	57.498	0.615	0.893

续表

	删除项后的 标度平均值	删除项后的 标度方差	修正后的项 与总计相关性	删除项后的 Cronbach 的 α 系数
b8	51.05	57.823	0.665	0.892
b9	50.90	57.865	0.606	0.894
b10	50.93	56.247	0.684	0.890
b11	51.17	57.347	0.567	0.895
b12	51.07	54.051	0.728	0.888
b13	51.01	53.783	0.734	0.888
b14	50.92	56.413	0.698	0.890

二、高校创业教育生态失衡的问题表征

本书调查结果显示，学生对当前高校创业教育实施效果总体非常满意的占24.5%，不确定及不满意的占31.5%。创业教育教师和管理人员对当前高校创业教育实施效果总体非常满意的占22.2%，不确定及不满意的占27.2%。在被访谈的12位高校创业教育主管领导中，有11人对当前高校创业教育的实施现状总体持否定态度。

（一）创业教育目标的功利性

由于对创业教育的片面性理解和工具主义倾向，创业教育主要以解决就业为导向，主要目标是让学生掌握创业技能，通过营造创业氛围，完善创业教育的指导帮扶等途径，使创业教育成为一种以解决学生生计为目标的职业培训，导致创业教育带有明显的功利性色彩，成为一种"为创业（就业）而创业的教育"。李俐对湖南省高校教师和教学管理者创业教育目标的调查结果显示，19.1%的教师和教学管理者将"培养创新创业精神"放在第一位，15.5%的教师和教学管理者将"提升学生综合素质"放在第一位，54.5%的教师和教学管理者将"完成学校就业目标"放在第一位，10.9%的教师和教学管理者将"丰富学生课外学习"放在第一位。可见，在大部分教师和教学管理者理念中，创业教育的首要目标就是促进学生就业。同时，在对学生的调查中显示，有52.4%的学生认为"创业教育的第一目标是拓宽自身就业渠道"。[①]

1. 调查结果

本书调查结果显示，对《高校创业教育实施现状调查问卷》（学生篇）目标维度进行简单回归分析，目标维度与满意度有着显著的关系，目标维度可以有效解释满意度19.7%的变异量。$\beta = 0.444$，$t = 11.659$，$p = 0.000 < 0.001$，目标维度得分越高，满意度越高。学生对创业教育目标达成度的平均得分为3.86分，对创业教育目标达成不确定及不认同的占28%。其中30%的大学生对创业意识提升的目标达成持不确定或不同意态度；23%的大学生对创业知识提升的目标达成持不确定或不同意态度；28%的大学生对创业能力提升的目标达成持不确定或不同意态度，如表4-11所示。学生问卷调查结果显示，大学生对"高校创业教育的首要目标是就业"的非常同意和比较同意的占60.4%，不确定及不认同的占39.6%。可见，大部分学生学习创业教育的目标是为自己未来的就业增加砝码。教师问卷调查结果显示，创业教育教师及管理者认为高校创业教育的目标是缓解学生就业压力的占23.6%，增加学生创业知识的占16.7%，提升学生创业意识的占15.9%，增强学生创业能力的占18.9%，丰富学生课外活动的占4.2%，促进学生全面发展的占11.1%，其他占9.7%。可见，虽然相比已有文献的调查结果，教师对创业教育的就业目标导向的认同有所下降，但仍有近1/4的教师将拓宽就业途径作为高校创业教育的首要目标。

表4-11　学生对高校创业教育目标达成度的认同情况　　　单位：%

题目	1分	2分	3分	4分	5分	平均值（M）	标准差（SD）
b1 通过学习创业教育课程，您的创业意识得到增强	3	7	20	53	18	3.76	0.92
b2 通过学习创业教育课程，您的创业知识得到增加	3	4	16	47	29	3.95	0.95

①　李俐，2012. 湖南省高校大学生创业教育现状调查与对策研究［D］. 长沙：湖南师范大学.

续表

题目	1分	2分	3分	4分	5分	平均值（M）	标准差（SD）
b3 通过学习创业教育课程，您的创业能力，如社会应对能力、职业规划能力、资源整合能力等得到提高	3	6	19	47	26	3.86	0.96
T 整体情况	4	6	18	49	23	3.86	0.94

2. 功利主义取向的教育目标

功利主义狭义地将创业教育等同于"教育创业""企业家教育"，将"创业教育"与"职业教育""就业培训"等相提并论，只是单独突出创业教育在引领创业、促进就业中的作用。这种简单地将创业教育理解为一种就业工具，它的目的不是教育本身，而在教育之外。创业教育变成了一种短期速成的教育，变成了一种培养"老板"的教育，变成了一种提高就业率的教育，创业教育的本质在功利主义的包裹下失去了原性。功利主义的创业教育目标是以引导受教育者追求利益的教育，更加注重创业教育显性度成果的展示，如学生开办企业数、孵化项目数、取得专利数等，而忽视了学生的内在创新品质和创新精神的养成，忽视了人的全面发展。在功利主义价值观的引导下创业教育的唯一标准就是实用性，这种教育观深刻影响了创业教育的各方面，如在课程设置和培养过程，更加偏重创业技能的训练和技术类课程的开设，更加注重创业项目的孵化和实体运行，看似合理的"能力本位"带来了"唯有用而学之"的错误倾向，割裂了学生现实需要与未来发展间的辩证统一，不利于个人和社会的持续发展。只关注就业或创业实用生存知识和技能的教育，虽然在短期内可以帮助学生获得暂时的物质财富，但缺少创新精神和创业品质的创业者是没有发展后劲的。

20 世纪以来，我国教育界相继提出了"素质教育""创新教育"等具有革命性的教育概念，有效地促进了人才培养观念的变革。[①] 但是，也造成了人们

---

① 马小辉，2013. 创业型大学的创业教育目标、特性及实践路径 [J]. 中国高教研究（7）：96-100.

对创业教育概念的模糊，有人认为创业教育是泛化的素质教育。2010年，《教育部关于大力推进高校创新创业教育和大学生自主创业工作的意见》提出："创新创业教育要面向全体学生，融入人才培养全过程。……以提升学生的社会责任感、创新精神、创业意识和创业能力为核心……"显然，创业教育和素质教育都需要"面向所有人"和"促进学生的全面发展"。并且，创业教育的方向更加明确，强调创新创业意识、创新思维和创业能力的培养。创业教育是培养具有创新素质的人才，创业教育不同于单纯的知识教育、能力教育和思想教育，它是在综合素质培养的基础上进行质量提升和推广的教育活动。① 创业教育的目标应该是促进学生创业精神和创业能力的整体发展，创新精神的培养有赖于个体的良好发展。创业教育是激发和提升学生创业综合素质的教育，是培养学生具有从事某项事业的开拓精神、进取精神和坚韧意志的教育，而并非表层理解的一种生存知识和技能的传授。

（二）创业教育政策的局限性

随着党的十八大对创新创业人才培养作出的具体部署，创业教育政策的顶层设计日益完善。但是，创业教育是一项系统工程，需要专业平台的支撑，而作为创业教育的指导性文件的政策体系尚不完善。上位文件注重宏观性、全局性和指导性，而顶层文件下的具体环节尚无有力的政策举措，造成了创业教育更多的是"顶天的呼吁"而没有成为"立地的选择"。

1. 调查结果

笔者对《高校创业教育实施现状调查问卷》（学生篇）政策维度进行简单回归分析，结果显示，政策维度与满意度有着显著的关系，政策可以有效解释满意度20.5%的变异量，$\beta=0.453$，$t=11.940$，$p=0.000<0.001$，政策了解程度越高满意度越高。对《高校创业教育实施现状调查问卷》（创业教育教师和管理人员篇）进行简单回归分析，结果显示，政策维度与满意度没有显著的关系（$t=1.659$，$p=0.099>0.05$）。总体看来，学生与教师对创业教育政策的了解程度差异较大，学生平均得分只有3.58分，对创业教育政策不确定及不认

---

① 罗志敏，夏人青，2011. 高校创业教育的本质与逻辑 [J]. 教育发展研究（1）：29-33.

同的占43%，是五个维度中得分最低的。教师对创业教育政策的了解程度平均得分4.01分，不确定及不认同的占19%，在四个维度中得分排名第一，如表4-12、表4-13所示。从访谈调查结果可以看出，12位被访谈者中有9位对当前高校创业教育政策持否定态度，具体观点摘要如表4-14所示。

表4-12　学生对创业教育政策的了解程度　　　　单位:%

题目	1分	2分	3分	4分	5分	平均值（M）	标准差（SD）
b4 您了解国家关于加强大学生创业教育的有关政策	3	13	24	38	20	3.59	1.06
b5 您了解您学校所在省份出台的加强和支持大学生创业教育的有关政策	3	13	28	38	19	3.57	1.01
b6 您了解您所在学校出台的创业教育方面具体文件制度	3	12	28	40	17	3.58	0.98
T 整体情况	3	13	27	39	18	3.58	1.02

表4-13　创业教育教师及管理者对创业教育政策的了解程度　　单位:%

题目	1分	2分	3分	4分	5分	平均值（M）	标准差（SD）
b1 您了解国家关于加强大学生创业教育的有关政策	0	4	16	57	23	4.00	0.73
b2 您了解您学校所在省份出台的加强和支持大学生创业教育的有关政策	1	4	14	59	22	3.98	0.77
b3 您了解您所在学校出台的创业教育方面具体文件制度	1	3	13	56	27	4.07	0.75
T 整体情况	1	4	14	57	24	4.01	0.75

表4-14 高校创业教育主管领导对创业教育政策的评价

受访者	观点摘要
A	能够按照各级主管部门的制度文件要求执行，但有的流于形式，以应对各种检查。执行的积极性、主动性、创新性不够
B	对创业制度、文件各学校都能够认真执行，但是效果有待于进一步提高。关键在于激励从事创业教育的老师措施不够得力
C	制度文件制定比较完整，在具体执行层面存在难度，主要是创新创业指导教师数量不足，支持经费有限
D	职称评定和年终考核的指挥棒并不在教学部门，"重科研、轻教学"的现象还普遍存在，教师不愿意将过多的精力投入到创新创业教育中，即使学生有很高的创业热情，但创业项目整体质量不高，创业团队生命力较弱
E	高校对国家及省级创业教育制度文件的执行只是停留在校级文件制定上，在执行上并没有落地生根，没有深入融进学校的办学理念
F	高校创业教育制度执行情况有待提升。各教学单位在日常教学中投入不足，但在年终总结中却重视。对教师的认可度和工作强度没有提高到教学的中心地位，属于"编外"教学工作
G	基本能执行《国务院办公厅关于深化高等学校创新创业教育改革的实施意见》等相关文件，但体制机制不健全，实施方案不够细化，督导落实不够
I	创新创业教育是高校一项新的工作体系。与高校内其他工作系统相比，存在着宏观工作目标不明确，具体工作边界不清，独立工作资源有限，协同工作支持不到位等现象
J	创业教育的制度文件有涉及，但不完善，更谈不上成体系的创业教育制度

2. 创业教育政策纵向的覆盖面不广

在我国创业教育政策体系中，创业教育一直成为高等教育的"专属"，在前文论及的文件中"大学生和高校"出现的频率最高，而中小学创业教育总成为"被遗忘的角落"，文件中关于中小学生创新精神与能力培养的表述寥寥无几，也只在1999年中共中央、国务院《关于深化教育改革全面推进素质教育的决定》中的智育部分提出，"要让学生感受、理解知识产生和发展的过程，培养学生的科学精神和创新思维习惯"；在2010年发布的《国家中长期教育改革和发展规划纲要（2010—2020年)》第五章的高中阶段教育中提出，"推进培养模式多样化，满足不同潜质学生的发展需要。探索发现和培养创新人才的途径。"这有限的关注也只是"笼统概括"和"所谓应该", 对于具体应如何实施则没有提及。同时, 即使是在大学生群体中, 也常常是个别"主角"替代了广大"群众演员", 广大的非理工院校和普通地方高校常常被政策排除在外, 将众多创业项目排除在创业实践之外, 将大部分普通学生对创业感知的基本需求排除在对少量精英准创业者的帮扶指导之外。2016 年, 田贤鹏对高校创业教育政策实施情况的调查结果显示, 学生的整体满意度中等, 课程体系和实践指导维度的满意度较低, 其中, 选择非常不满意的比例为 7%, 不满意为 17%, 满意为 20%, 非常满意为 16%, 剩余 40% 的被调查者选择了一般。①

3. 创业教育政策横向的参与面不全

创业教育作为一项系统工程已经被广泛认识, 它需要政府、高校、企业和社会的协同发力。在众多创业教育政策中, 从中央到各部委对高校开展创新创业教育工作的目标和要求屡见不鲜, 但是对系统中其他参与主体的职责划分却模糊笼统, 多为"呼吁", 而少有具体的责任落实完成情况的监管与反馈, 将高校的创业教育置于一个较为封闭的环境中, 使得高校在具体工作的协同推进过程中困难重重, 无法有效推动创业教育的良性发展。在 2010 年发布的《教育部关于大力推进高等学校创新创业教育和大学生自主创业工作的意见》中, 表述为"省级教育行政部门要积极配合有关部门……"。在 2015 年发布的《国务院办公厅关于深化高等学校创新创业教育改革的实施意见》中, 表述为"各地区, 各有关部门……"由于政出多门, 不同行政部门对自己和其他相关部门的责任也只是"轻描淡写", 因为缺少对企业、社会等多主体参与创业教育的激励与监管机制, 使其在扮演"运动员"的同时也是"裁判员"。此外, 由于支持大学生创业相关配套文件不健全或者执行不到位, 造成了大学生创业理想的"丰满"与创业实际环境的"骨感"之间的现实矛盾。

4. 高校内部创业教育制度激励性不够

从高校内部来看, 目前各高校都能够按照国务院及各省（自治区、直辖市）推进创业教育的政策文件来制定本校的具体实施方案, 可以说从形式上是齐备的、完整的, 但制度的真正落地效果值得质疑。在制度的实施中往往

① 田贤鹏, 2016. 高校创新创业教育政策实施满意度调查研究——基于在校学生的立场 [J]. 高教探索 (12): 111–117.

更加注重对工作提出具体要求，而忽视了创业教育参与主客体即教师和学生的激励与引导，正如被访谈者中普遍提到的，"大部分高校没有将创业教育成效纳入教师评职晋级、考核奖励的正规体系中，没有形成对教师的正向引导和有效激励，不利于教师对创业教育的认同与接受"。同时，从调查结果可以看出，学生群体对创业教育政策的了解程度比较低，就连自己所在高校的创业教育政策都知之甚少，当被问及"您了解您所在学校出台的创业教育方面具体文件制度"时，竟有43%的学生选择不确定或不了解。这说明高校忽视了面向创业教育参与各利益相关者的政策解读，尤其是对广大学生的宣传和了解，使得创业教育在实施过程中更多地体现为"行政的推动"而不是主客体"主动的行动"，创业教育的制度更多地只成为学校层面的"红头文件"而不是指导创业教育实践的"行动纲领"。

（三）创业教育环境的封闭性

高校是一个充满活力的生命共同体，创业教育的生态环境是一个完整的生态系统，由多个独立的环境因素以各自的具体方式组成，这一生态系统与高校主客体的创业教育实践共生互动。近年来，随着全社会对创业教育的关注和重视，各层面创业教育政策与制度的出台，各类别创业教育项目的设立与实施，各形式创业教育活动的组织与开展，各媒体创业教育先进的宣传与引导，我国创业教育整体环境大为改观。但是，我国的创业教育起步晚，发展时间短，无论是从主观方面还是客观方面，高校创业教育文化环境和组织环境等仍然存在着生态失衡现象。

1. 调查结果

笔者对《高校创业教育实施现状调查问卷》（学生篇）环境维度进行简单回归分析，结果显示，环境维度与满意度有着显著的关系，环境可以有效解释满意度48.5%的变异量。$\beta = 0.696$，$t = 22.818$，$p = 0.000 < 0.001$。环境维度得分越高满意度越高。对《高校创业教育实施现状调查问卷》（创业教育教师和管理人员篇）进行简单回归分析，结果显示，环境维度与满意度有着显著的关系，环境可以有效解释满意度65.8%的变异量。$\beta = 0.811$，$t = 16.525$，$p = 0.000 < 0.001$，环境维度得分越高满意度越高。学生对创业教育环境评价的平均得分为3.85分，对创业教育环境不确定及不认同的占30%，在五个维度中

得分排名第二。教师对创业教育环境评价的平均得分 3.81 分，不确定及不认同的占 27%，在四个维度中得分排名最后，如表 4-15、表 4-16 所示。从访谈调查结果可以看出，12 位被访谈者中有 8 人对当前高校创业教育环境持否定态度，具体观点摘要如表 4-17 所示。

表 4-15　学生对创业教育环境的评价　　　　　单位:%

题目	1分	2分	3分	4分	5分	平均值（M）	标准差（SD）
b14 您所在学校开展创业教育过程中得到了政府、企业、社区等多方主体的参与和支持	3	6	24	40	27	3.84	0.97
b15 您所在学校创业教育文化环境氛围浓厚	3	8	21	44	23	3.79	0.97
b16 您所在学校有多种优质的实践平台，如大学生科技园、创客空间、创业孵化器和校园文化艺术活动场所等，为您参与不同实践活动提供了良好的环境	3	6	20	43	28	3.87	0.99
b17 您所在学校有健全有效的创业教育组织领导机制和协调运行机制	3	6	21	43	27	3.89	0.95
T 整体情况	3	6	21	43	27	3.85	0.97

表 4-16　创业教育教师及管理者对创业教育环境的评价　　　　　单位:%

题目	1分	2分	3分	4分	5分	平均值（M）	标准差（SD）
b11 您所在学校开展创业教育过程中得到了政府、企业、社区等多方主体的参与和支持	5	6	21	54	14	3.67	0.95
b12 您所在学校创业教育文化氛围浓厚	7	5	13	54	21	3.78	1.05
b13 您所在学校有多种优质的实践平台，如大学生科技园、创客空间、创业孵化器和校园文化艺术活动场所等，为学生参与不同实践活动提供了良好的环境	7	4	14	50	25	3.84	1.07

续表

题目	1分	2分	3分	4分	5分	平均值（M）	标准差（SD）
b14 您所在学校有健全有效的创业教育组织领导机制和协调运行机制	3	4	15	55	23	3.93	0.89
T 整体情况	6	5	16	53	20	3.81	0.99

表4-17　高校创业教育主管领导对创业教育环境的评价

受访者	观点摘要
A	目前，高校创业教育的组织和文化环境欠佳，良好的氛围尚未形成。主要表现：创新创业教育发展水平参差不齐、整体水平不高，学生创新创业意识相对淡薄、精神相对缺乏，创新创业工作的协调、联动机制尚未形成，创新创业的平台、基地、资金等支持系统尚需完善，创新创业的舆论氛围尚需营造
B	对创业教育的组织有一定困难，师资队伍知识结构有待于改善，激励措施有待于加强，创新创业意识还需逐步提高
D	在国家"大众创业，万众创新"的号召下，学校创新创业文化氛围有了显著的改善，学校各级领导和师生逐渐接受并乐于参与其中，但在很多时候难以坚持，需要有长期的管理机制和扶持政策让其坚持下去
E	当前高校创业教育的组织和文化环境情况是：有组织无系列活动，有研究机构无研究成果，有教师无专业理论研究，有课程不成系列，有活动不普及。敢为人先、敢冒风险、宽容失败的创业文化环境在高校还没有形成
F	高校创业教育的组织和文化环境在国家的要求下有所提高。各校结合教学工作开展多种形式的创业教育活动和讲座，并组织学生有针对性地进行参观和考察创业企业和孵化园，但是难以照顾到各专业的学生
G	创新创业教育的组织建设比较混乱，有的放在教务、有的放在管理学院、有的放在就业处。没有统一的组织机构统筹规划、推进实施，各行其是，自唱自的戏
H	创业教育的组织和文化环境的主要问题是学生、教师参与度还是较低，需要让在校每位师生都参与其中
I	一般高校都有创新创业教育的学生组织和文化互动，但由于创新创业教育所涉及的群体复杂、对创新创业相关的认知也存在不同，各种活动的组织形式也存在着重复和空隙

2. 创业教育文化环境氛围不浓

据 GEM 的大样本统计表明，我国属于创业活动较为活跃，但创业环境有待优化的国家。2018 年，王章豹等对高校创业教育环境生态的调查结果显示，对于"你认为制约大学生创新创业的环境因素主要有哪些"的问题，选择"全社会尚未形成崇尚、激励和支持大学生创新创业的良好社会文化"的学生占57.5%，选择"社会舆论和家长不理解、不宽容大学生创新活动和创业实践"的学生占52.4%。[①] 在创业环境上，面临着诸多现实约束，影响了创业教育的深度推进。首先，我国传统观念中存在不利于创业的因素，如固守传统礼教，坚持中庸、安稳等原则。在这些传统观念的长期影响下，我国的社会氛围和思想观念趋于安于现状，保守有余而创新不足。当前，"学而优则仕"等传统思想仍然是很多家长、教师和学生的读书价值取向和学习动力，所以对个体的独立意识和创新精神的关注非常有限。其次，缺乏支持创业教育的舆论环境。虽然国家提出要鼓励大众创业创新，但尚未形成倡导创新、支持创业、鼓励冒险、包容失败的良好舆论氛围。[②] 媒体对创业教育的宣传与引领、对创业典型的宣传与报道、对创业政策的解读与推广等远远不够，企业参与创新创业教育的积极性不高，校企合作育人的长效机制尚未建立。笔者调查结果显示，33%的大学生和32%的创业教育教师和管理人员对"您所在学校开展创业教育过程中得到了政府、企业、社区等多方主体的参与和支持"持不确定或不同意态度。最后，高校内部创业教育文化环境薄弱。高校内部物质文化对创业教育的支持显性度尚不明确，创业教育主客体行为文化的关联度和整合度不够，创业教育主客体之间主体间性关系尚未建立等。笔者调查结果显示，32%的大学生和25%的创业教育教师和管理人员对"您所在学校创业教育文化环境氛围浓厚"持不确定或不同意态度。28%的大学生和25%的创业教育教师和管理人员对"您所在学校有多种优质的实践平台，如大学生科技园、创客空间、创业孵化器和校园文化艺术活动场所等，为学生参与不同实践活动提供了良好的环境"持不确定或不同意态度。

3. 创业教育组织环境不良

近年来，随着《关于深化高等学校创新创业教育改革的实施意见》等指导性文件的出台，各高校也开始重视创业教育组织建设，并已经形成了一定的创

---

①② 王章豹，李杨，王育行，2018. 高校创新创业教育内外部生态环境分析及优化策略［J］. 合肥工业大学学报，32（1）：111–118.

业教育组织模式和组织机制，但我国高校创业教育组织的运行依旧存在组织内外部协调机制生态失衡等问题。从组织内部环境来看，很多高校缺少创业教育的教学、科研、实践及外部协调，统筹安排的组织协调机制，在《国务院办公厅关于深化高等学校创新创业教育改革的实施意见》中明确规定，"成立由校长任组长、分管校领导任副组长、有关部门负责人参加的创新创业教育领导小组，建立教务部门牵头，学生工作、团委等部门齐抓共管的创新创业教育工作机制。"各高校也成立了"创业教育中心"或"创业学院"等专门的职能部门，但因为创业教育涉及工作面较多，加之多部门共建共抓机制的不完善，导致创业教育组织出现机构繁杂、职责不清、分工不明和推诿扯皮等问题。正如被访谈者所指出的："创新创业教育没有统一的组织机构统筹规划、推进实施，各行其是，自唱自的戏。"笔者调查结果显示，30%的大学生和22%的创业教育教师和管理人员对"您所在学校有健全有效的创业教育组织领导机制和协调运行机制"持不确定或不同意态度。从外部组织环境来看，高校创业教育组织在积极与外部建立良好生态创业教育环境方面存在不足，在产业支撑、社会包容等方面亟待改善。虽然各省级政府也都出台了推进高校创业教育的实施方案，但大部分省份对深化高校创业教育改革的部门职责分工要求笼统，导致具体方案的职责划分和组织落实无法进行有效考量。高校与外部良好合作关系的缺失造成了政府、高校与企业之间的各自为营，缺少互动，尚未形成良性的合作关系，造成了我国高校创新成果转化率较低，多方合作的长效机制运行不畅。

（四）创业教育课程的孤立性

课程体系作为学校教育理念和教学成果的核心，在创新创业教育的发展中起着十分关键的作用。[①] 2011年，赵磊对河北省高校创业教育课程实施情况的调查结果显示，非常认可"高校开设了创业教育专业课程并学到了创业相关知识"的学生仅为36.27%，非常认可"高校在一般专业课程中能够渗透创业知

---

① 夏人青，罗志敏，2010. 论高校人才培养框架下的创业教育目标——兼论高校创业教育课程的设置 [J]. 复旦教育论坛 (6): 56-60.

识"的学生仅为 37.25%。① 近年来，各高校创业教育课程的数量和质量明显提升，在设计和实施创业教育课程过程中，也积累了丰富的实践经验，创业教育的课程体系逐渐完善，但是透过繁华外表窥其内部，高校创业教育课程体系依然存在一些问题。

1. 调查结果

笔者对《高校创业教育实施现状调查问卷》（学生篇）课程维度进行简单回归分析，结果显示，课程维度与满意度有着显著的关系，课程可以有效解释满意度 30.3% 的变异量。$\beta = 0.551$，$t = 15.516$，$p = 0.000 < 0.001$，课程维度得分越高满意度越高。对《高校创业教育实施现状调查问卷》（创业教育教师和管理人员篇）课程维度进行简单回归分析，结果显示，课程维度与满意度有着显著的关系，课程可以有效解释满意度 31% 的变异量。$\beta = 0.557$，$t = 7.993$，$p = 0.000 < 0.001$，课程维度得分越高满意度越高。学生对创业教育课程评价的平均得分为 3.82 分，对创业教育课程体系不确定及不认同的占 30%，在五个维度中得分排名第三。教师对创业教育课程体系评价的平均得分 3.98 分，不确定及不认同的占 19%，在四个维度中得分排名第二，如表 4-18、表 4-19 所示。从访谈调查结果可以看出，12 位被访谈者中有 9 人对当前高校创业教育课程体系持否定态度，具体观点摘要如表 4-20 所示。

表 4-18　学生对创业教育课程体系的评价　　　　单位:%

题目	1 分	2 分	3 分	4 分	5 分	平均值（M）	标准差（SD）
b7 您所在学校提供了丰富的必修与选修等有机融合的创业教育课程可供选择	3	7	19	46	25	3.84	0.96
b8 您所在学校提供了丰富的理论与实践等有机融合的创业教育课程可供选择	3	8	20	47	22	3.78	0.96

① 赵磊，2011. 高校创业教育对大学生创业绩效影响的实证研究［D］. 石家庄：河北师范大学.

续表

题目	1 分	2 分	3 分	4 分	5 分	平均值（M）	标准差（SD）
b9 您所在学校提供了丰富的专业教育与创业教育有机融合的创业教育课程可供选择	4	8	17	43	28	3.85	1.03
T 整体情况	3	8	19	45	25	3.82	0.98

表 4-19 创业教育教师及管理人员对创业教育课程体系的评价 单位：%

题目	1 分	2 分	3 分	4 分	5 分	平均值（M）	标准差（SD）
b4 您所在学校提供了丰富的必修与选修等有机融合的创业教育课程可供选择	2	6	11	52	29	4.01	0.90
b5 您所在学校提供了丰富的理论与实践等有机融合的创业教育课程可供选择	2	5	15	53	25	3.95	0.87
b6 您所在学校提供了丰富的专业教育与创业教育有机融合的创业教育课程可供选择	2	5	10	59	24	3.99	0.84
T 整体情况	2	5	12	55	26	3.98	0.87

表 4-20 高校创业教育主管领导对创业教育课程体系的评价

受访者	观点摘要
A	高校能够按照国家的要求，对培养方案进行调整和完善，设置创新教育课程，赋予相应的学分，但课程开设类型少，缺乏整体性设计；有的创业教育课程的教学效果不理想，理论与实践结合得不够紧密，"两层皮"现象存在
C	学校一般都开设此类课程，我们学校现在开设关于创新创业课程 15 门，全校范围开设课程 2 门，其他为各专业开设课程。学生有一定的积极性，教师创业指导能力需要提升

续表

受访者	观点摘要
D	高校创业教育课程开设效果一般，未能真正将创业理论有效地传授给学生。教师理论水平有限，学生积极性不高，平时考核和终结性考试过于松散，对学生没有有效的约束力，只要出勤都能通过。没有意识到创新创业教育对人才培养的重要性，思维观念没有彻底转变过来。参加创业课程后，学生并没有感受到自己知识能力得到明显提升
E	高校创业教育课程开设，一是创业教育课程开设没有形成系列；二是专业课程与创业教育课程没有深度融合；三是创业教育课程理论与实践脱节
F	创业教育应该是结合个体素质进行开展，并贯穿于教学培养全过程。主要问题是在创业实践和模拟中存在短板
G	创业教育课程体系建设尚不完善，很多高校尚不能完成教育部对《创业基础》32 个学时的基本要求，专创融合课程开发数量不足。未纳入学分管理，建设依次递进、有机衔接、科学合理的创新创业教育专门课程群不完善，尤其是专创融合课程
H	创业教育课程开设情况较好，经验是主要围绕着学校的办学理念，结合专业特色，开设学生真正需要的课程。主要问题是学生积极性不高，创业意识不强，参与度不高
J	目前，我校在通识选修课程中开设有关创业教育课程，无创业教育课程模块。主要问题是没有形成共识，更看重就业，因为创业的现实性不大
L	各专业学科均开展了创业基础课程的教学活动，也通过创客空间等形式开展了丰富多彩的活动，但学生和指导教师团队的组建还不够完善，学生团队的组建缺乏系统的指导，创新和创业资源对接缺乏实效

2. 创业教育课程定位不清，教材体系参差不齐

鉴于创业教育学科定位的模糊，创业教育尚未形成一级学科，甚至也只有个别高校在管理学学科下自主设置了创业学二级学科。由于学科地位的边缘化，很多高校尚未把创新创业能力培养作为高等教育人才培养体系的一部分。这种观念认识的偏差与模糊，使得对创业教育课程的认识定位不清，投入精力不够，造成创业课程缺乏科学、系统的指导思想，在课程设置、教材使用、课程编排、教学内容等方面出现随意性和模仿性，缺乏科学依据和严格论证，严重影响了创业教育课程的实施效果。2011 年，侯慧君等对北京市高校的调研结果显示，在针对"创业教育有无专用教材"的回答中，38% 的学生选择"没有专用教材"，23% 的学生选择"有引进教材"，21% 的学生选择"有自编讲

义"，18％的学生选择"有自编教材"。① 马章良和郑雪英对浙江省创业教育教材使用情况的调研结果显示，当被问及"贵校是否有创业教育专用教材"时，41.2％的教师选择"引进教材"，35.2％的教师选择"自编教材讲义"，23.6％的教师选择"无专用教材"。② 这些数据表明，目前高校创业教育的教材体系参差不齐，缺乏理论合理性，没有形成针对不同类型高校的统一教材体系。

3. 高校创业教育课程体系不健全

2012 年教育部发布的《普通本科学校创业教育教学基本要求（试行）》及《"创业基础"教学大纲（试行）》中提出，把创新创业教育贯穿于人才培养全过程，制定高校创新创业教育教学要求，开设创新创业类课程，纳入学分管理，将"创业基础"课程列为通识必修课程。从课程开设情况来看，各高校基本都开设了创业基础类的通识必修课程，选修课程非常有限，即使现有的选修课程也多依托于学校经济、管理、计算机等学科原有的专业课程，只是在课程名称上加上了"创业"二字，具体到某专业的创业课程或创业实践课程则寥寥可数。开设专业创业教育课程的多集中于信息技术、经管商务、移动互联等专业类别中，文史哲法等专业类别中则没有。笔者调查结果显示，29％的大学生和19％的创业教育教师和管理人员对"您所在学校提供了丰富的必修与选修等有机融合的创业教育课程可供选择"持不确定或不同意态度。从课程开放情况来看，创业课程在许多高校仍是第二课堂的选修课程，开课的门数、次数、质量和效果得不到保障。另外，课程多设置在学校的某个院系，或单独为某专业中有创业需求的学生开设，忽视对全体学生创新意识和精神的"广谱式"教育。笔者调查结果显示，29％的大学生和17％的创业教育教师和管理人员对"您所在学校提供了丰富的专业教育与创业教育有机融合的创业教育课程可供选择"持不确定或不同意态度。从课程实践情况来看，受到办学条件、师资力量及传统观念等因素的制约，当前高校的创业教育课程多以传统的理论讲授为主，照本宣科的知识传递成为常态。创业教育是一种以创业活动、实践为基本

---

① 侯慧君，林光彬等，2011. 中国大学生创业教育蓝皮书 ［M］．北京：经济科学出版社：108.
② 马章良，郑雪英，2011. 浙江省高职院校创业教育现状与对策研究 ［J］．职业技术教育（14）：65-68.

载体的教育。① 笔者调查结果显示，31%的大学生和22%的创业教育教师和管理人员对"您所在学校提供了丰富的理论与实践等有机融合的创业教育课程可供选择"持不确定或不同意态度。虽然创业教育实践课程中也安排了创客活动、创业企划等模拟活动，但多停留在"观摩"的环节，造成了理论与实践的严重脱节。

4. 高校创业教育课程运行机制不完善

高校创业教育课程体系是一个系统工程，它需要高校发挥主体作用，也需要企业、政府等社会主体的共同合作与参与。第一，目前，许多高校还没有建立起有效的创业教育课程制度体系、联动发展机制和保障机制，创业教育课程的实施与其他课程基本相同，大学一直在唱"独角戏"。第二，创业教育课程实施的关键因素——教师成为影响课程效果的制约因素。有调查显示，学生对创业教育教师的满意度仅为55.2%。② 当前，高校承担创业教育课程的主讲教师大都属于"学院派"，③ 主要由高校负责就业工作的行政人员和经济、管理等相关学科教师组成，虽然这些教师通过自学或培训也掌握了一些基本的创业教育知识，但缺少创业实践经历和经验成为课程实施的短板，加之日常课程或事务性工作较多，外出学习、深造或进入企业亲身感知的机会和时间非常有限，也限制了创业教育教师的专业成长。创业教育教师群体中仅有12.1%有过较多的创业经历，66.7%只有较少的创业经历，21.2%根本没有创业经历。④ 虽然很多高校也会外聘一些成功人士或企业家来校进行专题讲座或承担部分课程的授课任务，但由于缺乏组织协调、制度保障和资金支持，加之部分外聘教师缺乏教学经验，教学效果不甚理想。⑤ 第三，创业教育课程运行评价机制欠缺。高校多持结果性评价观，重显性数量型结果而忽视隐性激发过程。课程评价方式与其他课程相同，忽视了创业教育课程的特性。评价主体单一，评价内容对学生创新意识及创业能力的评判非常有限。

① 陈建，2015. 高校创业教育课程体系的建设与研究 [J]. 教育评论 (6)：17-20.

②④ 李俐，2011. 湖南省高校大学生创业教育现状调查与对策研究 [D]. 长沙：湖南师范大学.

③ 胡宝华，唐绍祥，2010. 高校创业教育课程设计探讨——来自美国百森商学院创业教育课程设计的启示 [J]. 中国高教研究 (7)：90-91.

⑤ 李平，邢娣凤，2008. 浅谈高校创业教育课程建设 [J]. 教育探索 (11)：42-43.

（五）创业教育课堂的单向性

高校创业教育课堂应更加注重"成果导向""学生中心"和"持续改进"，突出学习者的个性体验，充分发挥课堂环境构成要素之间的关系来影响课堂教与学的效果。随着创业知识的不断丰富和创业环境的不断改变，在创业教育的课堂上，创业导师不再是知识的权威，而是创业教育活动的设计者和组织者，以及学生自主创新活动的指导者、支持者和合作者。学生不再是传统课堂上的"听众"或"观众"，而是积极参与创新性创业活动和创业知识的自主建构者。尤其是近年来，随着高校课堂生态环境的改变，如信息技术、虚拟技术、在线教育、翻转课堂等一系列新型教育方式的引入，对于传统课堂形成了巨大冲击，这也为高校创业教育课堂带来了机遇与挑战，使原本相对平衡的课堂生态进入了局部失衡状态。

1. 调查结果

笔者对《高校创业教育实施现状调查问卷》（学生篇）课堂教学维度进行简单回归分析，结果显示，课堂教学维度与满意度有着显著的关系，课堂教学可以有效解释满意度 37.4% 的变异量。$\beta = 0.612$，$t = 18.192$，$p = 0.000 < 0.001$，课堂教学维度得分越高满意度越高。对《高校创业教育实施现状调查问卷》（创业教育教师和管理人员篇）课堂教学维度进行简单回归分析，结果显示，课程教学维度与满意度有着显著的关系，课堂教学可以有效解释满意度 49.5% 的变异量。$\beta = 0.703$，$t = 11.787$，$p = 0.000 < 0.001$，课堂教学维度得分越高满意度越高。学生对创业教育课堂教学评价的平均得分为 3.77 分，对创业教育课堂教学不确定及不认同的占 33%，在五个维度中得分排名第四。教师对创业教育课堂教学评价的平均得分为 3.91 分，不确定及不认同的占 23%，在四个维度中得分排名第三，如表 4-21、表 4-22 所示。从访谈调查结果可以看出，12 位被访谈者中有 11 人对当前高校创业教育课堂教学持否定态度，具体观点摘要如表 4-23 所示。

表4-21　学生对创业教育课堂教学的评价　　　　单位:%

题目	1分	2分	3分	4分	5分	平均值 （M）	标准差 （SD）
b10 您所在学校创业教育课程的课堂教学效果能够达到预期目标	4	7	27	45	17	3.64	0.97
b11 您所在学校创业教育课程的课堂教学中学生们的参与程度高	4	9	22	45	20	3.73	1.01
b12 您所在学校创业教育课程的课堂教学中教师能够广泛应用有效教学方法，如项目教学法、问题中心教学法和案例学习教学法等	2	7	23	44	24	3.82	0.94
b13 您所在学校创业教育课程的课堂教学中教师注重创造"综合的、体验式的学习环境"	3	6	19	42	30	3.92	0.97
T 整体情况	3	7	23	44	23	3.77	0.97

表4-22　创业教育教师及管理人员对创业教育课堂教学的评价　单位:%

题目	1分	2分	3分	4分	5分	平均值 （M）	标准差 （SD）
b7 您所在学校的创业教育课程的课堂教学过程学生能够广泛参与	2	7	10	59	22	3.96	0.88
b8 您所在学校创业教育课程的课堂教学效果能够达到预期目标	2	4	24	55	15	3.80	0.79
b9 您所在学校创业教育课程的课堂教学中教师能够广泛应用有效教学方法，如项目教学法、问题中心教学法和案例学习教学法等	3	2	16	56	23	3.94	0.85
b10 您所在学校创业教育课程的课堂教学中教师注重创造"综合的、体验式的学习环境"	4	3	13	58	22	3.92	0.91
T 整体情况	3	4	16	57	20	3.91	0.86

表4-23　高校创业教育主管领导对创业教育课堂教学的评价

受访者	观点摘要
A	部分高校的部分创业教育的课堂教学效果与预期有差距。主要表现为：重视程度不够，师资水平不高，条件有限等
C	高校创新创业教学效果还不能够完成创业，只能做一些创业模拟训练，教师科研成果转化比较慢
D	课堂教学效果一般。创业教育与专业教育要有机融合，在现有条件下，鼓励专业课教师参与创业课程的教学中来，先让教师理解创业的内涵、实质和目的，在讲授创业课程和专业课程的时候才能够有机融合
E	当前高校创业教育的课堂教学效果非常差。主要问题是授课教师对创业教育没有理论研究，也没有创业实践体验，既不专业也不是专职；理论与实践脱节
F	高校创业教育基于大班授课形式，课堂以教师教学为主，学生互动难，难以达到教学效果。主要问题是大课，教师照顾不到全体，不能充分调动学生的学习积极性和主动性
G	课堂效果一般，大多是传统的授课方式。推动教师把国际前沿学术发展、最新研究成果和实践经验融入课堂教学不够，不能有效培养学生的批判性和创造性思维，激发创新创业灵感
H	主要问题是校外实践教学较少，应该课内与课外实践教学体系相结合
I	高校创业教育课堂效果相比金课要求还有一定提升空间。若想提升教学效果，就应先明确教学目标、设计教学方法，调整考核方式，开展形式多样的课堂教学，千万不能找本教材照本宣科或者抓门网络课程任学生自学
J	作为课程的创业教育，其课堂教学效果并不令学生满意。一是缺乏合格过硬的师资，二是空对空，三是网络课充数
K	创业教育课堂教学效果一般，原因是缺乏创业教育的高水平师资
L	创业教育课堂教学指导教师业务领域受限，不能开展小班制的教学活动，通常教学过程中，学生人数过多，开展实践活动效率不高，实效性不足

2. 创业教育课堂中主客体之间的生态失衡

在课堂生态系统中，教育主客体之间是一种互利共生的关系。尤其对于实践性非常强的创业教育课堂，师生之间的主体沟通、平等交流显得更加重要。基于创新灵感、创新技能的智慧碰撞与彼此激发，教师在帮助学生成长的过程中，不断凸显自己的人生价值，也在学生的反作用下实现"教学相长"，进而不断实现自身的职业成长和专业发展。然而，当前的创业教育课堂仍然是传统课堂的"形式延续"，仍然是创业知识的"口耳相传"，仍然是师生之间的"距离辅导"，师生的关系可能除了课堂的知识宣讲外似乎很少再有交集。笔者调查结果显示，38%的大学生和30%的创业教育教师和管理人员对"您所在学校创业教育课程的课堂教学效果能够达到预期目标"持不确定或不同意态度。物质环境与大学课堂承载力之间的生态失衡也是其中的重要因素。另外，受高校对创业教育的认知和重视程度的不同及教学资源条件等因素的限制，创业教育课堂的人数远远超过其适应的承载力，在这样的生态环境中，必然造成一部分学生无法获得与他人沟通交流的机会，无法获得及时的学习反馈，而逐渐被排斥在课堂活动之外。[①] 笔者调查结果显示，35%的大学生和19%的创业教育教师和管理人员对"您所在学校创业教育课程的课堂教学中学生们的参与程度高"持不确定或不同意态度。

3. 创业教育主客体与课堂环境之间的失衡

在创业教育的课堂生态系统中，教师和学生作为本系统的核心必须找到自己的生存空间。从创业教育主体与课堂环境之间的关系来看，纵观当前的创业教育课堂教学，传统的教学方法、单一的知识传授、固定的教学模式仍然是课堂的主流。虽然信息化的快速发展带来了课堂教学模式和方法的变革，但因为教师对现代课堂技术的理解与掌握的差异与不足，在传统与现代教学方法的选择与博弈中往往因循守旧，先入为主。在实施创业教育的高校中，普遍存在教学方法单一、实效性和有效性差等问题。笔者调查结果显示，32%的大学生和21%的创业教育教师和管理人员对"您所在学校创业教育课程的课堂教学中教师能够广泛应用有效教学方法，如项目教学法、问题中心教学法和案例学习教学法等"持不确定或不同意态度。高校中通识类创业教育教学大多以讲授为主，每学期安排1~2次实地参观；在专业类创业教育教学或创业强化班中，以讲授创业理论知识为主，辅以专家讲座、实习参观等活动。这些方法都是以理论知识的传授为主，与传统经管类课程教学并无差异，缺少实践操作类的教学方法。2010年，周建新对浙江省大学生创业教育现状的调查结果显示，当被问及"所参加过的创业活动类型"问题时，68.9%的受访者选择"创业成功人

---

① 李方安，张良才，2001. 班级规模：一个不容忽视的学习资源 [J]. 教育科学 (3)：47-49.

士报告"，50%的受访者选择"课堂讲授"，23.9%的受访者选择"实际技能培训"，19.4%的受访者选择"参与创业计划大赛"。① 从创业教育客体与课堂环境之间的关系来看，笔者调查结果显示，28%的大学生和20%的创业教育教师和管理人员对"您所在学校创业教育课程的课堂教学中教师注重创造'综合的、体验式的学习环境'"持不确定或不同意态度。在创业教育课堂生态系统中，师生交流应呈现出网状交互的生态关系。但目前的实际情况是学生在课堂生态系统中的生态位模糊，尤其是不同经历、不同背景、不同学习状态和不同个性特征的学生尚未找到属于自己的不同生态位，也使得教师在创业教育课堂教学中更注重"一视同仁"而忽视"因人而异"。

综上所述，本书对高校创业教育实施现状进行了实证分析，得出了师生对创业教育各功能要素开展实效的认同情况。同时，在本书的数据分析过程中也发现了一些值得思考的问题，有的问题在本书的后续论述中有所提及，有的问题则成为笔者未来的研究方向。

第一，创业教育系统中多种要素的综合作用机理复杂。本书在统计分析过程中发现，对学生问卷中的五个维度分别与总体满意度之间做简单回归分析，可以看出，五个维度均对学生的总体满意度产生显著性影响。但是进行多元回归分析，检验五个维度与满意度之间的关系，结果显示，在考虑所有维度的情况下，只有课程维度、环境维度与满意度有显著关系。环境维度的影响力最大，$\beta = 0.529$，$p < 0.001$，即环境维度越好满意度越高。课程维度与满意度也有显著关系，$\beta = 0.140$，$p < 0.01$，也是正向关系。而目标维度（$\beta = 0.015$，$p = 0.718$）、政策维度（$\beta = -0.020$，$p = 0.641$）、课堂维度（$\beta = 0.098$，$p = 0.079$）与总体满意度没有显著关系，如表4-24所示。

表4-24 《高校创业教育实施现状调查问卷》（学生篇）多元回归分析结果

	满意度		
	B	SE B	β
目标	0.006	0.016	0.015

① 周建新，2010. 浙江省大学生创业教育现状调查及对策研究 [J]. 中国成人教育（11）：103-104.

续表

	满意度		
	B	SE B	β
政策	−0.007	0.016	−0.020
课程	0.052**	0.017	0.140**
课堂	0.028	0.016	0.098
环境	0.153***	0.015	0.529***
R^2	0.503		
Adj R^2	0.499		
F	111.152***		
df	(5549)		

注：N=555，∗表示 p<0.05，∗∗表示 p<0.01，∗∗∗表示 p<0.001。

对创业教育教师和管理人员问卷中的四个维度分别与总体满意度之间做简单回归分析，可以看出，四个维度中除政策维度外均对创业教育教师和管理人员的总体满意度产生显著性影响。但是进行多元回归分析，检验四个维度与满意度之间的关系，结果显示，在考虑所有维度的情况下，只有课堂维度、环境维度与满意度有显著关系。环境维度的影响力最大，β=0.677，p<0.001，即环境维度越好满意度越高。课堂维度与满意度也有显著关系，β=0.213，p<0.01，也是正向关系。而政策维度（β=0.006，p=0.905）、课程维度（β=−0.041，p=0.577）与总体满意度没有显著关系，如表4-25所示。

表4-25 《高校创业教育实施现状调查问卷》（创业教育教师和管理人员篇）多元回归分析结果

	满意度		
	B	SE B	β
政策	0.003	0.028	0.006
课程	−0.019	0.034	−0.041
课堂	0.076**	0.027	0.213**
环境	0.214***	0.027	0.677***
R^2	0.677		
Adj R^2	0.668		

续表

	满意度		
	B	SE B	β
F	72. 796***		
df	(4 139)		

注：N=144，＊表示 p<0.05，＊＊表示 p<0.01，＊＊＊表示 p<0.001。

从创业教育教师和管理人员问卷的调查结果可以看出，创业教育教师和管理人员对高校创业教育影响因素的选择中（每人选择 5 项），最终比例由高到低的排序分别为创业教育文化环境、政策制度、师资队伍、经费支持、课程体系、实践活动、目标确立、课堂教学、项目孵化和教材建设。可见，在高校创业教育实施过程中，因为涉及的要素非常多，各功能要素彼此之间都会发生关系，也会导致各要素功能的此消彼长，这就造成了单个要素都会对创业教育效果产生影响，但当各要素共同作用时，将以某种综合的形式对创业教育的效果产生影响。当然，要搞清楚创业教育系统中各要素之间是如何相互影响的以及构建各要素综合作用的结构模型是非常复杂的，这也是本书后续研究的重要内容之一。

第二，不同学校、年级、性别和专业的学生对高校创业教育的总体满意度没有明显差异。笔者分别从调查对象的不同分类与总体满意度之间进行了显著性检验，结果显示，在《高校创业教育实施现状调查问卷》（学生篇）中，男生与女生、"双一流"高校与普通本科院校、文科类专业与理科类专业之间的学生对创业教育的总体满意度没有明显差异。这与 2019 年刘帆基于 938 所高校的创业教育调研结果相一致，"高校间创业教育发展差距小，趋同化严重。"[①] 笔者的检验结果表明，不同层次的高校在创业教育实施过程中针对不同专业和年级学生所进行的差异性教育的效果并不明显，多为普适性的通识类教育，如表 4-26、表 4-27、表 4-28 所示。

---

① 刘帆，2019. 高校创新创业教育现况调查及分析——基于全国 938 所高校样本 ［J］. 中国青年社会科学（4）：67-76.

表4-26 《高校创业教育实施现状调查问卷》（学生篇）不同性别
层面独立样本检验

		莱文方差等同性检验		平均值等同性 t 检验						
		F	显著性	t	自由度	显著性（双尾）	平均值差值	标准误差差值	差值95%置信区间	
									下限	上限
总体满意	假定等方差	0.100	0.752	-0.242	552	0.809	-0.020	0.083	-0.183	0.143
	不假定等方差	—		-0.242	460.711	0.809	-0.020	0.083	-0.183	0.143

表4-27 《高校创业教育实施现状调查问卷》（学生篇）不同学校层面
独立样本检验

		莱文方差等同性检验		平均值等同性 t 检验						
		F	显著性	t	自由度	显著性（双尾）	平均值差值	标准误差差值	差值95%置信区间	
									下限	上限
总体满意	假定等方差	4.859	0.028	1.567	553	0.118	0.194	0.124	-0.049	0.437
	不假定等方差	—	—	1.704	90.173	0.092	0.194	0.114	-0.032	0.420

表4-28 《高校创业教育实施现状调查问卷》（学生篇）不同专业层面
独立样本检验

		莱文方差等同性检验		平均值等同性 t 检验						
		F	显著性	t	自由度	显著性（双尾）	平均值差值	标准误差差值	差值95%置信区间	
									下限	上限
总体满意	假定等方差	3.579	0.059	0.809	552	0.419	0.066	0.082	-0.095	0.228
	不假定等方差	—	—	0.823	522.497	0.411	0.066	0.081	-0.092	0.225

第三，构建创业教育生态系统成为共识。从创业教育教师和管理人员问卷的调查结果可以看出，94.4%的创业教育教师和管理人员认为高校非常有必要建立创业教育生态系统。可见，面对当前高校创业教育开展过程中存在的种种生态失衡现象，构建创业教育生态系统成为各高校的共识。从12位高校创业教育主要领导的访谈中可以看出，10人认为高校非常有必要构建创业教育生态系统，具体观点摘要如表4-29所示。当然，大家也都指出，"建设高校创业教育生态系统是一项艰巨的任务，需要多方协调和筹措，要积极发展校内创业教

育生态的同时注重拓展校外资源，形成行之有效的举措，应该在创业教育的转型升级中进行深入思考和研究"。

表4-29　高校创业教育主管领导对构建高校创业教育生态系统的建议

受访者	观点摘要
A	我认为这个"生态系统"是一个很大的系统，涉及的要素多、内容多，结构复杂、操作复杂，值得研究
B	打造创业团队，鼓励创业实践，加强创业实践资金支持，制定合理的创业实践考核指标，定期考核时间结果，制定表扬激励政策，鼓励教师认真教，学生自主认真做，形成良性循环，逐步形成良好氛围
D	有一定的了解，创新创业教育生态系统不是高校自己就能完成的，需要政府、学校、企业共同来完成的一项系统工程
E	要把创业教育思想纳入学校办学理念、纳入学校顶层设计、纳入培养方案。在开展创业教育活动中做到有组织、有政策、有制度、有资助、有队伍、有平台、有计划、有研究、有成果、有课程、有教材、有项目、有活动、有赛事、有评价、有效果、有奖励
F	建设高校创业教育生态系统是一项艰巨的任务，需要多方协调和筹措，要积极发展校内创业教育生态的同时注重积极拓展校外资源，形成行之有效的举措，应该在创业教育的转型、升级、换代中进行深入思考和研究
G	校内创新创业生态体系建设严重不足。教务处、科研处、学生处等部门对创新创业教育理解不深、重视不够，未能形成合力，未有效助推创新创业良性发展。学校内部对创新创业的认识和行动相较于社会稍显迟钝。社会创新创业生态体系建设需要深入
H	改进创业课程体系构建，创业课程体系设置的理论与实践存在脱节，未真正凸显创业过程中应重强调的"实践"特性，应该打破原来教学体系，凸显学生在课堂、实践活动中的主观能动性
I	校内生态系统主要包括校内创新创业教育体系框架下的教师、学生、课程、活动、学分及一些"双创"资源等构成的生态系统；校外生态系统主要包括由政府、学校、企业构成依托学校特色，服务于区域、产业发展的人才输出及科技成果转化生态系统
J	高校创业教育，不是某门课程的教育，而是基于某种观念指导下、具有整合特征的一类理论与实践课程体系。将创业教育融入专业教育之中，创新带动创业；以创新创业诸类平台为支撑，整合不同学科专业创新力量，孵化催生大学生的创业实践
L	完善创业教育课程体系，提高学生创业技能；深化创业教育理念，营造创业良好氛围；落实创业政策制度，为大学生创业保驾护航；丰富创业活动实践，加强创业生态系统支撑

三、高校创业教育生态失衡的根源剖析

（一）创业教育生态理念的缺失

创业教育概念的形成源于对创业教育核心概念的理解、辩证分析和科学认识，这一理念也成为指导和规范创业教育实践的关键。创业教育虽然已成为近十年来高校理论研究和实践创新的热点和亮点，但无论是理论界还是高校具体管理部门对创业教育与创新教育、创客教育、创造教育有何异同，创业教育与素质教育、专业教育、职业培训、就业指导有何区别，创业教育与专业教育、通识教育和实践教学有何不同等问题尚未形成共识，这也引起了研究者和实施者对创业教育核心内涵和要求在认识上的分歧。目前，我们已达成共识，创业教育是面向全体学生的素质教育，从根本上培养学生的创新精神和创业素质，为学生终身可持续发展奠定坚实的基础。但是在具体实践过程中，由于创业教育各利益相关主体如政府、学校、家长、教师、学生等对创业教育内涵的认识与执行的误区和偏见，也导致了创业教育目标的偏离、形式的走样和效果的不如意。

着力建设创业教育生态系统，是国内外高校创业教育发展的逻辑必然与历史规律。① 我们一直以来更加偏重于创业教育各个"环节"的强化，对于传统创业教育改革中存在的各种问题，我们并不反对以要素的形式来推进创业教育，但如果缺少对创业教育整体性、开放性、系统性和平衡性的关注，缺乏"系统性"的思维或视角来关注创业教育的发展形态，对于各参与要素之间的关系和结构，各参与要素自身系统的构建等缺少深入思考，势必会影响创业教育的效果。传统教育理念和方法的单向性忽视了教育机制的整体相关性，容易导致创业教育呈现"支离破碎"的状态，整体功效不能突出，甚至有"头痛医头，脚痛医脚"之虞。所有事物和行为都有其根本性的目的，作为更加偏重实

---

① 杨晓慧，2018. 高校创业教育生态系统建设的国际比较和中国特色 [J]. 中国高教研究（1）：48–52.

践的创业教育，实效性是创业教育存在、发生、发展的根本着眼点和落脚点。良好的生态环境是一个有机系统，它有各种各样的物种共同生活和共同发展，具有稳定、和谐、可持续发展的特点。创业教育作为教育系统的组成部分，其本身就是一个生态系统，对外与其他社会子系统相联系，对内各创业教育子系统紧密关联。以生态系统理论和整体理论为指导，将创业教育纳入生态系统，构建多元主体、多元文化、多元资源协调、师生共同和谐发展的创业教育有机整体，对解决当前创业教育生态中的诸多失衡问题具有重要意义。

（二）创业教育自身的多元矛盾

高校创业教育的生态失衡是由于创业教育过程中生态原则的违背而引起的。高校创业教育的生态发展原则一般包括以下内容：强调主体与客体的相互尊重，遵循个体创新素质的发展规律，重视创业教育的生态环境，并随着政治、经济、文化环境的变化而适时地自我调节，解决创业教育自身和社会环境以及个体发展的矛盾，才能真正解决生产与生态的矛盾，促进个人和社会的可持续发展。相反，由于缺乏对生态概念和理念的理解与接受，高校创业教育普遍违反了其内在规律和生态原则，忽视了个体需要和个体的主体性，疏远了社会环境，导致了创业教育主体与客体、各种因素与环境的矛盾，导致创业教育系统内部生态关系的错位等，最终造成了高校创业教育实施的生态失衡。

首先，社会对个体创业教育的要求与整个社会大环境的矛盾。当前，随着国家、社会对创新型国家建设的诉求及国家创新驱动发展战略的实施，"大众创业，万众创新"的社会氛围正在形成。但是，观念的转变并非一时之事，环境的改变也非立竿见影，受多年来传统文化理念的影响，创业在我国的社会认可度及支持度还非常薄弱，很多人将创业作为"没有办法的办法"，包括很多高校教育工作者、学生、家长等本身就对创业教育持否定态度，也有人认为"创业是不可教的，是与生俱来的"。传统守旧观念的束缚，使得社会上形成了一方面是大张旗鼓地顶天呼吁，另一方面是抵制排斥的谨小慎微，当前我国创业教育环境的不成熟，对高校的创业教育产生了潜在制约。其次，创业教育校内的理论教育与社会创业支持现实的反差导致的情感危机。创业教育的校内理论学习、模拟实践、创客活动和模拟创业等使学生基本了解和掌握了创业教育的基本知识和基本技能，具有一定的创业热情和创业意志。但是当学生走出校门，真正开始创业的时候，会遇到层层困难，经过几番周折后，学生原有的创业激情会逐渐消去，加之周围舆论的负面导向，会使准创业者在还没有开始创业时就已经失去信心而选择放弃。最后，高校创业教育的相对稳定性与超前性之间的矛盾。在多年的高校创业教育实践过程中已经形成了在一段时间内相对稳定的教育内容、教育模式，然而，作为一种特殊教育形式，创业教育需要敏锐的洞察力和与时俱进的创新能力，需要洞察并预测经济产业和社会生活的未来需求和发展方向，它是先进的和开创性的。因此，高校创业教育内容与方法的相对稳定性在一定程度上制约了其应有的预测性和超前性，会影响其教育效果。总之，贯穿于高校创业教育活动全过程的基本矛盾是创新型国家建设对大学生创业教育目标的期望与受教育者创新创业素质发展现状之间的矛盾。

（三）创业教育实施的强制割裂

创业教育涉及政府、学校、家长、教师和学生等多个主体。创业教育面临不同的生态发展环境和生态发展逻辑，由于不同行为者对创业教育的认识不统一，对创业教育的重视程度不同，对创业教育的目标和运作机制的理解也不一致，故而基于多学科共同知识和多主体共同认知的行动逻辑尚未形成，导致了在创业教育实施过程中各主体、各环节的强制割裂。从组织执行的角度来看，在各省份的具体实施方案中，尤其是以省级政府出台的相关文件将创业教育的各环节具体落实给不同的行政部门，如教育厅、人力资源社会保障厅、科技厅等，虽然这样的分工有利于具体任务责任到人，但面对创业教育系统的生态特性，缺少整体系统的设计与实施也是不符合其发展规律的。在各高校内部的具体实施过程中，同样存在彼此分工不清、推诿扯皮等现象。虽然各高校也都成立了创业教育工作领导小组，或者成立了实体的"创业学院"或"创业教育中心"，但创业教育涉及的内容较多，几乎涉及高校的全部职能部门，如教务处负责创业教育课程的设置，学生处、团委负责创业教育实践活动，人事处负责创业教育师资的培训，科研处负责师生科研成果的转化等，但各部门平时自身的事务性工作已经很多，对于创业教育的思考与研究更是无暇深入，而针对创业教育开展的工作协调会或者考评督查会屈指可数，这也造成了各部门的疲于应付和各行其是。

创业教育生态系统与社会生态系统，尤其在区域内经济社会发展过程中有着紧密的生态关联，但是从目前情况来看，高校的创业教育与外部社会的关联被割裂。首先，创业教育与地方经济社会发展需求相割裂。由于高校与地方政府之间缺乏完善的沟通机制，高校人才的供给不适应地方经济社会发展的需要，供给方与需求方存在结构性矛盾，造成地方经济和社会发展缺乏人才支持，而高校毕业生就业困难的双重困境。同时，因为对区域经济发展需求的掌握不准确，造成了学生创业机会不足、创业领域不清、创业成果不能满足地方经济社会发展需要等问题，打击了学生创业的积极性、降低了学生创业的成功率，影响了创业教育效果。其次，高校创业教育与企业生产实践之间的割裂。实践是创业教育的本质属性，是检验创业教育成功与否的关键，因为高校与企业之间协商互通的机制不健全，企业参与创业教育的积极性不高，也造成了高校的创业教育更多停留在课程体系的完善、课程内容的讲授和校内模拟活动上，而提升学生"实战"能力的各类实践性平台不足，长期脱离企业一线生产实践，创业教育成为师生在课堂中的"纸上谈兵"。因不了解当前生产实践的现实需要和技术难题，过度理论化的创业教育导致学生"理论有余而实践不足"，当学生真正走向社会开始创业行动的时候，却感到无所适从、束手无策。

（四）创业教育过程的松散推进

创业教育过程的有效推进是确保创业教育达到预期目标，取得实效的关键环节。首先从国家和省域层面执行情况来看，存在落实和监管不到位的情况。2015 年，国务院办公厅发布的《关于深化高等学校创新创业教育改革的实施意见》，为一段时间内高校创业教育的发展指明了方向，但是具体的落实效果如何、执行情况如何还需要任务的层层分解和各省级政府部门的具体实施。从省域推进创业教育的实施情况来看。笔者对 2015～2017 年 31 个省份（不含港澳台）出台的关于落实国务院办公厅文件的具体实施意见（方案）进行文本分析，有 20 个省份的实施方案出自地方政府及相关机构，11 个省份的出自省级教育主管部门。因为创业教育改革推进涉及内容多、主体多、领域多，需要进一步完善创业教育多主体协同推进配套政策，创业教育相关部门职责分工配套政策目前仅有 4 个省份在省域方案中进行了任务分工。而对于创业教育的标准制定及评判依据，在政策文本中只是提出"要把创新创业教育质量作为衡量办学水平、考核领导班子的重要指标，纳入高校教育教学评估指标体系和学科评估指标体系，细化创新创业素质能力要求。"各省份在落实国务院办公厅意见，推进高校创业教育过程中多为指导性、建议性的"松散型"执行方式，无论是各环节的具体落地还是监管考核等都存在诸多薄弱环节。

从高校主体具体执行情况来看，也面临诸多挑战。推进高校创业教育需要各利益相关主体的群策群力，形成共识并系统运行，从宏观、中观和微观层面进行整体性协同创新。从目前的状态来看，因为我国的创业教育尚处于探索阶段，尚没有形成统一成熟、可借鉴推广的参考模式，无论从国家关于推进高校创业教育顶层设计还是各省域方案中也都很少提及或点到为止，没有形成整体的结构性布局和系统化路径，导致作为创业教育的执行主体的高校在推进创业教育过程中举步维艰、简单模仿和松散推进。首先，宏观层面，从政府与高校的关系来看，目前的情况是"政府搭台，高校唱戏"，但是高校唱的是"独角戏"，社会将培养创新型人才的期望寄托在高校身上，可面对创业教育的本质属性和过程需求，高校实在是"心有余而力不从"，这里的"力"是合力，即实施创业教育各利益主体围绕创新型人才培养目标形成的行动合力不足。其次，中观层面，各利益主体参与高校创业教育的制度性壁垒仍然存在，链接主体的规则体系和协同联动机制尚不完善，阻碍了创业教育整体生态链条的形成。[①] 从各省份推进高校创业教育的政策文本中可以看出，虽然已有 23 个省份将建立校校、校企、校地和国际合作的创业教育协同育人新机制作为教学改革的突破点，要求积极吸引社会资源和外国优质教育资源投入创新创业人才培养，但是对各主体在创业教育系统中的具体职责权利、利益引导、监督考评、奖惩依据等却很少提及，这也导致了高校创业教育的实际推进主要是基于政策和就业的外部驱动，而各主体参与的内在动力不足。最后，微观层面，高校内部创业教育的运行机制不畅。按照《关于深化高等学校创新创业教育改革的实施意见》，"建立教务部门牵头，学生工作、团委等部门齐抓共管的创新创业教育工作机制。"但在实际运行中，高校教务处与其他职能部门在行政上是平级关系，而创业教育的很多工作分散在不同的职能部门中，所以教务处在这个过程中的角色非常尴尬，既不能对其他部门做出统筹安排和任务分工，也不能进

---

① 田贤鹏，2016. 教育生态理论视域下创新创业教育共同体构建 [J]. 教育发展研究（7）：66–72.

行督查评价和指导建议，这就造成了教务处能够做到的就是做好本职工作，而涉及其他部门的工作更多的只是建议性开展。

（五）创业教育要素的表层嵌入

教育生态视域下的创业教育不是要素与要素之间的机械叠加，而是基于整体目标和内在逻辑的要素之间的交互生成和有机整合。[①] 要实现高校创业教育与现有各形式、各类型教育与活动的深度融合，将创业教育有机嵌入现有的教育生态系统及社会生态系统中，必然困难重重。首先，创业教育与专业教育的融合难度很大，传统的专业教育注重学生专业知识、专业能力和专业素养的培养与培训，而创业教育更加注重学生创新精神、创新意识和创新素养的培养。近年来，虽然关于创业教育与专业教育的融合已经引起政府及高校的重视，并在政策文件及实施方案中都有所提及，但是如何实现两者的实质性融合不仅对高校课程设置提出新挑战，而且对教师素养提出了新要求。当前高校的"专创融合"主要体现在专业课程中设置如"专业课程+创业的理论实践"为名的一些课程，但是无论是课程的数量还是质量都有待提升，而真正的融合应体现在每门课程中对创新元素的挖掘，并通过教学内容对学生进行创新精神和创新意识的培养，即实现从"创业课程"向"课程创业"的转变。同时，高校创业教育与思想政治教育、通识文化教育、实习实践教育的融合嵌入还处于探索阶段，如通过公益创业提升学生的思想政治素养，通过创业通识类课程提升学生的综合文化素养，通过模拟创业提升学生实践能力等，更多地体现在形式上的"呼应"而缺少实质上的"融通"，当然，其中教师对创业教育的理解与重视、认同与认知，以及教师本人的知识水平、经历经验、能力素养等都成为创业教育深度融合的关键。

其次，创业教育与现有的教育生态存在着匹配不足。在创业教育的课堂教学中，传统教育形式过于僵化，难以满足创业教育的实际需求。创业教育呼唤主客体内在创业精神的培养和创新意识的激发，需要课堂上的充分互动和双向参与，需要主客体之间的平等对话和智慧碰撞。受多年传统课堂教学生态的影

---

① 田贤鹏，2016. 教育生态理论视域下创新创业教育共同体构建 [J]. 教育发展研究 （7）：66-72.

响，教师在创业教育课堂中仍然沿用或惯用讲授式的灌输式教学，忽视主客体之间的"教学相长"和"共生共存"，仍然是依据创业教育教材进行知识的宣读，虽有创业教育之名，而无创业课堂之实。在创业教育的活动中，为了营造创业教育氛围，激励和引导更多学生参与创业教育，高校也组织开展了"大创计划"支持项目及各种创业类竞赛，影响较大的是连续五年举办的全国"互联网+"大学生创新创业大赛，已经成为本领域较有影响的赛事之一。很多高校也将原先的专业类竞赛转变为现在的创新创业竞赛，而对于究竟怎样才能算是创新创业却存在不同认识，这就容易出现"泛创业化"倾向，给众多本应是专业基本技能训练的项目或竞赛戴上了"创新创业"的帽子，虽然名称"高大上"了，但实质效果值得怀疑。在创业教育的实践中，近年来，随着国家对高校创业教育的政策推动，很多高校创办了自己的创业科技园区、打造了创客空间、设置了创业孵化基金、成立了创业中心等，但这些机构和设施与常规的教学活动、学生的日常活动、课外的社团活动等关联较少，甚至彼此孤立。

第五章　他山之石：国外创业教育生态系统建设的经验与启示

在上一章中，笔者从定性与定量相结合的角度对当前高校创业教育的实施现状进行了分析，呈现出了创业教育的种种生态失衡现象，如何解决这些问题需要进一步研究。问题判别需要参照，问题解决也需要借鉴，在解决创业教育生态失衡的过程中，先前的理论参照只能为我们提供一种方向性参照，我们还需借鉴国内外知名高校的一些成功经验和做法。我们已经形成共识，高校创业教育是一项系统工程，系统内各要素不仅在内部相互联系、相互作用中形成一定的结构，而且系统内外各要素也进行了物质、能量和信息的交换。为此，以生态思维审视我国高校创业教育，构建整体、多元、融合的生态系统，应当成为我国高校创业教育发展的未来选择。不可否认，国外的创业教育起步较早，也有诸多成功案例，特别是在创业教育生态系统建设方面，发达国家的代表性高校在实践过程中积累了很多宝贵的经验，可以为我国高校创业教育提供借鉴。因此，有必要对国外高校创业教育生态系统建设的实践经验进行比较和分析，并结合我国实际制定发展创业教育的有效策略。本章以在创业教育生态系统建设上具有世界先进代表性的美国麻省理工学院、德国慕尼黑工业大学和新加坡南洋理工大学为例，梳理三所高校创业教育生态系统的构建策略与运行机制，以期为我国高校创业教育生态系统的构建提供有益借鉴。

一、经验介绍：以美国、德国和新加坡的三所高校为例

（一）美国麻省理工学院（MIT）创业教育生态系统

自 20 世纪 40 年代末以来，美国大学的创业教育经历了 70 余年的发展。在

美国众多大学中，哈佛大学于 1947 年首次开设创业教育课程，随后美国其他大学开始开展创业教育。同时，创业研究、创业出版物、创业会议、特殊利益群体、社区创业中心、学习社区、创业竞赛、校园创业项目、创业基金项目等与创业相关的项目也不断扩大，创业教育得到迅速发展。美国高校创业生态系统的特点是：以美国高校为主体和中心，以政府、非政府组织、金融机构、行业协会、企业等为主体，集教学、科研、实践活动为一体，以提升企业家精神和创业能力为目标；美国高校创业系统是一个自我维持的综合创业支持体系，致力于区域经济和社会财富的增长，从根本上说是一个综合各种社会资源的自给自足体系，是一个独特、复杂、不断演变的创业环境生态系统。①

1. MIT 创业教育生态系统的构建

MIT 的创业教育生态系统在半个多世纪的发展过程中，在师生创新成果的基础上，诞生和发展了大量的创新创业项目、课程、竞赛、活动和初创企业，形成了一种丰富多样、包容和开放的创业精神和文化，对美国乃至世界各地高校创业教育的理念和实践产生了深刻的影响。因此，世界各地的许多高等教育机构都把 MIT 的创新创业生态模式作为制定和衡量其创新创业教育实践活动的标准。

作为麻省理工学院创业生态系统的核心，创业中心成立于 1996 年，其职能是支持和参与创业、开设创业学术课程、开展外部拓展活动（External outreach activities）及开展创业教育相关研究。创业中心在向外界引进商业科研成果和新企业的同时，也得到了外界资金、政策、法规、技术需求等方面的支持，开展了科研创业活动，最终形成高校创业教育促进社会经济发展，回馈社会经济的反哺式发展。MIT 的创业教育从点到面覆盖各类学生的需求，突出学校与企业的密切合作，注重知识创新和成果转化，直接参与经济社会发展，形成了高校、企业、政府、大学生相互联系、相互促进的"生态系统"，如图 5-1 所示。

2. MIT 创业教育生态系统的运行

（1）系统化的课程设置。麻省理工学院坚持"务实"的原则，以培养新

---

① 李一，2015. 美国高校创业生态系统对我国创业教育的启示——以麻省理工学院为例［J］. 继续教育（8）：19-21.

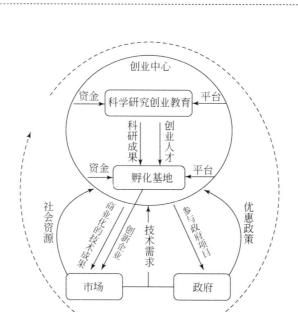

图 5-1 MIT 创业教育生态系统结构

资料来源：张昊民，张艳，马君，2012. 麻省理工学院创业教育生态系统成功要素及其启示［J］. 创新与创业教育（2）：56-60.

一代创业领袖和精英为愿景，系统地设计了创新创业课程。MIT 的创业教育课程包括理论创业课程、实践创业课程和团队项目创业课程，这些并非仅针对斯隆商学院，而是面向学校的全体教师和学生。理论创业课程包括创业相关知识的普及，不仅包括"企业创业""社会创业""创业营销""创业组织设计与领导""创业金融"等课程，还包括"创业管理者法律知识"等课程；实践创业课程包括社会创业和发展创业，这些课程帮助学生制订创业初始想法的计划，并为准备创业的学生提供相关的指导和培训。MIT 允许学生自由组建跨专业团队，解决创业项目中的实际问题。MIT 成立"科学、技术与社会规划"学院（Program in Science, Technology, and Society, STS），实现在自然科学、技术科学与人文科学、社会科学等学科领域进行跨学科交叉教育。

（2）多样化的教学方法。教学方法的多样性是麻省理工学院教学的一个突出特点。MIT 注重案例教学和情境教学，同时根据教学内容的变化适当调整教学方法。教授们在教学过程中介绍了大量成功的创业案例，他们通过现场教学的方式讲授创业过程的各个环节，注重理论与实践相结合，为学生创业做出典型的示范。此外，MIT 还特别注重邀请成功的企业家为学生提供创业指导、创业企划的设计、模拟公司的创建，进行实践性的创业练习，让学生体验真正的创业环境。同时，对企业创建过程中的销售、财务、人事、法律等问题提出建议和指导，使学生在关注创业所需的知识和技能的同时，也关注与创业相关的经济和社会发展问题，从而形成更高层次的创业理解。

（3）专业化的师资队伍。麻省理工学院拥有一批经验丰富的"双轨型教师"。[①] 早在 20 世纪 90 年代，MIT 就开始扩大创新创业教师的供给。学院的专业教师包括创业者、企业家、投资者和创业企业的高级管理人员。这些"双轨型教师"不仅具有较高的理论素养，而且具有创业或企业工作的经验。根据MIT 教授的科研性质可分为两类：一类是内部学术教授，不从事外部工作，主要利用 MIT 内部资源进行相关研究；另一类是外部实践教授，他们试图在研究和教学之间找到平衡，还从事外部咨询活动，该活动可在客户所在地开展，也可在学院内开展，并随时与外部客户保持联系，正是这些教授所从事的研究使科学研究与创业教育相结合成为可能。[②] 麻省理工学院还特别重视创新创业教师的培训，学校定期举办创新创业教育培训活动，根据学校创新创业教育的最新需求，及时调整教师的培训内容。

（4）集成化的组织机构。麻省理工学院组织机构的核心是创业中心，中心的使命是通过向所有学生提供创业所需的知识、技能、资源和服务，培养学生成为卓有成效的创业者或企业家。该中心以 MIT "理论与实践并重"的理念为基础，将学术与实践融合到所有课程和创新创业教育项目及活动中，通过与其他部门、实验室、研发中心和团队的密切合作，实现学生与优秀创业项目的对接。在教学、咨询和学生创业过程中，中心注重批判性思维训练，鼓励学生大胆从事创新创业活动和项目，倡导尝试错误的精神，以开放和包容的态度面对失败，对于一些成功的创业项目，中心帮助学生促进项目的快速发展和成长。

---

① 张玉，周强，李福华，等，2017. 国外创新创业教育对我国的启示 [J]. 中国高校科技（3）：59-61.

② 张昊民，张艳，马君，2012. 麻省理工学院创业教育生态系统成功要素及其启示 [J]. 创新与创业教育（2）：56-60.

中心坚持帮助学生创业成功的目标和使命，但不参与学生创业公司的具体业务经营，也不要求股权或回报。[①] 除上述官方组织外，MIT 还成立了多种多样的学生社团组织，极大地提高了学生创业的积极性与参与度，如全球创业工作坊（Global Startup Workshop）、创业者俱乐部（MIT Entrepreneurs Club）、创业社区（MIT Entrepreneurship Society）等，为学生之间的信息流通、创意激荡、经验分享提供了平台。

（二）德国慕尼黑工业大学（TUM）创业教育生态系统

从 20 世纪 70 年代中期开始，德国开始实施创业教育，进入 21 世纪以来，德国日益形成了相对完整的创业教育生态系统，提出了创业教育的基本概念、主要构成和实践路径。

1. TUM 创业教育生态系统的构建

重视系统性和生态性是 TUM 创业教育取得丰硕成果的重要原因。在建设世界一流创业型大学的目标驱动下，TUM 几乎把教师、资金、场地等全部资源投入创业教育，同时吸引政府、行业、科研院所等参与者投资于科技领域，为学生的创业活动提供研究基金和市场信息。TUM 创业基金的设立为企业家提供了丰富的资金来源，在学生提出一些想法后，TUM 的综合性机构、研究机构和技术机构将进行评估，并为学生提供全面的技术和理论支持。尤其是创业中心将慕尼黑的企业与 TUM 的创业教育联系起来，为学生提供更好的创新孵化基地，并将相应的创业人才和创业成果传递给企业和其他消费者。在相关创业教育课程开放后，TUM 通过 Evobis、Idea Award 等商业计划竞赛提供创意展示平台，不断激励学生创业，激发灵感，鼓励自主创业。在 TUM 创业教育体系中，从创业课程开始，通过组织创业计划竞赛，最终产生创业人才和创业公司，这些人才和公司的质量将通过市场测试结果反馈给 TUM，教师和各研究机构将根据反馈结果不断完善理论和教学。同时，当市场获得实实在在的利益时，将继续进行额外的投资，从而以螺旋式的方式回到开始，形成良性闭环，如图 5-2 所示。

---

① 许涛，严马丽，2017. 国际高等教育领域创新创业教育的生态系统模型和要素研究——以美国麻省理工学院为例［J］远程教育杂志（4）：15-29.

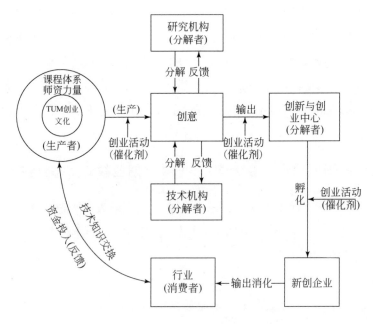

图 5-2 TUM 创业教育生态系统结构

资料来源：何郁冰，周子炎，2015. 慕尼黑工业大学创业教育生态系统建设及启示 [J]. 科学学与科学技术管理 (10)：41-49.

2. TUM 创业教育生态系统的运行

TUM 创业教育的核心目标是通过独特和综合的教学来识别这个时代所面临的挑战，开发可持续的企业解决方案和商业模式来激励下一代创业者。它的使命是让学生有机会学习创业的基础，让他们觉得创造事业也是他们的职业机会。

（1）创业课程模块。突出实践导向是德国高校创业教育课程体系的一大特点。慕尼黑工业大学在创业课程设置过程中，非常重视大学生创业的实践训练。TUM 创业教育课程主要集中在以下几个方面：指导和监测各种形式的大学生创业活动，构建覆盖各高校、各学科的跨校、跨学科课程体系。此外，TUM 开设了"大学 MINT 定向课程"，主要为学生提供数学、信息、科学和技术的专业学习，加深其对不同学科的理解，提高学生的学习兴趣和综合素质，增强学生的多学科、跨学科工作能力。[①] 在教学方法上，主要采用案例教学、实践

———————————

[①] 李琳璐，2018. 慕尼黑工业大学创新创业教育探析 [J]. 中国高校科技 (12)：30-33.

教学、讲座、实验等形式，实现教学、科研、培训的有效结合，丰富学生创业的专业知识，提高学生创业的实践能力。

（2）科学研究体系。学术研究是产业发展的核心和基础，慕尼黑工业大学将创建创业型大学的理念与发展前沿研究的目标结合起来，会集了学术界和工业界的研究人员，在自然科学、工程科学、医学和生命科学等优势学科的基础上，构建了一个跨领域的前沿研究平台。自 2005 年以来，TUM 先后成立了高等研究院、国际科学与工程研究院等多个研究机构，这些跨学科、跨国际的研究平台都聚焦于资源、环境、健康等人类社会面临的挑战。通过与行业合作伙伴的合作，TUM 实施了跨学科和面向企业的研究平台和解决方案，互补的研究链可以塑造知识，通过与行业企业合作，创造可以转移到社会的技术。在这里，不同部门的成员并肩作战，唯一重要的是围绕共同的研究主题共享利益。这种综合性、结果导向的方法有助于 TUM 巨大学术版图的整体协调。同时，TUM 也成立了创业研究所、创业金融研究所等创业研究机构，旨在为学校创业教育提供理论支持，其研究成果直接应用于创业教育课程中。

（3）创业合作网络。慕尼黑工业大学的创业者受益于该大学广泛的合作伙伴，包括来自商业、政府、政策和科学部门的网络。在这里，创业者可以测试他们的商业计划，从成功的案例中学习，分享并不断积累他们在创业网络中的经验。[①] 在创业合作网络中，创业者向成功的创业者学习，获得创业经验，不断完善自己的商业计划；学校以企业的技术需求为核心提供服务，鼓励校内科研成果的商业化，创业网络中的全体成员都有很强的创业精神。此外，TUM 还利用这个机会与网络中的知名企业合作，邀请行业领袖担任学校的创业导师。TUM 非常重视扩大和利用慕尼黑经济中心与外部的联系，外部行业领导者也扮演着 TUM 创业导师的角色。创业合作网络不仅加强了学校、企业和科研机构之间的联系，还加强了创业网络内各实体之间的联系。

（4）组织支持机构。为了能够更加有序高效地管理并支持创业教育，慕尼黑工业大学建立了由"综合机构—研究机构—技术支持机构—资金赞助机构"构成的"四位一体"的创业教育组织管理体系。其中，综合机构下设创新创业

---

① 黄杨杰，邹晓东，2015. 慕尼黑工大创业教育实践与启示［J］. 高等工程教育研究（5）：132-135，162.

中心和社会创业学会两个分支机构。创业中心成立于 2002 年，是欧洲最大的校级创业服务中心，是人才、技术、资金、客户的聚集地，从创意实现、成果转化、企业建设等方面为学生提供了完整的一体化服务。① 研究机构由创业研究所、创业金融研究所、产业联络处三个分支机构组成。产业联络处的主要职责是加强学校和企业之间的科研合作，促进知识和技术向社会的转移。技术支持机构在创新创业教育中发挥着重要作用，包括技术创业实验室和研究创新办公室。技术创业实验室主要帮助大学生创业者对技术进行评估，以确定其用途和客户群，通过分析相关领域的发展趋势和市场前景，使创业者可以明确自己的创业行动计划；研究创新办公室为所有申请专利的教师和学生提供知识产权建议，最终促进创业者发明创造的成功商业化。资金赞助机构主要负责 TUM 风险基金的管理和运作。

（三）新加坡南洋理工大学（NTU）创业教育生态系统

世界发达国家正在探索适合自身发展的创新型高等教育创业教育模式，并积累了一些经验。其中，新加坡是一个具有较强创新意识和创新能力的国家。其成功离不开它对创新和创业教育的重视。新加坡是亚太地区开展创业教育较早的国家，也是开展创业教育比较成功的国家。新加坡的创业教育是教育体系的重要组成部分，已经融入完整的国家教育体系中，形成了自己的特色，积累了丰富的经验。

1. NTU 创业教育生态系统的构建

新加坡南洋理工大学是新加坡众多开展创业教育的高校中的先进典范。NTU 致力于为学生提供一种教育或经验，使他们具备全面的能力和成就，并在国家的繁荣和社会发展中发挥更重要的作用。NTU 通过设立专门机构、开设专业课程、配备专业教师、增加专业经验，建立了包括基础课程和体验式学习在内的多功能创业教育生态系统。①科技创业中心：南洋科技创新中心旨在培养优秀人才，促进科技成果商业化，长期以来，学校与社会各组织和个人合作，为全体学生开展创业教育。②教学部门：开设创业教育课程，将创业基础知识

---

① 李琳璐，2018. 慕尼黑工业大学创新创业教育探析［J］. 中国高校科技（12）：30-33.

融入创新主体课程。开设创业创新硕士课程，提升创新创业教育水平。③教师：大部分来自企业或有企业工作经验，重视和探索教学方法和方法的改革，强调互动学习和体验学习，鼓励学生积极参与实践，参与教师创业培训计划和教师发展计划，提高业务能力和创新创业意识。④学生：通过参加校内外论坛、讲座等创新创业活动，了解创业过程，提高创新意识和能力；参与校外发展培训和团队学习，增强自主创新能力；参与企业挑战赛等活动，拓宽创业视野，如图 5-3 所示。

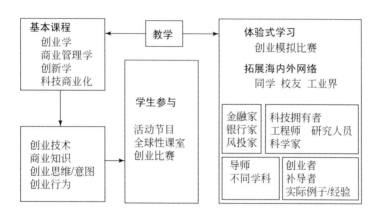

图 5-3 NTU 创业教育生态系统结构

资料来源：张琼，陈颖，张琳，等，2017. 新加坡南洋理工大学与国内高校创新创业教育的异同探析 [J]. 电子科技大学学报（社会科学版）(3)：36-41.

2. NTU 创业教育生态系统的运行

（1）设立专门机构。为深入开展创业教育，培养优秀人才，促进科技成果转化，2001 年 1 月，由南洋理工大学与新加坡经济发展局联合成立南洋科技创业中心，该中心直接对教务处长负责，得到新加坡政府、国内外企业和学术界的广泛认可，是亚太地区领先的创业教育机构，并长期与各类组织合作，形成了良好的创业生态圈。正如南洋理工大学原校长安博迪所说："南洋科技创业中心提供的创业教育，是按照'博大精深、全面、整体'的原则设计的，中心致力于打造全球企业家生态圈，促进创新理念向新企业的推广。"① 同时，创业

---

① 范新民，2014. 创业与创新教育：新加坡高校教育成功的启示 [J]. 河北师范大学学报（教育科学版）(2)：57-62.

中心设有创新孵化器，酝酿成熟的项目可向其申请资金与场地实施创业。为了实施创业战略，NTU 成立了 NTUitive 公司，以创造和培育未来企业家为使命，发展创业生态系统，鼓励师生探索创新创业，协助和推动实验室技术、研究成果和创新成果的产业化，把创新创业作为大学教育的品牌之一。NTU 通过南洋科技创业中心和 NTUitive 公司打造了校园内师生创新技术产业链、产学研相结合的创业生态圈和全球浸濡计划。①

（2）开设专业课程。南洋理工大学为学生开设了大量的创新创业教育专业课程，包括必修课、选修课、辅修课、短期创业培训课和理工类硕士课程，重点在设计或新学科课程中嵌入创业基础知识。NTU 依靠政府主导或自身的外联，积极寻求与国外大学开展项目合作的机会，在与世界知名大学的交流与合作中，在国际化发展中取得了丰硕成果。在此基础上，NTU 的目标更加明确，首先设立了辅修课程、短期课程等不同种类课程，适应多方面、多层次需求。同时，对于创业教育项目，NTU 还区分层级、属性进行不同比重设置，形成了一个高度国际化、前瞻性的创业教育课程体系模式。② 在创业课程评估方面，新加坡一些高校对外国大学采用了特殊的评估体系。在评价体系中，邀请国外高校的资深教授、专家和学者代替本校的教授负责评价工作，这为课程设置国际化提供了一个相对客观的标准，保证了人才培养的质量标准。③

（3）改革教学方式。南洋理工大学创业教育重视和探索教学方法的改革。NTU 创业中心课程设计突出了体验式教学的特点，使用案例分析、拓展培训、角色模拟、小组讨论、计算机模拟实践、企业课堂、商业计划、模拟融资和小型论坛等多种方式，直接将学生带入创业环境。重点强调互动式、以学习为中心的教学方法，推行多学科项目和作业，鼓励学生自己动手，鼓励学生在创业企业实习，为学生与企业家交流创造机会。通过多样化的教学组织，利用一流的教学环境和设施，以及创业生态圈和丰富多彩的校园活动，开展体验式学

---

① 宋海斌，王军杰，2018. 新加坡南洋理工大学创新创业教育的实践与思考 ［J］. 民族教育研究（3）：134-138.

② 详情参阅：南洋理工大学南洋科技创业中心，http//www. ntu. edu. sg/chinese/colleges/Pages/institutescentres. aspx.

③ 林仕岛，李汶锦，刘思雨，等，2015. 新加坡高校创业教育机制模式及其路径研究——以南洋理工大学为例 ［J］. 海南广播电视大学学报（2）：122-126.

习，激发学生创业兴趣，提高教育效果。同时，NTU 也为学生创造了多平台、多渠道、多视角的实践培训机会，让他们能够独立思考并尝试运作创业项目。创业成果与学业成绩有关，实现理论学习与模拟实践相结合，使学生吸收创新思维，掌握创业技能，培养团队合作能力。

（4）配备专业师资。南洋理工大学拥有一支专业的师资队伍，可以完善创业教育模式，保证创业教育的顺利发展。以南洋科技创业中心为例，80% 的教师是兼职外聘教师，他们大多来自企业或在一些企业担任外部董事；也有一些高科技实业家，他们掌握了较多的高科技成果，并或多或少有创业经验。^① 为了提高教师的专业能力，培养他们的创新创业意识，NTU 实施了教师创业培训计划和教师发展计划，请企业家、政府和社会团体的专家走进学校对教师进行培训；NTU 积极鼓励教师参与公司咨询和企业顾问，参与创业活动。同时，具有时代性、创新性和重大研究成果的跨学科或外部资助的研究项目也受到 NTU 的青睐，学校会为项目的研究与落地提供充分的保障。为了有效实施创业教育，新加坡注重吸引和聘用具有丰富创业经验和创新精神的优秀教师，许多创业教育的专家和教授都是从世界各地聘请来的，旨在造就一支精英化创业教育人才队伍。

（5）完善创业政策。在"发展实用教育以满足工业化和经济发展的需要"的指导思想下，新加坡绝大多数高等院校都强调教育的实用性、高效性和主体性，建立了各种应用学科和管理模式，并根据国民经济发展的实际需要不断进行调整，为创业教育的发展创造了良好的政策环境。在过去的 20 年里，新加坡政府每年至少投资 20 亿新币用于风险投资、技术转让、创新创业，营造了良好的创业氛围。新加坡经济发展局还制定了各种优惠政策，以促进国内创业活动的开展，包括对新成立公司提供免税计划，以帮助维持现金流；启动企业发展计划，帮助启动企业融资；创新商业化方案，鼓励创新创业理念的商业化；优惠投资计划，鼓励对初创企业的投资；科技企业的董事和顾问计划，为初创项目提供商业经验；生产力和初创公司发展计划，鼓励私营企业投资创新项目或产品。此外，新加坡政府每年都会派学生去美国硅谷创业型公司进行实

---

① 林仕岛、李汶锦、刘思雨，等，2015. 新加坡高校创业教育机制模式及其路径研究——以南洋理工大学为例 [J]. 海南广播电视大学学报 (2)：122–126.

习，培养学生的创新意识和能力。

二、借鉴启示：构建具有中国特色的创业教育生态系统

（一）创建"三位一体"的创业教育生态系统

以美国、德国、新加坡为代表的发达国家在创业教育生态系统建设方面取得了显著成效，其教育主体之间的权责划分非常明确，政府、学校、企业要各负其责，密切合作，既能有效地培养大学生的创业精神和综合素质，又能为他们创业项目落地提供全方位支持。按照"三螺旋"创业模型理论，高校要构建良好的创业教育生态系统，必须理顺政府、学校、企业等教育主体之间的关系。第一，对高校本身而言，应承担创业教育的主体责任。高校管理者要重视大学生创业精神，制定学校的创业教育目标，将创业教育目标纳入学校的整体教育目标体系，成为高校教育目标的重要组成部分。无论是外部资源的投入，还是创新创业人才和智力资产的产出，高校都要以发挥自身教育优势为核心，真正发挥出高校作为创业型人才培养实施者、智力型资本激发引导者、新创型企业资源融合者的主体作用。① 第二，地方政府和教育部门要承担创业教育宏观管理和政策支持的责任。政府不仅要从宏观战略层面提出指示性要求，还要组织创业教育专家进行讨论，开展相应的社会调查，制定有针对性、可执行的政策法规支持体系，并根据实际情况在实施过程中加以改进。第三，产业组织和企业应与高校合作开展创业教育，为大学生创业提供项目评估、融资支持、商务咨询等专业服务，以期为大学生创业提供更好的服务。社会力量也要积极参与，充分发挥产业资源丰富、实践平台广泛、业务经验丰富的优势，共同构建高校创业教育生态系统。

---

① 马小辉，2014. 创业教育的生态文明 [J]. 教育与职业（20）：95-97.

（二）完善"激励与监控"的政策制度

科学合理的创业政策能够激发创业动力、引导创业行动、挖掘创业机会、改善创业环境，对促进创业教育生态系统建设具有直接作用。有效的创业政策不仅能调动各种生态因素的积极性，而且能保证创业生态系统的均衡运行。从发达国家创业教育生态系统建设的角度来看，健全有效的创业政策支持成为必然。因此，地方各级政府要立足于区域社会经济发展的实际，在已有的创业教育各项实施方案基础上，根据不同高校的实际，制定具体的支持师生创业的政策制度。第一，完善大学生创业扶持政策。政府应制定支持大学生创业发展的政策法规，建立政府对大学生创业贷款、税收、营业场所和社会保险的支持，建立完善的创业保障体系；制定鼓励大学生创业的无息小额贷款政策；等等。第二，制定高校创业教育管理、实施、发展和保障的相关制度。将创业教育纳入现行高等教育体系，树立创业教育是高等教育活动的重要组成部分的教育理念。设立创业专项激励基金，制定大学生创业研究项目经费申请政策，实施大学生创业奖学金制度。同时，对创业项目指导教师给予精神和物质奖励，引导教师热心于学生创业项目的指导和创业成果的转化，从而吸纳学生早进课题组、早进实验室。第三，政府应将创业教育成效列为高校发展评价的重要指标，列入合格评估、学科评估和分类管理的指标体系，加强对高校创业教育质量的监控。启动创业型大学建设目标体系，激励高校在创业教育领域投入更多资源，督促高校加强创业教育，推动创业教育改革。将创业教育纳入教师职称评定体系，加强对教师创业教育的考核和引导，提高教师开展创业教育的积极性。

（三）建立"服务与支持"的组织机构

组织机构作为生态系统建设的实施者和承担者，必须适应其需要。前面三所高校的成功经验，无论是 MIT 的创业中心、NTU 的南洋科技创新中心，还是 TUM 的"四位一体"创业教育组织管理体系，都启示我们要根据学校创新创业人才培养的需求，在创业教育生态系统建设过程中对学校组织机构进行创新性变革，体现组织机构的开放性、协同性，从而为创新创业人才培养架构通道。目前，我国大多数高校没有专门的机构来协调创新创业教育与实践，一般来说，高校的科研处（产学研办）负责协调教师的创新创业，学生的创新创业被视为教务处、团委和学生就业处的工作职能之一。因此，在创新创业的资源整合与拓展、统筹协调与推进等方面仍然存在不足。我国高校应加快建立创新创业教育中心等专业实体机构，在此基础上整合学校内部资源，形成中心统筹管理、其他机构辅助的上下一致、有序运行的创新创业教育管理架构。第一，建立专门的指导性服务机构，帮助高校创业者进行商业策划、市场调研和分析，以及建立合作伙伴，以保证其创造意向的实施。第二，设立技术支持机构，对创业过程中的大学生创业者进行技术评估、客户群建立和路径分析，加快创业企业进入孵化阶段，成功实现创业成果的商业转化。第三，建立专利保护机构，为师生提供全面的知识产权建议。通过与校外资源的合作，将高校现有的知识和技术教育基础转化为能够产生社会价值的创新成果，促进创新技术和产品的不断发展。同时，要进一步加强"创业学院"的实体功能建设，协调学校现有资源，整合相关职能，构建创新创业教育改革和实践培训体系，推进创业教师的选拔和培训，以及创业实践培训、项目管理、成果转化等工作的有序进行。

（四）设置"多维与融合"的课程体系

创业教育课程建设是创业教育生态系统的核心，是我国创业教育生态系统建设的关键。因此，必须加强我国创业教育生态系统建设中相关课程的开发。第一，要准确定位创业教育课程目标。在课程目标设置中，要注重培养学生的创新精神、实践能力和创业精神，努力提高学生的创业知识和创业能力。创业教育课程设计的首要问题是如何定位，即根据教育对象的不同需要，在课程设置上存在很大的差异。面向全体学生的创业教育主要是选修性质的通识类课程，面向准创业者的创业教育更类似于必修性质的专业类课程。第二，课程设置应符合企业家成长规律。构建课程内容体系应将创业教育课程作为一个整体，按照创业过程划分课程内容的各个模块，使学习者能够接触到创业的动态过程。将创业教育理念融入专业课程教学，促进专业教育与创业教育有机结合。创业教育课程应具有全球视野，在课程学习中应合理安排外国文化、国际经济环境和国际管理课程。同时，要注意创业教育课程开放、灵活、多样化的教学方法，运用案例教学、小组讨论等参与式教学方法，鼓励学生在课堂上互动讨论，培养学生批判性思维，激发学生创新创业的灵感。第三，完善创业课程质量评价。在课程评价中，一方面要开展课程本身价值的评价（内部评价），另一方面要注重课程目标实现情况的评价（结果评价）。高校可以引入校外评价体系，专家组由一流大学、行业特色大学的资深学者和企业行业的知名管理人员、创业成功人士组成，评估小组定期检查创业教育课程的质量，评估课程是否合理、必要，是否满足学生对创业知识的需要，是否促进学生的未来发展。

（五）打造"行业与学院"的师资队伍

从国外三所代表性高校的成功经验可以看出，构建良好的高校创业教育生态系统，打造多元化的创业教师队伍是非常重要的。"强教必先强师"，发展专业化的创业教育教师，提高创业教育教师的专业水平，是提高创业教育质量的突破口。在提升创业教育教师的专业化发展过程中，借鉴国际先进经验，我们主要可以从以下几方面着手：第一，加强对创业教育教师的校本培训。通过制定专项政策，鼓励部分教师将自身具有市场潜力的设计或研究成果投入到创业中去，直接获得创业经验。第二，调整教师队伍结构。参照德国创业教育师资培训模式，可以构建以有创业经验的专业人才和专家为主、以"学院派"教师为辅的教师队伍。广泛聘请一些优秀的企业家和创业者为高校的兼职教师，他们可以根据自己的实践经验，对大学生的创业和管理进行指导。建立创业教育导师制，利用导师"点对点"的直接影响，对学生起到"润物细无声"的作用，导师不仅对学生的专业水平和创业感知，而且对学生的创业意识和创业心理起到积极的影响。第三，高校应建立与产业和企业双向互动机制，建立以企业为主体的人才交流机制。高校可以定期选派创业教育教师到企业参与培训和兼职，提高创业教育教师的商业实操能力；企业可以选派高级管理人员和业务骨干到校园为创业教育提供咨询、授课、指导等服务。

（六）营造"浸润与体验"的文化氛围

发达国家往往把校园文化建设作为创业教育生态系统建设的重要环节，并构建了创业文化支撑体系。因此，高校应积极借鉴发达国家在高校创业文化建设中的先进经验，把校园创业文化氛围的培育放在创业教育生态系统建设的关键位置。第一，转变观念，营造创业文化。在广大师生中努力营造并真正形成鼓励、理解、支持创业的思想观念和讲创业、想创业、崇尚创业、以创业为荣的文化氛围。加强高校创业文化与校园文化创新的结合，将创业文化融入高校的校风、校训、学风之中，通过对校园文化内涵的创新和品质的提升，使创业文化广泛深入人心，并外化为创业动机与创业实践。第二，多管齐下，弘扬创业文化。创造机会和条件，邀请更多成功的企业家来校园分享他们的经验和经历。同时，要加强对创业学生的支持，对创业中涌现出的先进人物给予物质和精神的奖励，充分发挥他们的示范带动作用。积极组织形式多样、内容丰富的创业活动，充分利用广播、报刊、宣传栏、校园网等媒体设置专门栏目，宣传高校创业意义和价值、相关案例和创业文化，拓展创业教育渠道。第三，多样活动，实践创业文化。通过定期组织大学生科技创业竞赛、辩论和研讨会等，加强师生沟通，加深其对创业的理解。同时，可结合大学生自身特点和专业特点，组织学生参加创业相关的各种社会实践活动，充分利用大学文化激发学生的创业精神。

我国的创业教育起步较晚，成效尚不明显。美国麻省理工学院、德国慕尼黑工业大学和新加坡南洋理工大学作为创业教育的成功案例，对其创业教育生态系统的分析，将为我国创业教育的发展提供良好的参考。但是在"借鉴"的过程中，我们也要清醒地认识到，因为我国的社会、经济、文化环境与国外有诸多不同，盲目地模仿或者照搬不仅不会对我国创业教育工作的开展起到促进作用，甚至会产生负面影响。因此，如何将国外先进经验与中国国情相结合，探索中国特色创业教育的发展模式，构建中国特色创业教育生态系统，成为未来研究和实践的重要方向。

第六章 本土建构：我国高校创业教育生态系统的构建

从生态视域来看，高校创业教育本身是生态的，具有与自然生态系统相类似的内在机制，甚至在一定程度上具有一致性的质的规定性。在前文对创业教育生态失衡现状及国外成功经验启示的基础上，本章从生态思维来分析创业教育系统的构成要素及相互关系，全面剖析系统内各要素之间的关联，重新对创业教育的结构与过程进行理解，尝试构建符合我国实际的高校创业教育生态系统，并力图对系统的五个功能要素即目标、政策、环境、课程和课堂分别进行生态构建，以实现系统的良性运行与稳步发展。

一、高校创业教育生态系统的界说

（一）高校创业教育生态系统的要素

1. 高校创业教育生态系统的要素厘定

"要素"是构成系统的基本成分或基本单位，或最小的成分单位，它有基本的、实质的、必要的和层次的含义。在研究一些局部问题时，要素可以被看作是独立的系统。当人们理解和掌握系统时，要素将被分解，其划分粗细程度应适当。根据教育学的基本观点，教育本身是一个系统，其系统结构的要素有不同的观点，包括三要素、四要素、五要素和六要素等代表性的教育活动的基本构成要素观点。其中，"三要素说"的主要代表是南京师范大学教育系（1984），认为教育活动的要素包括教育者、受教育者和教育影响；王道俊和王汉澜（1987）将教育活动的基本要素分为教育者、受教育者和教育措施；在

《教育原理》一书中，陈桂生（2000）将教育活动的要素分为教育主体、客体和教育资料；由全国 12 所师范大学联合编写的《教育学基础》中认为教育活动的基本要素包括教育者、学习者和教育影响（中介）。"四要素说"将教育活动的要素分为教育者、受教育者、教育内容和教育手段。"五要素说"认为教育是由教育者、受教育者、教育方法、教育内容和教育环境组成的。"六要素说"认为教育的基本要素是教育者、受教育者、教育内容、教育手段、教育途径和教育环境。

从教育学到教育生态学，研究者从认可"教育是一个系统"到承认"教育是一个生态系统"，赋予了这一系统整体、动态、关联、和谐等生态性特征。因而，教育生态系统的基本要素也成为该生态系统中的生态因子。高校创业教育生态系统由许多要素组成，这些要素是有机的、相互关联的，各要素在系统结构中均处于适当的"生态位"，直接决定了高校创业教育生态系统的性质和功能。通过对高校创业教育生态系统要素的研究，对揭示高校创业教育生态系统的联系、系统与外部的联系，了解高校创业教育发展规律，预测其未来发展趋势都具有重要的价值和现实意义。根据生态学是"研究有机体与周围环境之间相互关系的科学"和生态系统是"生物群落与无机环境构成的统一整体"的理解，可以认为高校创业教育生态系统是高校创业教育生态主客体与生态环境相互联系和相互作用的整体。

目前，对于高校创业教育生态系统的组成要素的研究非常有限，多从宏观视角构建创业教育体系，而对于体系中的组成要素则很少提及，基本没有可以参照的内容。结合要素的概念，论证高校创业教育生态系统要素应该把握几个关键点：第一，不可或缺性。即强调要素在整个创业教育生态系统中的重要性，如果少了这个要素，整个系统将无法运行，要素作为系统的基本构成实体，一定是必不可少的因子。第二，普适应。既然是要素，就是在任何创业教育模式下的系统中都可以找到它的存在，它不具有个别性，个别的要素也不能普适于任何创业教育系统。第三，独特性。要素能够体现出创业教育生态系统的基本属性和独特功能，即能够为高校创业教育的理论与实践进行定性，强调一定的内属性和独特性。

我们可以借鉴教育学中对教育系统要素的分类观点，将创业教育的概念进行分解来厘定高校创业教育生态系统的构成要素。在高校创业教育过程中，仍然首要的是"教"与"学"的过程，所以教育的主体和客体成为系统结构的基本要素。当然，社会上也存在"创业不可教"的误区，认为"创业必须来源于实践，课堂上的东西未必管用"。创业是一项社会活动，按照马克思主义的观点，社会活动是有规律的，创业也是有规律的，这种规律可以被承认和传播，创业教育就是向学生传授创业的一些规律和特点。创业教育的过程是"有目的、有计划、有组织的教育活动"，最终目标就是要培养具有创业素质的全面发展的人，可见创业教育目标是系统结构的本质要素。创业教育活动需要一定的载体和媒介，创业教育的内容与方法就是系统结构的实施要素，这里的内容主要体现在创业教育课程，而创业教育的方法主要依托于创业教育课堂。最后，依据创业教育生态系统的概念与内涵，环境也是该系统的构成要素，而在当前我国创业教育"政府主导"的背景下，环境中的政策要素的功能和特性显得格外重要，发挥着特殊的引导和支持作用。因此，本书将政策作为独立的功能要素进行分析。

综上，笔者认为高校创业教育生态系统由创业教育主体、客体、介体、环体四类"实体要素"及创业教育目标、政策、环境、课程、课堂等若干"功能要素"组成，它们能够直接反映出高校创业教育生态系统的特质和创业教育过程的规律，缺少任何一个要素都会使高校创业教育生态系统不完整，如图6-1所示。

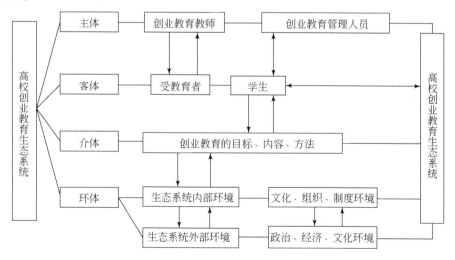

图6-1 高校创业教育生态系统要素示意图

2. 高校创业教育生态系统的要素描述

（1）创业教育主体。这里的创业教育主客体都是以实体形式出现的，不同于认识论层面的主客体关系，其作为要素时两者本身是原始且静态的。本书将创业教育过程中的创业教育教师和创业教育管理者定义为主体要素。教育的目的是引导和促进受教育者创业素质的发展和改变，使教的对象的身心变化与社会发展需求相适应。创业教育教师和创业教育管理者是高校创业教育的设计者、组织者和实施者。因此，创业教育教师和创业教育管理者作为创业教育活动中人的要素，是创业教育实践活动的主体，更确切地说，是创业教育过程中"教"的主体。在创业教育过程中，主客体的关系在很大程度上是特定的，这是由创业教育的本质属性所决定的，主体是主导创业教育的一方，客体总是相对于创业教育主导的一方。当然，对创业教育者主体的定位不是要认定其为创业教育中的绝对的权威领导者，而是要与受教育者具有平等的人格，但是反过来我们也不能因为双方地位平等而否认主客体存在的特定性。

创业教育的创造性属性需要创造性的主体，他们掌控、设计、调节、组织和管理着高校创业教育的开展与改进。创造性主体是创造性人才和优秀教育者的综合与升华。第一，主体应该具备稳定的心理素质。积极构建动态的、开放的、联系的、多样的教育生态观念，高度的生态意识，将人类文明精粹的价值规范纳入自己的追求与目标中；独立的批判精神，敢于突破陈规并另辟蹊径，标新立异；性格开朗、宽容，勇于自我否定，善于尊重和鼓励学生的求异思维，充分理解和宽容学生的差异和创新。第二，主体应具备良好的认知素质。具有广博的知识储备、精深的专业知识、良好的文化修养、丰富的教育理论和敏锐的行业知识；严谨的科学态度，尊重科学、遵循规律，将学科最新成果应用于教学实践中；善于激发学生的创新动机和创新意识，不断增强其学习动力。第三，主体应具备卓越的能力素质。具备教学驾驭能力，能够充分发掘学科、课程内容的创新元素和创业机遇，深度开展专业教育与创业教育的融合推进，加强课程创业和岗位创业；具备创业科研能力，面对我国创业学学科发展的现状，积极开展创业学和创业教育理论与实践的研究，推进创业教育学科化发展；具备现代信息技术能力，充分利用现有信息技术和多渠道媒体进行创业教育方式方法的革新、创业知识的普及、创业案例的宣传、创业模拟的开展和创业竞赛活动等，让创业教育深入人心并践于行动。

（2）创业教育客体。在本书中，笔者将创业教育过程中的受教育者界定为客体要素。受教育者的客体性是因为受教育者是高校创业教育的施教对象，在创业教育过程中主要是接受者、受动者和依托者，也是创业教育效果的体现者、受益者，相对于创业教育主体而言，受教育者是创业教育的客体。在创业教育过程中，受教育者作为创业教育的对象存在于创业教育活动的要素中。第一，在创业教育过程中，受教育者首先是寻求创业知识的个人，从无知到有识，从知少到知多，它们需要由教育者来教授和扩展。第二，受教育者也是不成熟的个体，在教育者的教育下，受教育者逐渐获得与创业精神和行为修养有关综合素质的完善，并逐渐从个体的"生物人"转变为本质的"社会人"。第三，受教育者也是缺乏创业技能的人，只有在教育者的训练下，受教育者才能逐渐掌握各种创业生产和生活的技能，实现从个体消费者到社会生产者的转变。因此，高校创业教育的所有教育和教学活动都应围绕受教育者展开，受教育者是创业教育生态系统的核心要素。

客体要素即受教育者在高校创业教育生态系统中发挥着特殊的重要作用。第一，创业教育客体的能动作用。创业教育客体的客体性，表现为创业教育客体的受动性、受控性和可塑性。创业教育客体与一般的物质客体不同，作为有思想、有情感、有意志的人，他们在接受创业教育过程中，不是完全被动的，也具有主动性，他们对创业教育内容与活动的认同度、参与度、配合度，对创业教育的效果起到关键性的影响。积极的动机主要是受教育者能够积极主动地配合教育者，按预定的计划完成教育任务和实现教育目标。使受教育者的消极能动作用向积极能动作用转化也是高校创业教育者的一项重要任务。第二，创业教育客体的促进作用。创业教育的成功与否需要教育主体主导作用的发挥与教育客体能动作用的积极配合，受教育者能动作用的发挥将有效地提高其自身对创业教育的认同度和参与度，增强自我发展能力。同时受教育者的积极配合也会有效增强教育者的工作信念与工作信心，激发创业教育者的创新灵感，有利于其以更加饱满的热情和创新精神投入创业教育过程中，优化教学设计，提高创业教育的针对性和实效性。第三，创业教育客体的检验作用。高校创业教育效果如何，最终要体现在受教育者创新综合素质的发展状况上，而这需要通过受教育者外在的言语表达和实践行为来体现，深层次体现在受教育者的思维转变和价值认同上，进而找到影响创业教育效果的因素和环节。可见，受教育者的发展形态成为检验创业教育效果的必然和应然的依据。

（3）创业教育介体。创业教育介体是创业教育主体为达到一定的创业教育目标对创业教育客体进行创业教育所传输的有效内容及采取的方式、方法，是主体作用于客体的联结纽带。正是通过介体的参与，创业教育主客体之间才能发生相互作用、相互转化，最终达到预期教育目标。教育目标、教育内容和教育方法构成教育介体的三个要素。其中，创业教育的目标是高校创业教育的起点，它对创业教育的内容和方法的确定做出了规定和制约，它也是创业教育的最终目的地，可以检验创业教育所取得的成果是否朝着目标的方向发展，是否取得了预期的成果。教育内容是创业教育活动的客观依据，是创业教育的中介环节和基本要素，是实现创业教育目标的具体载体。创业教育内容不是由教育者随意确定的，它既要以创业教育的目标和任务为客观依据，又应当与创新型社会发展及受教育者个体发展的需求与规律相适应。教育方法是创业教育有效性的条件和保证，为了使教育者对受教育者产生有效的教育影响，有必要采取适当的教育方法，将特定的教育内容有效地传递给受教育者。教育方法是为教育的目标和内容服务的，它是由创业教育的目标及规律决定并凭借多样化的物质手段和精神手段进行的。在创业教育目标和内容确定以后，方法的运用就成为影响创业教育成败的重要因素。

从高校创业教育的内在逻辑出发，创业教育不仅是适应创新国家需要和社会建设发展时代的人才培养模式的改革，同时也进一步体现了高校素质教育和创新型教育人才培养的理念。也就是说，高校的创业教育是人才培养的重要组成部分，其实质必须围绕"培养什么样的人"的问题。基于这一逻辑，高校创业教育的目标应该是培养受教育者的创新素质，这是高校人才培养深入而具体的目标。课程作为教育内容的主要载体，应在特定的课程体系中贯彻创业教育的基本思想和教育内容，在创业教育思想的统一指导下，形成教学与课程的有机结合。课程体系和培养目标是教育生态学的基础，创业教育内容的选择和设计应以培养创新型人才为目标。根据素质的系统性要求，创业教育的内容也需要以创业精神、创业知识、创业技能为中心。作为高校创业教育的主阵地，多元化的教学方法往往通过课堂的主渠道应用于创业教育。课堂是师生共同成长和发展的舞台，课堂生态的质量对学生的学习、成长和发展有着非常重要的影响。只有建立和优化创业教育的课堂生态，促进课堂生态的改善，才能增强创业教育课堂的创新和创造力。

（4）创业教育环体。创业教育环体即创业教育的环境，是与创业教育相关的，对受教育者创业意识的形成、创业精神的培养、创业知识的学习和创业技能的掌握产生直接或间接影响的内外部环境因素的总和。根据标准的不同，我们可以将创业教育环体分为不同的类型。从环境对个人的影响范围和环境的覆盖面的视角来看，创业教育环体可以分为宏观环境、中观环境、微观环境。从创业教育环体的组成视角来看，可以将其分为硬件环境和软件环境。从创业教育环体的形式视角来看，可将其分为实体环境和虚拟环境等。高校创业教育生态系统作为一个开放的系统，必然与环境有着多种形式的沟通。环体对高校创业教育生态系统的影响主要体现在两个方面：一是参与功能。环体作为高校创业教育生态系统的要素之一，融入高校创业教育生态系统运行的全过程中，它在系统其他要素的运行和改进中起着决定性的作用。二是互补功能。良好的环体可以加强和提高高校创业教育的效果；相反，则会削弱和抑制高校创业教育的效果。高校创业教育生态系统中的环体主要包括创业教育的文化环境、组织环境和政策环境，其中文化环境包括物质文化、精神文化、行为文化和制度文化等；组织环境包括创业教育的组织模式、组织机制和组织体系等；政策环境包括国家层面出台的各类政策，各省份出台的实施方案和高校出台的具体落实方案等。

3. 高校创业教育生态系统的要素关系

在创业教育生态系统研究中，我们除了将其做结构上的要素划分以外，还应该对其进行过程上的划分，而且，从根本上，动态地理解和把握创业教育过程结构比静态地理解和把握创业教育系统结构更具有现实意义。笔者认为，创业教育系统结构由主体、客体、介体和环体四要素构成，但当描述创业教育过程结构时，则应描述四要素之间的相互作用、相互影响的动态关系。

（1）创业教育生态系统中的主体与客体之间的关系。关于创业教育主客体与创业教育者、受教育者的认识问题是系统运行的首要范畴，无论是使用教育者、受教育者还是使用主体、客体都是要素确定的关键。对于两者的界定存在着不同的声音。有研究者认为：既然教育者和受教育者都是活生生的人，人都是有主观意识和能动性的，都是可以对客观事物进行判断和选择的，所以教育者和受教育者都应该是主体，不存在主体决定客体，客体反映主体的关系。其实这里存在一个误区，就是将认识论中的主客体关系附加于仅仅用于事实描述的主客体要素上。本书无意于对主体和客体之间的关系，包括"双主体性"及"主体间性"等进行认识论上的辨析。在创业教育过程中，主客体的关系在很大程度上或很多时候是特定的，尽管在某种条件下主客体可以相互转化，但是主体一定是创业教育的主导方，是创业教育的组织者、发起者和施教者，客体总是相对于创业教育主导的一方，是创业教育的接受者、受教者，我们不应该因为过分强调主客体在双方关系地位上的平等性而否认了两者存在的特质性。我们在创业教育的动态过程中使用主体和客体的概念，就是为了从客观存在状态视角更加清晰地认识双方在他们对象性关系中的相互作用机制、过程和运行轨迹。

高校创业教育生态系统中各要素功能实现的如何，取决于要素联结方式的完善程度。当然，系统中的各要素生态位不同，有的居于主导地位，有的居于非主导地位，往往居于主导地位的关键要素决定着系统作用的发挥。在创业教育生态系统中，主客体的关系是其中最重要的一对关系，对两者关系的分析是认识高校创业教育生态系统运行机制的前提基础。第一，主体与客体的关系表现为在创业教育过程中的对立统一，其中对立关系表现为两者的相互制约，即创业教育过程中主体为了实现创业教育目标，要对客体进行支配和指导，并通过各类介体对客体进行转化和提升。同时，客体会根据自身的客观情况，对主体的创业教育行为过程产生支持或者限制。第二，主客体的认知不协调。因为两者在认知层次、知识储备、素质能力、行为方式等方面的差异，使两者在创业教育过程中往往出现各自目标的不一致，教学内容与方法的不协调，教学环境的不适应等。两者的统一关系表现在相互依存，即两者互为存在关系，缺失其中任何一方，另一方也就失去了其存在的意义与价值；互相促进，即两者彼此相容，积极互动，在教育过程中相互启发，充分发挥主体积极的主导作用与客体的能动接受性，有效达成教育效果；相互转化，即在满足某种条件下，创业教育主客体之间会实现某种程度的转化，当然这种转化不是两者地位的变化而是主导作用发挥的强弱。创业教育生态系统也正是在各要素从矛盾对立向协调统一的不断调整中实现动态平衡的。

探讨创业教育主客体关系就是理清主体与客体之间的相互影响和相互制衡

的发展变化关系。生态视域下，对创业教育主客体相互转化的条件及其关系的探讨相比单纯从认识论上辨析主客体的地位和作用更有价值。主客体关系转化是创业教育生态系统中的基本关系和基本状态，在转化过程中，由于创业教育主体和客体各自异质的存在，导致在创业教育主体与客体的关系及其矛盾运动过程中，主体将使客体向自己需要的方向转变，而客体将根据自身存在和发展的客观需要而改变主体。促进创业教育主客体关系转化，应以实现其主客体关系转化的条件和过程为依据。第一，充分尊重创业教育客体的主体地位。创业教育效果如何首先源于客体对创业教育的心理认同和情感趋向，使受教育者在内心中激起对创业教育的愿望和梦想。教育主体只有在充分认识和把握现有教育客体的基础上，才能准确把握教育客体的现状，引导教育客体形成共同的认识和价值认同。第二，积极发挥创业教育主体的主导作用。教育主体应在教育内容、教育方法和教育情感等方面对教育客体进行因势利导，将最新的创业知识融入客体的日常生活和情感世界，尤其要充分利用信息技术的辅助功能，满足不同层次和水平客体的多样化发展需求。第三，不断提高创业教育主体的综合素质。创业教育主体"实战性"薄弱成为制约创业教育深入推进的关键因素，无论是创业师资的来源渠道还是后期发展都不尽如人意。创业教育主体要转变观念，确立"平等自主""包容开放""主动主导"的理念，丰富自身多方面相关知识，重点强化实体实战能力和虚拟实践能力，更加有助于帮助客体了解和掌握创业知识与技能。

（2）创业教育生态系统中主客体与介体之间的关系。创业教育主客体与创业教育介体的关系是显而易见的，在多数情况下，主体与客体对教育内容和方法的选择是双方相互协调和彼此统筹的结果，虽然从表面上看，介体外在于主客体，但其实是主客体之间相互意志博弈的结果。虽然也有研究认为，创业教育的内容与方法的各自外延和内涵不同，不应将两者合并而应作为独立的要素存在；还有人认为创业教育生态系统的介体不能只笼统地涵盖创业教育的内容与方法等。创业教育介体是联结主体和客体的纽带和桥梁，主体和客体之间的相互作用、相互转化都离不开介体的参与，其中，教育内容是创业教育的客观基础，是创业教育目标的具体体现。教育方法是创业教育有效性的条件和保证。因为在创业教育过程中，教育内容和方法虽然不能涵盖教育介体的全部，但却是实现教育目标的关键，两个要素必然不可分割。虽然两者的内涵与外延不同，但教育内容需要适合的方法传授给客体，教育方法如果不依托教育内容也形同虚设，所以，将两者聚合在一起作为教育介体的重要组成部分无论从形式上还是内涵上都是合理的。

创业教育主体必须借助于一定的教育介体作用于客体，才能促使客体达到创新型社会对人才培养的需要。教育主体是传输教育内容、运用教育方法的承担者，其个人的品质、经验、能力等都影响着客体。同时，由于教育介体有其自身的相对独立性，与主体之间存在矛盾关系的辩证统一。在创业教育过程中，为了实现教育目标，解决国家和社会对目标的要求与受教育者创业素质的现状之间的矛盾，主体必须选择和使用适合目标的内容和方法。因此，作为实施者，主体所采用的教育内容和方法具有主导性，从创业教育的目标和学生身心发展的特点出发，主体可以对教育介体进行创造性地选择、处理和改造，实现教育介体的创新。同时，根据创业教育的客观规律和客体的实际情况，可以预见客体的未来发展，引进前瞻性的教育内容和先进的教育方法，实现教育介体的与时俱进。一方面，教育介体要为主体所支配，为主体施教服务。然而，作为一种客观的存在形式，教育介体有其自身的运动规律，因此，主体与介体之间存在着矛盾。另一方面，介体的相对稳定性与社会对客体创新素质的新要求和变化不同步，主体的能力水平与教育介体的使用和理解之间存在着不匹配。

创业教育客体在创业教育过程中和教育介体发生关系时具有能动作用和检验作用，创业教育客体与创业教育介体之间存在一定的辩证关系。首先，创业教育的介体与创业教育的客体是一致的，两者的统一基础是创业教育的过程。介体与客体是彼此存在的条件，没有介体，客体就无法发展，没有教育客体，教育介体就失去其存在的意义，两者的相互依存是创业教育的基本因素和重要条件。其次，教育客体决定教育介体，教育介体服务教育客体。客体是介体指向的对象，客体的需求决定了介体的选择、应用和创新，介体应适应客体的现有知识、能力和素质基础，并随着客体的发展和变化不断创新。再次，教育介体对教育客体的适应性。教育客体的身心发展和认知发展的特点决定了介体必须具有灵活性和多样性。面对不同发展水平和能力素质的客体，在创业教育实施过程中应采用与其相适应的不同介体，以获得良好的教育效果。最后，教育客体相对教育介体的主体性。"人以其需要的无限性和广泛性区别于其他一切动物。"① 教育客体作为有意识、有思想、有情感、有意志的人，具有主观能动性，在教育介体的选择过程中，他们必然夹杂着自己的需要和判断。因此，教育主体在面对教育客体时，不仅要从主体的主观要求出发，而且要充分调动和发挥客体的主观能动性，才能达到预期的教育目标。

（3）创业教育生态系统中主客体与环体之间的关系。对于使用创业教育的"环境"还是"情境"也存在某些争议。有学者认为"环境"是存在于创业教育系统之外的，"情境"是为有效开展创业教育而创设的，是内涵于创业教育体系中的，是作为创业教育的要素对创业教育的主客体发生影响的物质条件和精神氛围的统一体。同时他们认为，"环境"对人的影响虽然较大，但很多时候是创业教育系统所不能掌控的，而"情境"往往是主体围绕创业教育目标和内容而有计划、有组织地创设的教育条件，具有较强的主观可控性。"情境"可以被认为是一种特殊的"环境"，表现在它的微观、可控和"情境交融"。创业教育的生态环境既包括外部社会大生态环境中的政治生态环境、经济生态环境、文化生态环境等，也包括与创业教育主客体接触紧密、影响直接的高校内部创业教育生态环境，社会大生态环境的改造是一个转型的过程，但高校内部创业教育的组织环境、文化环境等可以成为系统建设的首要内容，"情境"抑或"环境"更多是我们在认识上的差异。

高校创业教育环体发挥着"教育的条件"和"条件的教育"双重作用。"教育的条件"是指环体本身对高校创业教育过程和效果所产生的客观影响，创业教育环体是创业教育主客体发生关系的场景和条件，创业教育的主客体作为实体必然不能脱离周围环境而独立存在，同时，创业教育环体也决定着创业教育介体的性质和方向，影响着介体的实施和创新。"条件的教育"指的是创业教育环体所具有的天然的育人功能，尤其是校园创业教育组织和文化环境的营造对创业教育主客体会产生潜移默化的感染、激发和引导作用。可见，创业教育环体在创业教育生态系统中扮演着非常重要的角色，与其他要素之间存在着千丝万缕的联系。从宏观上讲，创业教育主客体与创业教育环体之间是相互

① 中共中央马克思恩格斯列宁斯大林著作编译局，1982. 马克思恩格斯全集（第49卷）［M］. 北京：人民出版社：130.

依存、彼此共生、互融互通的关系，它们之间可以互补互利、互促互改、互导互引。从微观上讲，创业教育主客体与创业教育环体之间的关系又显得格外微妙而难以把握，因为不同的环境会对主客体产生不同的影响，同一环境的不同时空也会对主客体产生不同的影响，有的影响是直接的、长期的、可见的、可控的，有的是间接的、短暂的、隐性的、不可控的。

在创业教育主客体与环体构成的生态系统中，主客体与环体之间存在物质流、能量流和信息流的交换作用，以维系主客体的存在与发展。环体提供给主客体物质、能量和信息的多少与均衡与否直接影响主客体的发展程度。在创业教育环体中非常重要的政策环境的投入与执行对高校创业教育的发展起到积极的助推作用。如 2015 年国务院办公厅发布的《关于深化高等学校创新创业教育改革的实施意见》，对高校创业教育课程、师资、组织管理、评价考核等作出明确指导和规范要求；2017 年国务院印发的《关于强化实施创新驱动发展战略进一步推进大众创业万众创新深入发展的意见》，要求进一步优化创新创业生态环境，着力推动创新创业群体更加多元，发挥科研院所和高等院校的领军作用。当然，创业教育生态主客体同创业教育环体之间逻辑作用存在着近与远、亲与疏的关系。即不同的环境因为其与创业教育主客体直接性、相关性和针对性不同，所以对主客体的干预与影响程度也就不同。对大学生群体而言，高校内部创业组织环境生态和文化环境生态应该是对其影响最为直接和有效的。当然，高校内外的众多环境都会对创业教育客体产生影响，要提高创业教育实效必须充分调动一切可以利用的资源，构建"全员参与、全程介入、全方位保障"的高校创业教育环境生态。

综上，高校创业教育生态系统的四个实体要素围绕着系统目标密切联系，既相对独立又互相依存，在各自相对稳定的位置上发挥着应有的作用，维持着生态系统的总体平衡，如图 6-2 所示。

（二）高校创业教育生态系统的结构

若将复杂事物视为有机整体，则强调从系统的结构中认识客观事物，探索事物结构中的特殊矛盾，从而理解结构、改造结构、优化结构。掌握了这个结构，就感觉掌握了这个系统的引擎。"结构"一般是指客观事物的构成要素与其行动方式之间的稳定联系，包括组织形式、秩序和组合等，是某事物不同于

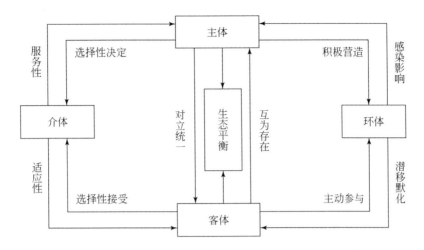

图6-2　高校创业教育生态系统要素关系示意图

其他事物的一种内在的规定性。① 系统结构是组成系统的各要素的总集、交互的方式和顺序或系统连接。西方结构主义使用"结构"一词来表示"构成系统的要素之间的有机相关"以及由这种关联而形成的相对稳定的作用形式。② 生态系统的结构主要是由生态系统的许多要素及其数量关系、每个要素在时间和空间中的分布以及每个要素之间通过能量、物质和信息流的关系组成。③ 教育生态系统的结构是教育系统中各要素之间的联系形式，是各因素与外部环境因素之间的关系形式。④ 高校创业教育生态系统的结构是高校创业教育生态系统运行过程中各要素的组成和分布，以及它们之间的相互关系和作用方式。

1. 创业教育生态系统结构的共性特征

作为教育生态系统的组成部分，与其他系统一样，创业教育生态系统的结构具有一般系统的整体性、层次性、有序性和相对稳定性等共性特征。第一，整体性。高校创业教育生态的性质与规律只能存在于各要素的有机联系和相互作用中，创业教育生态系统是由创业教育的主体、客体、介体和环体要素按照一定的结构组成，系统也只有通过结构整合四要素，才能把构成系统的各个要

---

① 田鹏颖，赵美艳，2010. 思想政治教育哲学［M］. 北京：光明日报出版社：58.

② 石琪，2008. 思想政治教育过程机制研究［D］. 长春：吉林大学：66.

③ 曹凑贵，2002. 生态学概论［M］. 北京：高等教育出版社：249.

④ 任凯，白燕，1992. 教育生态学［M］. 沈阳：辽宁教育出版社：40.

素的属性和功能变为系统的整体属性和功能。尤其是生态分析法的引入，将构成某一事物的各种要素放在系统的环境中进行全面分析，从而有助于更深刻地把握事物的本质。第二，层次性。结构的层次性既体现在纵向的层级关系，也体现在横向的层面关系。其中，纵向结构的层次性主要体现在系统结构从低级到高级的递进、发展变化；横向结构的层次性是创业教育系统各要素自身展开的若干相互关联又独立平行的部分，体现的是一种相互关联、相互影响的渗透融合关系。在生态思维中，我们既可以按照系统要素的时空分布，也可以按照系统要素的组织程度等不同标准对系统结构进行分层。第三，有序性。有序是系统存在的客观条件，混乱将导致系统的崩溃。创业教育生态系统结构的有序性意味着创业教育系统中的要素具有一定的秩序和规律，在空间中有一定的序列，在时间中有一定的顺序。当然，要素的有序排列不是绝对静态的，而是一个相对稳定的动态发展，各要素之间的有序结构保证了系统的动态发展和稳定运行。第四，相对稳定性。结构的有序性保证了系统结构的稳定性，而系统中各要素之间存在着稳定的相互作用和联系，当各要素相互作用时，就会产生某种惯性，不容易被外界干扰和破坏。

2. 创业教育生态系统的整体架构

从生态的视角来讨论其结构，既有宏观结构体系、中观结构体系和微观结构体系，也有个体生态结构、群体生态结构等，多样化的结构体系相互交织、彼此融合，促进创业教育的生态演替，增强系统的教育功能，如图6-3所示。

（1）高校创业教育生态系统中的宏观、中观和微观结构。在创业教育生态系统的研究过程中，宏观生态结构是氛围和环境，中观生态结构是基础和保障，微观生态结构是重点和关键。宏观生态结构就是从整个生态圈出发，以创业教育系统为中心研究对其产生影响的各种环境系统，包括自然生态环境、社会结构环境和文化价值环境等，从大环境、大背景的视角探讨创业教育生态系统的内部构成及其与外部环境的关系，探寻影响创业教育发展的政策、环境、文化等因素，营造和创设有利于创业教育发展的宏观环境，制定符合创业教育规律的发展规划，确立创业教育的战略方向，出台推进创业教育的政策措施。当然，在创业教育实施过程中，不可缺少政府、企业、社区及创业孵化机构的参与与支持，创业教育的实施主体是学校，但却嵌构于政府、学校和产业整体的关系生态之中。把创业教育纳入国家教育治理体系的总体框架和治理

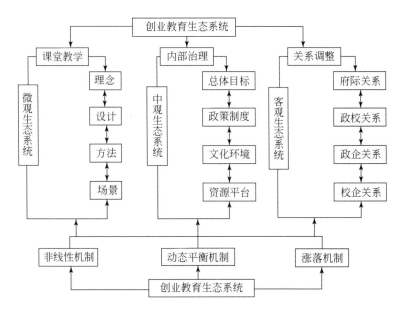

图6-3 高校创业教育生态系统整体结构

能力的现代化中，审视政府、学校和产业的逻辑，从顶层设计调整政校关系、政企关系、校企关系和校际关系，不仅是一种战略考虑，也是一种制度性保障。

中观生态结构主要以高校内部治理为中心，集中探讨高校内部创业教育各组成要素之间的关系及其对教育效果的影响。从治理结构的角度看，构成学校内部治理的生态因素是复杂的，优化学校内部治理生态系统是以整体目标为基础，对诸多生态要素进行结构调整和排列组合。构成高校创业教育内部治理的关键生态要素主要包括总体目标、政策制度、文化环境和资源平台。首先，要明确系统结构的总体目标，结构的目标服从并服务于创业教育系统的整体目标，立足于"人的培养"，结果体现在"人的全面发展"。其次，要完善以政策为核心的制度规范，保障创业教育系统运行的稳定性、持续性和科学性。在这里需要明确的是，政策制度不是为了限制和约束，而是为更好地服务于创业教育实施提供更加广阔的制度空间。[①] 再次，要形成文化自觉，塑造具有高校

----

① 田贤鹏，2016. 教育生态理论视域下创新创业教育共同体构建［J］. 教育发展研究（7）：66-72.

特色的创业教育校园文化环境，改变创业教育的简单模仿和照搬照抄。最后，要建设各类资源平台，包括教师资源、课程资源、实践资源、活动资源等，实现知识传承、知识生产、知识应用的一体化和融合化，通过优化资源配置激发创业教育系统的生态活力。

微观生态结构重点探讨对学生创业教育效果产生直接和重要影响的微观生态环境的组成。课堂教学目前仍然是高校创业教育的主阵地，创业教育课堂教学的优化必须以创业教育的实践属性和生态系统的完整性、开放性和联动性要求为基础，以师生为中心，把学生的需求与问题导向相结合。创业教育的课堂不同于传统的专业课程的课堂，它更强调主客体的深度互动，教学内容、方式方法的与时俱进，教学环境的动态平衡等，课堂中各要素的结构组成和有序整合将有效提升学生接受创业教育的主动性和创新性，增强学生的创新意识和创业技能。

（2）高校创业教育生态系统中的个体生态和群体生态结构。个体生态是现代生态学中趋于淡化的一个概念。它以个体为研究对象，研究内容包括：生物个体生长发育环境条件之间的关系，环境因子对生物个体的影响以及生物对环境的适应性，生物体与环境的能量和物质间的关系，数量与质量的动态关系，并确定某个物种对各生态因素的稳定性与趋向性的界限，探讨环境对有机体的形态生理和行为的影响。在创业教育生态系统中，个体生态属于微观生态，主要体现在围绕在个体周围，影响个体创业素质发展的各类因素的综合，如个体的成长环境、家庭环境、学习环境等，多种环境要素的组合对学生的成长和个性发展产生潜在的、深远的影响。群体生态是研究一定栖息地范围内同种或异种生物群体与环境之间的相互关系的科学。创业教育生态系统结构中的群体生态分为学校群体生态、班级群体生态及非正式小群体生态等。在群体内部，个体将受到群体整体氛围和关系的影响，群体要充分利用内外部要素和条件，激发群体及其中每位成员的行为动机，除实现群体的巩固、稳定和可持续发展外，也有利于每个个体的全面发展。

综上，高校创业教育生态系统的不同标准和视角划分的不同结构类型中的各要素存在着普遍联系和相互制约的特征，我们只有遵循整体、全面、动态、平衡的生态思维对系统的结构进行设计和调整，才能使创业教育生态系统的各组成要素间的总体比例以及各要素内部的比例关系更加科学、合理与协调，使创业教育生态系统的结构与现有的生态环境及可预期的未来社会发展相适应，促进创业教育生态系统的结构优化及功能最大化。

（三）高校创业教育生态系统的特征

1. 目标性

目标即创业教育的行动方向和终极指向，创业教育生态系统作为提升高校创业教育效果的思维创新和实践探索，在目标上必须符合创业教育的整体需要，即以培养具有创业基本素质和开创性个性的人才为目标。广义的创业教育不仅是培养学生的创业意识、创新精神、创新能力，也是面向全社会、面向有创业意向的创业群体进行的创新思维培养和创业能力训练的教育。高校创业教育已经成为高等教育人才培养的重要组成部分，小到将"创业基础"作为一门面向全体学生开设的通识类必修课程，大到将"创新型人才培养目标"或"创业型大学"列为学校人才培养的总目标或发展定位。创业教育的课程设置和实践活动的各个环节都是围绕国家和社会对受教育者创新创业素质的期望和要求与大学生现有创业水平的差距和矛盾展开的。创业教育生态系统中的各要素无论是自身内部的运动变化或动态调整，还是要素之间的相互作用与相互制约均体现、包含和统一于创业教育的总体目标中。目标是确定的、客观存在的和相对稳定的，保障系统诸要素之间结构的有序性和稳定性，进而实现整个系统的平衡稳定。

2. 动态性

作为一个运动的生物体，系统的稳定状态是相对的，运动状态是绝对的。创业教育生态系统是教育生态系统的子系统，为了满足外部社会经济制度的需要，我们必须不断改进和改变其自身的职能，而创业教育生态系统中每个要素的功能及其相互关系必须相应地改变。创业教育的管理机构、规章制度、内容方法、组织环境等都具有很强的时限性，创业教育生态系统就是在这种不断变化的动态过程中生存和发展的。创业教育过程的动态性反映了人的创新素质形成和发展的动态性，因为人的创新素质既是在动态的社会交往实践活动中形成和发展的，又要通过动态的社会交往实践活动得以表现出来。创业教育生态系统中各要素始终处于运动变化状态中，而我们所处的创业教育环境也处于不断运动变化中，这也就要求我们在创业教育过程中，在研究和把握人与环境的关系时要坚持动态思维模式。

3. 整体性

整体的属性和功能是由各部分之间的相互作用以某种方式产生的，而整体也是以这种相互关联、互动的方式来实现对部分的主导。创业教育生态系统的整体性体现在目标、功能和存在方式的整体性。系统中各要素的子目标与具体功能和系统整体的目标是一致的，理想的要素目标与功能应该是系统整体目标与功能的分解与细化。创业教育生态系统中的课程要素、课堂要素、政策要素和环境要素都有其各自的预期目标和功能，但都服务于创新型人才培养和实现人的全面发展的总目标。创业教育生态系统的整体性必须以整体为认识的起点和归宿，即在充分认识和把握全局的基础上提出总体目标，进而提出实现总体目标的条件，然后提出创造这些条件的各种选择，最后选择最好的计划来实现它。在这一过程中，总体目标是从整体上形成一个全面的产物；提出的条件是通过分析总体目标下系统的各个要素及其相互关系形成的；方案的提出和优化是在系统分析的基础上进行系统综合的结果。

4. 制衡性

创业教育生态系统的制衡性主要体现在创业教育过程中各个环节所涉及的要素之间的相互作用、相互牵制和相互影响的关系。虽然不同的要素在创业教育过程中发挥着不同的功能与作用，但能否形成"合力"是保证教育效果的关键。如在创业教育目标生态中存在着创新型社会发展对人才培养的目标的确立与高校人才培养传统目标的矛盾与冲突，高校人才培养的总体目标与课程教学目标之间的矛盾，课程教学预期目标与课堂教学实际目标的矛盾等；在创业教育环境生态中存在着高校内部环境与社会外部环境的冲突与价值矛盾，外部环境中先进的经济环境与传统的文化环境之间的矛盾，内部环境中学校总体的创业教育认同环境与课堂教学中师生传统观念的矛盾等；在创业教育课程生态中存在创业教育课程与专业课程之间的矛盾、创业教育理论课程与活动课程之间的矛盾、创业教育显性课程与隐性课程之间的矛盾；在创业教育课堂生态中存在着教与学之间的矛盾，预期目标与教师授课实际效果之间的矛盾等。每个要素内部都存在不同的矛盾体，我们在把握创业教育生态系统各要素的过程中应充分考虑要素之间的制衡作用，真正形成"过程合力"。

5. 互促性

创业教育生态系统的互促性体现在各组成要素之间表现出来彼此互助互利、不可分离，你中有我、我中有你的特征。这种互促性一方面表现在创业教育过程中的参与要素具有相对独立性，而且这种独立性体现为对其他要素发展变化具有能动价值和积极作用；另一方面，创业教育生态系统目标的实现、功能的最大化离不开各要素之间的互相促进的良性关系，离不开彼此的共融共进。如创业教育主体与客体之间的"教学相长"，一方面，主体对客体施加影响与教育，帮助客体达到预期的教育目标；另一方面，在教学过程中客体的变化与成长也会对主体产生多方面的影响，最终实现同一过程中的主客体共同成长。创业教育主客体与环体之间的互促关系，一方面环体为主客体的发展创造必要的环境支持；另一方面，环体也会受到创业教育主客体的改造与创设，使环体更加有利于主客体创业素质的形成。创业教育介体为主客体之间的活动开展提供了必要的条件和内容，而介体本身也会随着时代的进步、经济社会的发展、创业教育目标和需要的改变而改变。在创业教育生态系统的构建与运行过程中，要充分创造条件，促进各要素之间的积极影响和互利共进。

6. 生命性

创业是一种经济活动，其目标是创造财富，在这种经济活动中，人们对自身的全面发展充满无限追求，而创业教育则是为了帮助人们在创业过程中更好地实现自身生命的全面发展，这就是创业教育的生命价值所在。我们应该将创业教育的过程视为一个生命成长与彰显的过程。创业教育的价值追求在于促进受教育者生命潜能的激发。[①] 创业教育生态系统的生命性就是在具体的创业教育实践中关注受教育者创业精神、创新素质和人格品质的健全、提升和发展，把创业教育过程视为生命活动过程，使创业教育实践活动切实关注人的生命发展。首先，高校创业教育在于唤醒人自身内在的各种创新创造潜能，通过创设各类充分条件，使之获得最充分的发挥和最全面的发展。其次，通过各类创业实践，能够丰富受教育者的创业阅历，完善创新人格，为生命的全面发展提供必要的实践路径。再次，人们成为社会关系的主人，从而成为自然世界的主

---

① 林文伟，2011. 创业教育价值研究 [D]. 上海：华东师范大学：78.

人，这是人的全面发展的本质，是创业的最高目标和最终目标。最后，改变把传统课堂教学从整体的生命活动中抽象出来、隔离出来的缺陷，更加关注作为共同活动体的师生群体在课堂教学活动中多重形式的交互作用和创造能力。

二、高校创业教育生态系统之目标生态的构建

教育目标显示教育内容的结构、构成、阶段和具体价值，是教育实践和评价活动的直接依据。简言之，教育目标是使受教育者能够实现高水平的生产性社会生活，提高受教育者物质生活质量和家庭社会生活质量，适应受教育者持续优质、高效生产生活的需要，最终实现受教育者生存质量的效果最大化。高校创业教育的目标是在一定的社会发展时期实施创业教育活动所要达到的预期，它是一个内涵丰富、层次多阶的完整体系。高校创业教育目标生态的构建应以"现实的人"为逻辑起点，"主体的人"为逻辑节点，"完整的人"为逻辑终点，如图6-4所示。

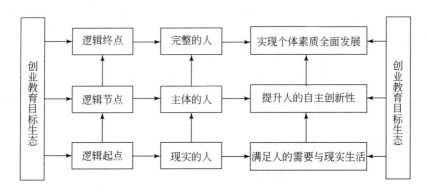

图6-4　高校创业教育目标生态构建示意图

（一）教育目标：创业教育生态系统的关键要素

1. 教育目标缘何成为创业教育生态系统的关键因素

（1）创业教育目标统领整个高校创业教育系统。判断某一要素是否为系统的要素，首先要从整体的视角，即该要素是否为整体的必要组成、不可或缺和

不可替代，既与其他要素相互关联，又具有自身内在的独立性。前文所提到的高校创业教育系统各要素中，政策、文化、组织、课程、课堂等相互依存、彼此关联，但这些要素是一种松散型的分布，缺少整体的统领和有机的统一，目标的上位功能在这里体现得非常明显。创业教育目标决定了高校创业教育的根本性质和任务，是创业教育活动建立和评价的内在基础，在高校创业教育系统中发挥着主导作用。创业教育目标的确立提供了协调各要素行动的方向，引导组织成员形成统一的行动。当创业教育目标充分体现组织成员的共同利益，并与组织成员的个人目标保持和谐一致时，有助于将系统中的各要素聚成一个联合体，并能够极大地激发组织成员的工作热情、奉献精神和创造性。

（2）创业教育目标决定了教育者的活动导向和价值取向。创业教育目标与创业教育活动的主体之间是期望度与完成度的关系。在创业教育活动开展前要明确"为什么要实施此类活动"，并预先设计好"怎样进行此类活动"；在创业教育活动开展中，要始终围绕"如何实现创业教育预期目标"及"怎样实现目标"；在创业教育活动结束后，要反思"是否达到了预期目标"及"如何进一步调整优化过程以更好的完成预期目标"。这也就意味着在整个创业教育活动过程中教育者都必须坚持"目标统领"，教育目标的决定作用是首要的，教育者应尽量提高目标的完成度。创业教育的目标从根本上反映了社会和个人对创业教育活动的期望值，但是由于教育者自身知识、能力及主客观因素等方面的制约，导致其对创业教育目标具体内涵的精准理解和全面把握相对有限，所以在实际过程中教育者只能是无限接近预期期望，尽可能提高目标的达成度。目前，虽然对创业教育目标基本形成共识，但是随着社会发展需要的变化，目标的内涵和外延也在发生变化，教育者对教育目标的认识是一个动态过程，如果把教育目标认为是渗透在其他要素中的话，实践中将很难有效实现。

（3）创业教育目标引导受教育者的发展方向。创业教育目标是引导教育对象，使其能够在思想、素质、知识、能力等方面尽可能地达到社会需求，或者朝着有利于自身发展的方向发展。教育目标的实现必须通过教育者和教育对象的共同努力，经过教育对象的内化吸收、主动转化，并最终通过在教育对象身上的内在和外在的变化体现出来。提升创业教育的实效性已经成为社会各界广泛关注的热点，我们往往会以教育对象的思想、素质、知识和能力等方面的变化为主要依据来判断教育目标的实现程度。在创业教育活动过程中，教育对象通过自身的参与，或获得对创业活动的新认识，或是创业精神的新树立，或激发对创业活动的新激情，或掌握创业活动的新知识，或提升创业活动的新能力，都是在原有基础上对创业教育目标的内化，这是教育目标在教育对象身上的物化和对象化。当然，这里的假设是我们认为创业教育活动是有效的，并且能够对教育对象产生正面的效应，以实现预期目标的最大化。

（4）创业教育的目标规定了创业教育的内容和教育方法。教育内容和教育方法作为实现教育目标的重要媒介，也是教育目标的具体化和外显化，确定教育目标将在确定教育内容和教育方法方面发挥根本作用。教育内容和方法不能脱离教育目标，而且要在其中得到很好的反映和实现，没有教育目标的规定，教育的内容和方法就会变成无源之水和无本之木。创业教育的目标回答了这样一个问题："我们要训练什么样的教育对象？"而创业教育的内容和方法是回答或解决如何实现教育目标的问题。当然，因为创业教育目标随着社会和个人发展需求的变化呈现出动态变化的特征，所以创业教育的内容和方法也要随着目标的变化而进行动态调整，随着不同时期对大学生创新精神和创新能力提出的新要求而进行相应的充实和优化。但是由于教育内容与方法对教育目标的反映具有一定的周期性和滞后性，总体来说，当前的创业教育内容和方法在实现创业教育的预期目标过程中尚有某些不足，也使得创业教育的效果受到一定影响。综上，在整个创业教育系统中，教育目标居于统领地位，它将系统中的各要素聚合成一个相互影响和制约的动态整体。

2. 高校创业教育目标生态的意义

高校创业教育目标生态的确立，决定了教育者的行动取向，引导了受教育者的发展方向，规定了高校创业教育的主要内容的设置和教学方法的选用；同时，也对高校创业教育系统中的其他要素具有较强的统领作用，指明了国家创业教育政策的价值取向，指导着高校创业教育文化环境的营造与创建。

（1）高校创业教育目标生态的确立与创新型国家的发展要求内在一致。高校创业教育目标的确立离不开当前我国创新型国家建设的大背景，与国家经济社会发展现状相协调。2016年5月，中共中央、国务院印发《国家创新驱动发展战略纲要》，在其中的"战略任务"中明确提出："推动创新创业，激发全社会创造活力……推动创客文化进学校，设立创新创业课程，开展品牌性创客活动，鼓励学生动手、实践、创业。"2017年10月18日，习近平总书记在党的十九大报告中指出，"加快建设创新型国家。"这离不开全面实行"创造力教育"，首先必须要改造我国现行的教育模式，尽快地通过建立"创造力教育"模式培养大批符合"创新型国家"需要的人才来满足"创新型国家"建设的需要。基础是全面提升国民的"创新素质"，具体包括创造力意识、创造力人格特征、创造力知识、创造力思维、创造力技能、创造力体能、创造力运用实效等。高校创业教育目标的生态确立即对"培养什么样的人"的价值认同，与创新型国家建设的总体需要相一致，体现了对国家经济社会发展的适应性和能动性，也体现了对高校创业教育的指向性和导向性。

（2）高校创业教育目标生态的确立与人的全面发展需求内在一致。马克思关于共产主义新人形象的本质概括是"每个人的全面而自由的发展"，这也是人类未来的目标和前景。① 所谓"人的全面自由发展"，就是人格和智慧的全面合理发展，人格和才智的自由独立发展。高校创业教育的目标体现了人的主动性和全面发展的需要。当今社会，物质生活和精神生活都得到了极大改善，大学生对自身的主体性有着迫切的诉求。目标作为一种概念形式，反映了人与客观事物的实际关系，人的实践是以目标为基础的，目标贯穿于实践过程的始终。换句话说，人的行为受目标支配，在实现目标的过程中，人们改变自己的现实，实现自己的自觉和全面发展。高校创业教育目标生态的确立，更加关注现实的人，指向主体的人，培养完整的人，旨在实现人的全面自由发展。

（二）现实的人：创业教育目标生态的逻辑起点

对人、人的本性和人的价值的理解和研究，在中西哲学史上从来就不是纯粹的哲学幻想，而是建立在对未来理想社会的设计和建设的基础上。马克思主义人学理论是一种关于"人"的理论。马克思哲学批判了旧唯物主义，特别是费尔巴哈的"抽象人"，确立了"现实人"的思想。人不是生活在世界之外的抽象的存在。马克思在这里所认定的人，"不是一个处于一种虚幻的孤立和固定不变状态的人，而是一个在发展过程中的人，可以通过经验来观察，并在一定条件下进行。"马克思"人学理论"是高校创业教育目标生态构建的逻辑基

---

① 蒋璟萍，2004. 创业教育与人的全面自由发展［J］. 中国高教研究（3）：83-84.

础，其中"现实的人"是高校创业教育目标生态构建的逻辑起点。

1. 人的自然需要成为高校创业教育开展的基本前提

马克思强调，需要是人类生存和发展的条件和动力。任何人如果不同时为了自己的某种需要和为了这种需要的器官而做事，他就什么也不能做。[①] 他强调，我们必须首先建立一个前提，即为了能够"创造历史"，人们必须能够生存。黑格尔认为，个人利益和满足自私欲望的目的是一切行为的根源，人们的不同需求构成了他们追求的利益，现实的人对利益的追求是人类生存和生活过程的手段，是人类实践活动的动力。追求现实利益是人类生存的基本前提，也是人们从事实际活动的动力源泉，在不断满足需求、创造新需求的过程中，提升自觉主动。学生的自然性需要即物质需要是最基本的需要，也是高校创业教育的基本出发点，只有首先在物质利益满足的基础上去考察和审视创业教育，才能充分调动创业教育参与个体和群体的积极性和主动性。通过高校创业教育合理引导学生认识自身的物质需要和物质利益，选择合理的自然性需求，并激发学生的主动创造性和主体能动性，要使学生认识到满足需求是有条件的，必须通过他们自己的实践和创业活动来实现，以满足他们生存和发展的基本需要。

2. 人的现实生活世界是高校创业教育存在的基本场域

马克思主义哲学的实践生成论对生活世界进行了重新阐释，世界之所以称为生活世界是相对于一定的主体来说的，是现实的人根据自身的本性需要、价值追求和现实条件等，通过自己的生产实践、社会关系的调整等，创造出符合自身需要的理想生活。[②] 生活的世界是人的生活，人就是生活中的人，只有通过现实生活，人们才能充分展示和丰富自己的生命潜力和人性，才能真正成为"人"。作为一种社会实践，高校创业教育的全过程离不开个人及其活动，更离不开主体的现实生活世界。高校创业教育就是要从现实生活中的人出发，实现学生自由而全面的发展。可以说，现实的个体及其活动构成了生命的世界，是高校创业教育发展的源头。人的生活是人类社会一切实际活动的基础，而高校

---

① 中共中央马克思恩格斯列宁斯大林著作编译局，1960. 马克思恩格斯全集（第3卷）［M］. 北京：人民出版社：286.

② 鹿林，2007. 论人的生活世界［J］. 哲学研究（9）：19-23.

创业教育是针对人的，这意味着人的现实生活是满足个人和社会发展需要的基础。现实生活既是高校创业教育建设的基础和依据，也是创业教育发展的基本场域。创业教育产生于人的生存和发展，并因人类社会生活的变化而发生变化，不同的社会生活为创业教育提供了不同的思想元素和机遇条件，离开了人的现实生活需要，创业教育就失去了其存在的合理性。

3. 人的精神追求是高校创业教育发展的动力源泉

物质需要是人类生存的前提和基础，而精神需要作为人的需要体系中重要组成部分直接影响到学生接受创业教育的动力、程度和效果，精神需要应该成为高校创业教育的重要切入点。精神需要是主体进行能动的创造活动的需要，实现自我发展的需要，享受文化成就的需要，情感、愿望、要求得到满足的需要。① 人的精神需要一旦形成，便作为独立的要素影响、制约和支配着人的行为。这些精神需要和利益包含人对自身人格、尊严、价值、发展等的意识和追求。"创业精神"类似一种能够持续创新成长的生命力，个人的创业精神是在个人力量和个人愿景的指导下，从事创新活动。作为意义性和精神性存在的精神需要在一定程度上决定着创业教育存在的合理性。高校创业教育要关注学生的精神需要，并根据学生的精神需要和利益需求变化进行因时因势的调整。

（三）完整的人：创业教育目标生态的逻辑终点

在马克思主义哲学的发展历程中，虽然马克思有过"完整的人""人的全面发展""人的自由发展"等不同论述，尤其是其关于"完整的人"的文本表述在马克思一生中仅仅用过两次，② 但是它们内在的精神实质及价值内涵是完全一致的，在逻辑上是连贯的。马克思关于人的逻辑的演变历程是从"完整的人"的预设出发，在实践唯物主义的基础上，通过对人的实践本质和历史生成的考察，最终提出了"人的全面发展"理论。高校创业教育就是要把大学生从"现实的人"转化为"发展的人"，实现生存与发展的统一，适应与改造的统一，个性与整体的统一，素质培养与能力提升的统一，个人发展与社会进步的统一。

---

① 李大兴，2002. 社会转型期人的精神需要问题探析 ［J］. 北京社会科学（4）：95-99.
② 庞世伟，2000. 论"完整的人"——马克思人学生成论研究 ［M］. 北京：中央编译出版社：25.

1. 促进人的完整发展，是高校创业教育的本质体现

创业教育与人的全面发展从根本上是一致的，创业教育在本质上具有"属人"性，其作用的起点是"现实的人"，终点是培养具有全面素质和自由个性的创业者。新时代的创业者应具有强烈的自我意识和主体意识，在实践中保持积极主动、勇于进取的态度，而且能够在社会角色的冲突中构建新的人格。他们具有全面的素质结构和能力结构，能够在实践中适应环境和改造环境，以个人创业目标的实现构筑通向社会共同理想的阶梯。① 高校创业教育应按照全面性要求，既要注重学生智力知识的充分发展，物质生活和精神生活的协调发展，也要注重一般能力和专业能力的统筹提升，正确世界观和价值观的形成，最终实现德与智、身与心、真与善的多向和谐发展，在个体全面发展的基础上实现整个社会的和谐发展。

2. 促进人的完整发展，是高校创业教育的目标体系

国务院办公厅印发的《关于深化高等学校创新创业教育改革的实施意见》中明确提出："要坚持育人为本，提高培养质量""促进学生全面发展"。高校创业教育必须以人的"完整发展"理论为指导，构建创业教育目标体系。首先是在体现人的本质特点基础上的"做人的目标"，包括基本的身心素质、公民道德方面的要求，必要的人生教育是创业的前提。其次是基于一定职业发展需要的"做职业者"的目标，包括从事一定职业所需要的职业道德与精神、基本的职业技能与能力、职业人格与心理等；进而升华为基于事业追求的"做事业者"的目标，包括对所追求事业的职业理想、职业品格和职业情意，职业目标是基础，事业目标是发展。② 最后是基于前三者目标基础上的"做创业者"的目标，包括岗位的创新精神和事业的开创能力等。四个目标体系不断递进、互相融合，共同构成一个整体，也正体现了"促进人的完整发展"的目标，也就是创业教育的目标体系。

3. 促进人的完整发展，是高校创业教育的应然追求

近年来，从国务院文件的出台，到各省份配套落实方案的发布，都将高校创业教育明确为人才培养的重要环节和关键领域，提出将"创新创业教育贯穿

---

① 蒋璟萍，2004. 创业教育与人的全面自由发展 [J]. 中国高教研究 (3)：83-84.
② 秦虹，2003. 创业教育与人的全面发展 [J]. 职教论坛 (6)：30-31.

于人才培养的全过程"。但是，审视当前高校创业教育的现状，尤其是在目标上的"工具倾向"和就业指向，限制了创业教育的育人功能和发展功能。高校创业教育应将促进人的完整发展作为应然追求，首先是促进学生的个性化发展，既要注重创业教育面向全体学生的"广谱式"目标，也要设立层阶性和针对性的目标体系，根据不同学生的不同现状和需要提供帮扶。其次，要促进学生的价值性发展，将社会主义核心价值观融入创业教育各环节，培养学生全新的发展理念，将个人的命运与祖国的兴衰联系在一切，努力成为社会主义的创业者、创新型国家的建设者、自我价值的实现者。最后，要促进学生的和谐发展，创业教育是创造事业的教育，成功事业的象征包括理想道德的热情、精神生活的健康和欢乐，以及自然社会的和谐和统一。①

（四）主体的人：创业教育目标生态的逻辑节点

马克思主义哲学认为，人的主体性是人的本质属性，是人作为活动主体在同客体的相互作用中所表现出来的功能特性。人的主体性发展是活动主体能够积极、主动、有目的性地从事活动，并由此发生变化。发展人的主体意识，提升人的主体能力是高校创业教育的内在要求，也是提高教育实效的必要条件。创业教育的目标与学生主体性发展的内涵是一致的，学生的主体性发展强调自主学习、能动参与和创新创造，创业教育应将培养和发展人的主体性作为高校创业教育目标生态的逻辑节点。

1. 人的自主性与创业教育活动的实施

自主性主要体现了受教育者在教育过程中的地位，作为主体性发展中的关键要素，突出表现在受教育者具有独立的自主意识和积极的学习态度，即在没有监督的情况下，学习者根据自己的知识准备、学习方法、学习能力和学习任务，积极调整学习策略并努力学习。在高校创业教育实施的过程中，受教育者的自主性主要体现在根据自身的实际和需要，在教育者的引导和帮助下独立进行创业实践。具体表现在参加创业教育积极性的激发，学生能够自主自愿参加创业教育的相关活动；能够根据自身需要，自主选择创业教育的课程和内容；

---

① 许正宏，黄远友，2014. 论创业教育与大学生的全面发展［J］. 思想理论教育导刊（7）：138-141.

能够根据自身的实践领域和创业意向，自主选择对该领域比较熟悉的专家导师进行指导；能够根据创客产品的设计、销售的需要等自主设计实践的流程和步骤。在整个创业教育过程中，受教育者作为实施主体要能够自我决定、自我教育、自我学习、自我控制、自我支配、自我展示、自我实践，使每个教育对象在接受创业教育后，能够创造出不同的自我。

2. 人的能动性与创业教育过程的控制

能动性亦称"自觉能动性"，是人的主观意识和实践活动对客观世界的反应或行动。面对纷繁复杂的社会变化和知识信息爆炸的时代新特点，如何在错综庞杂的知识体系中筛选有价值的信息、学习有意义的专业知识和技能，需要受教育者对教育活动的主体参与、主动思考、主动管理和主动建构，在自己原有知识结构的基础上进行同化、加工和重构，建立起自己的认知结构体系。受教育者能动参与的创业教育活动主要包括对创业教育活动的认识、过程的实施和过后的反思。首先，在创业活动的起点上，需要学生从自身实际情况出发选择创新的知识和内容，加深对创业活动的认知与思考，并积极主动地选择相关的知识信息进行加工重组，主动建构自己的创业知识体系。其次，在创业教育实施过程中，学生应积极将之前获得的认知信息转化为亲自的动手操作、主动的应用实践，通过实践检验和创造知识的价值。最后，在创业教育活动后，学生应及时进行主动反思，主动调整实践的策略与方法以更好地实现创业教育的预期目标。

3. 人的创造性与创业教育结果的获得

创造就是首创前所未有的事物，开拓新的研究领域并实现新的发展。创造本身就是一种挖掘、开发，是人的主观能动性的深层发挥。① 建立在自我认知基础上的，以求新求异为特征的创造性是人的主体性发展的最高层次。社会需求复杂多样，必须增强受教育者的创造性，不仅要时刻保持创新精神、挖掘自身创造潜力，还要积极培养自身的创造品质和创造思维。高校创业教育就是要通过激发学生的创造潜能，培养敢于突破常规、善于标新立异、勇于探索实践的社会主义创业者，其中主要包括强烈的创造性意识，如动机、理想、信念

---

① 张耀灿，郑永廷，吴潜涛，等，2006. 现代思想政治教育［M］. 北京：人民出版社：135.

等，这是开展创造性实践的前提和动力；优秀的创造性思维品质，如个性、人格、进取心、勇气、魄力等，是创业成功的必备素质；过硬的创造性能力，如经营管理、破旧立新、自我发展等，是创业成功的关键要素。

三、高校创业教育生态系统之政策生态的构建

政策是由一个或一组行为者对要实现的目标、要遵循的行动原则、要完成的明确任务、要采用的工作方法进行权威性的标准化，在某一历史时期内应采取的一般步骤和具体措施。简言之，它是一段时间内，在某项工作上采取的路线、行为准则和规范规章的总和。创业教育政策是各级政府通过各级各类教育系统，以培养学生创新意识、创业精神和创业能力为核心而制定的一系列规范和措施。

（一）创业教育政策的演进历程

笔者对 1999～2018 年国家层面发布的 19 个涉及高校创业教育的政策文件进行了文本分析，梳理了政策的形态演进历程和内容结构特征，如表 6-1 所示。

表6-1　1999～2018 年国家层面发布的涉及创业教育的政策文件或内容

序号	年份	政策文件或内容
1	1998	面向 21 世纪教育振兴行动计划
2	2002	教育部确立清华大学、中国人民大学等 9 所大学开展创业教育改革试点
3	2004	关于部分高等院校开展"创办你的企业"（SYB）培训课程试点通知
4	2007	关于进一步加强创业培训，推进创业促就业工作的通知
5	2007	大学生职业发展与就业指导课程教学要求
6	2007	党的十七大报告
7	2008	教育部设立 30 个国家级创业教育人才培养实验区
8	2010	教育部关于大力推进高等学校创新创业教育和大学生自主创业工作的意见
9	2010	国家中长期教育改革和发展规划纲要（2010—2020 年）
10	2012	教育部关于全面提高高等教育质量的若干意见

续表

序号	年份	政策文件或内容
11	2012	普通本科学校创业教育教学基本要求（试行）及"创业基础"教学大纲
12	2012	教育部关于做好"本科教学工程"国家级大学生创新创业训练计划实施工作通知
13	2015	国务院办公厅关于深化高等学校创新创业教育改革的实施意见
14	2015	教育部　国家发展改革委　财政部关于引导部分地方普通本科高校向应用型转变的指导意见
15	2016	教育部关于中央部门所属高校深化教育教学改革的指导意见
16	2017	教育部办公厅关于公布首批深化创新创业教育改革示范高校名单的通知
17	2017	教育部办公厅关于公布第二批深化创新创业教育改革示范高校名单通知
18	2018	教育部办公厅关于做好2018年深化创业教育改革示范高校建设工作通知
19	2018	教育部关于加快高水平本科教育全面提高人才培养能力的意见

从我国创业政策的总体情况来看，政策主体主要针对高等院校和部分社会机构，虽然其他部门和机构也涉及了一些政策的内容，但对它们没有作出详细的规定和解释。其中，高校创业教育政策始于1998年发布的《面向21世纪教育振兴行动计划》，此后陆续发布了关于创新创业教育的政策。特别是近年来，我国出台的创业教育政策或涉及创业教育内容和要求的政策越来越多，政策内容从宏观方向性建议逐渐细化为各种微观实施方案，并通过相关指标确定创业教育各个阶段所需取得的成果。① 从创业政策的发布时间来看，中国政府网"创新创业政策"栏目中的相关政策于2012年开始，政策数量逐年上升，并在2015年达到高峰。② 从政策的文本分析来看，我国创业教育政策的演进历程可以大致划分为以下四个阶段：

1. 以教育扶贫为导向的"弱势群体"创业教育起步阶段

1988年，世界经合组织的柯林·博尔向联合国教科文组织提交的一篇论文中首次提出教育的"三本护照"，即未来的人应掌握学术型、职业型和开拓能力。随后1989年在北京召开的"面向21世纪教育国际研讨会"上，将"三本

---

① 刘伟，邓志超，2014. 我国大学创新创业教育的现状调查与政策建议——基于8所大学的抽样分析［J］. 教育科学（6）：79-84.

② 刘春湘，刘佳俊，2017. 创新创业教育政策演进与实施路径［J］. 大学教育科学（4）：94-100.

护照"写入会议报告。1990 年 8 月，联合国教科文组织亚太地区办事处在泰国曼谷召开会议，包括中国、印度等发展中国家提出了以提高儿童、青年创业能力为核心的"亚洲教育革新为发展服务计划（1992—1996）"（APEID）。该项目首次提出了创业能力的框架结构，确立了教育革新的一个国际性课题就是要帮助那些处境不佳、受教育条件差的 12～24 岁的青年提高就业竞争力，获得自谋职业的"第三本护照"。这个时期，我国的创业教育政策主要以上述"革新计划"为指导，首先在成人教育、职业教育上试点，再逐步向基础教育等领域展开，旨在促进社会的公正公平。

2. 以创业活动为主导的"精英创业教育"试点阶段

20 世纪末，随着我国高等教育结构的变化，知识经济的发展对创新创业人才需求的增加，创业教育政策也悄然从弱势群体的"教育扶贫"转变为高端精英的"科技创业"。1998 年 12 月教育部发布的《面向 21 世纪教育振兴行动计划》，明确提出"加强对教育和学生的创业教育，采取措施鼓励他们自主创办高新技术企业"。这是我国政府文件中首次出现"创业教育"的概念。在此基础上，我国一些高校借鉴国外创业教育理念，积极参与国际创业教育活动的交流。如在清华大学创业计划大赛基础上发展而成的"挑战杯"中国大学生创业计划大赛，清华大学成立中国创业研究中心，参与全球创业观察。2002 年 4 月，教育部确立清华大学、中国人民大学等九所大学开展创业教育改革试点，其中除南京经济学院和黑龙江大学外，其余均为"985"国家重点建设高校。同时，创业学学科建设逐步成型，2003 年发布"中国创业学学科体系"，举办首届创业骨干教师培训班。这个时期，我国的创业教育政策试图"以点带面"，主要以聚焦高水平大学人才培养的"精英化"为导向。

3. 以促进就业为导向的"就业创业教育融合"发展阶段

2003 年以来，伴随着高考扩招带来的毕业生"知识失业"，大学生就业难成为非常严峻的社会问题，受到中央政府的高度关注。2004 年，教育部、劳动和社会保障部联合发文，决定在全国 37 所高校开展以 SYB 为内容的创业教育。2005 年，共青团中央、全国青联引进 KAB 创业教育项目，并在清华大学等六所高校试点。2006 年，全国首家创业管理硕博学位点获得授权。2007 年 8 月，劳动和社会保障部发布《关于进一步加强创业培训推进创业促就业工作的通知》。同时，《中华人民共和国就业促进法》审议通过，将创业教育首次上升为国家意志。10 月，创业教育写入党的十七大报告。12 月，教育部制定《大学生职业发展与就业指导课程教学要求》，增加创业教育部分，并明确具体教学内容。2008 年，教育部设立 30 个国家级创业教育人才培养实验区。鼓励大学生创业，通过创业解决就业，将创业培训作为大学生就业指导的重要组成部分，将就业教育与创业教育融合开展成为这一时期创业教育政策的主要导向。

4. 以面向大众为导向的"创新创业教育融合"推进阶段

2010 年，教育部成立高等学校创业教育指导委员会，发布了《教育部关于大力推进高等学校创新创业教育和大学生自主创业工作的意见》，首次将创新的概念融入创业教育中，也标志着我国创业教育进入了教育行政部门指导下的全面推进阶段。2012 年 8 月，教育部出台《普通本科学校创业教育教学基本要求（试行）》及《"创业基础"教学大纲（试行）》，首次系统提出创业教育课程的具体要求，突出了创新创业教育要面向全体学生。2014 年，继 2010 年以来实施的第二期"大学生创业引领计划"中强调"普及创业教育"。2015 年 3 月，国务院办公厅发布《关于发展众创空间推进大众创新创业的指导意见》，以激发全社会创新创业活力为主线。5 月，国务院办公厅发布《关于深化高等学校创新创业教育改革的实施意见》。10 月，《教育部　国家发展改革委　财政部关于引导部分地方普通本科高校向应用型转变的指导意见》和 2016 年 6 月《关于中央部门所属高校深化教育教学改革的指导意见》都强调了要把创新创业教育作为全面提高高等教育质量的内在要求和应有之义。从本体论上修正和充实创新创业教育内涵，将其以"面向大众"的形式融入国民教育体系，成为当前创业教育政策的主要导向。2017 年，教育部先后两批认定了 200 所"深化创新创业教育改革示范高校"。2018 年，教育部实施一流专业建设"双万计划"，提出要"推动创新创业教育与专业教育、思想政治教育紧密结合，深化创新创业课程体系、教学方法、实践训练、队伍建设等关键领域改革。"

（二）创业教育政策的特征变化

综观近年来国家层面出台的推进高校创业教育的相关政策文件，可以发现，在总体目标与基本原则、领导管理与协调机制、课程设置与运行机制、师资建设与发展规划、实践指导与强化机制等方面存在明显的特征变化。

1. 创业教育的总体目标与基本原则：从"带动就业"到"促进发展"

在创业教育政策形态演进过程中，其总体目标和基本原则大致经历了三个阶段：从 1998 年的《面向 21 世纪教育振兴行动计划》中鼓励教师和学生自主创办高新技术企业，带动国家高新技术产业发展；到 2008 年的《关于促进以创业带动就业工作的指导意见》，及随后印发的《关于实施大学生创业引领计划的通知》和《教育部关于大力推进高等学校创新创业教育和大学生自主创业工作的意见》，虽然在文件中没有关于创业教育总体目标和基本原则的明确论述，但在文本中可以看出"促进以创业带动就业"成为很长一段时间创业教育政策的战略重点；再到 2015 年国务院办公厅印发的《关于深化高等学校创新创业教育改革的实施意见》，首次对高校创新创业教育的总体目标和基本原则给予明确表述，在传统将创业教育作为带动就业的举措基础上，确立了到 2020 年"建立健全课堂教学、自主学习、结合实践、指导帮扶、文化引领融为一体的高校创新创业教育体系"的总体目标和育人为本，面向全体，促进学生全面发展的基本原则。

2. 创业教育的领导管理与协调机制：从"教育行政"到"协同推进"

在我国早期创业教育的相关政策中，很少谈及创业教育的领导管理与协调机制，多为"口号式"的建议，而缺少具体的"落地措施"。在 2010 年人力资源社会保障部发布的《关于实施大学生创业引领计划的通知》中提出，"充分发挥就业工作联席会议作用，会同有关部门成立引领大学生创业工作指导小组，统一负责本计划的组织实施。"为了具体落实"创业引领计划"，同年，《教育部关于大力推进高等学校创新创业教育和大学生自主创业工作的意见》出台，此文件因为出自教育部，所以行文中将创业教育的具体工作落实给了"省级教育行政部门"（全文出现 11 次）和高等学校（全文出现 17 次）。领导管理和协调机制的教育行政主体化突出了创业教育在高等教育中的重要地位，但是在具体推进过程中仍然"势单力孤"。2015 年《关于深化高等学校创新创业教育改革的实施意见》出台，将创业教育的领导工作从教育部上升为国务院，提出在深化创新创业教育改革过程中必须坚持协同推进，汇聚培养合力，形成全员参与的良好生态环境。

3. 创业教育的课程设置与运行机制：从"单科切入"到"专创耦合"

创业教育课程作为实施创业教育的具体载体，在我国的创业教育政策中也被屡次关注，根据《国务院办公厅关于切实做好 2007 年普通高等学校毕业生就业工作的通知》"将就业指导课程纳入教学计划"的要求，教育部制定了《大学生职业发展与就业指导课程教学要求》，在传统的就业指导基础上，增加第六部分的"创业教育"，但是主要内容只涉及创业内涵与意义、创业精神与素质、创业法规与政策等方面。随后，在教育部推进创新创业教育的系列文件中，也都涉及创业课程的设置与实施，并提出"应将创新创业类课程与专业课程体系有机融合，将创新创业实践活动与专业实践教学有效衔接"。2012 年教育部制定的《普通本科学校创业教育教学基本要求（试行）》及《"创业基础"教学大纲（试行）》提出，"要建立健全创业教育与专业教育紧密结合的多样化教学体系，在专业教学中更加自觉培养学生勇于创新，善于发现创业机会、敢于进行创业实践的能力。"同时，"创业基础"课程的内容覆盖面更广，针对性更准，实战性更强。

4. 创业教育的师资建设与发展机制：从"志愿导师"到"能力建设"

虽然师资队伍建设在早期的创业教育政策中有所涉及，但多为"点到为止"，如《面向 21 世纪教育振兴行动计划》中提到"加强对教师和学生的创业教育，采取措施鼓励他们自主创办高新技术企业。"在《关于实施大学生创业引领计划的通知》中提出"建立完善大学生创业导师制度，组织一批有社会责任感的企业家和专业人士成立大学生创业导师团、专家志愿团等"。在《教育部关于大力推进高等学校创新创业教育和大学生自主创业工作的意见》中，首次将"加强创新创业师资队伍建设"作为单列项，提出既要注重校内教师的理论与案例研究，支持教师参加创新实践，又要广泛聘请兼职导师。在《教育部关于全面提高高等教育质量的若干意见》和《普通本科学校创业教育教学基本要求（试行）》中也都强调了要建立一支专兼职结合的创业教育师资队伍。直到国务院办公厅印发的《关于深化高等学校创新创业教育改革的实施意见》中，对创新创业教育教师的教学能力建设，如职称评聘、绩效标准、考核淘汰、规范管理等方面提出了具体要求。

5. 创业教育的实践指导与强化机制：从"项目活动"到"实训体系"

纵观政策的文本描述，创新创业实践大致经历了"项目活动—基地平台—实训体系"三个阶段。在 2010 年以前的创业教育实践多为以具体项目活动为主的培训阶段，如 2004 年的《关于在部分高等院校开展"创办你的企业"（SYB）

培训课程试点的通知》和 2005 年共青团中央、全国青联与国际劳工组织合作，在中国大学中开展 KAB 创业教育（中国）项目（简称"KAB 项目"）。在《教育部关于大力推进高等学校创新创业教育和大学生自主创业工作的意见》中，除了提出要通过举办创业大赛、论坛、讲座等形式，提升学生创业能力外，还首次对"加强创业基地建设，打造全方位创业支撑平台"提出明确任务，要建设和完善创业基地的功能和管理，并提供多种形式的指导帮扶。在《关于深化高等学校创新创业教育改革的实施意见》中，提出要完善国家、地方、高校三级创新创业实训教学体系，促进项目落地转化。

（三）创业教育政策的生态趋向

创业教育政策的生态就是要借助生态学思维，以创业教育的参与主体为点、以政策实施的过程为线、以政策系统的形成为面，实现政策的整合、动态、平衡、共生，为创业教育的可持续发展提供多维保障。创业教育政策生态是创业教育由初期探索向中期提升，由面上规模扩张转向内涵式发展的必由之路。通过创业教育政策的生态转型，构建具有中国特色的创业教育政策体系，为更好地培养创新型人才提供科学的指导与保障。创业教育政策生态的构建应重点在纵向和横向两个层面，在纵向上要将创业教育延伸至人才培养的各个学段，实现创业教育的"贯通一体化"培养；在横向层面上实现政府、学校、企业、社区的全员参与，不同办学定位高校的分类指导和不同具体操作环节的体系完善（见图 6-5）。

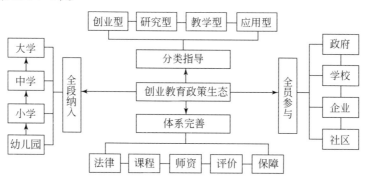

图 6-5　高校创业教育政策生态构建示意图

1. 全段纳入：大学—中学—小学—幼儿园

党的十八大报告提出，"全面实施素质教育，深化教育领域综合改革，着力提高教育质量。"遗憾的是，目前我国关于创业教育的相关政策文件，几乎全部是针对大学生或者社会人员的，原始的出发点源于解决大学生的就业问题，而后逐步延伸为创新创业教育，强调对大学生创新意识、创新精神和创新能力的培养。但是，一个人的创新意识和创新精神是多年教育和培养的结果，是一种源自内心的积累与彰显，是各学段人才培养目标的"题中之义"。但是，多年来一直没有专门针对中小学创新创业教育的政策文本，对中小幼阶段学生创新类课程的设置、创新意识的评价、创新能力的培养等有所忽视。

深入研究创新人才的特征和成长规律，积极探索创新人才培养模式应该成为各级各类学校的共同任务。建立"全学段"的创业教育体系，就要打破现有教育体系各阶段的功能分割，促进各学段共同而有区别的责任承担，建立起大、中、小、幼有机衔接的"全覆盖""贯通一体化"创业教育体系。第一，国家层面出台的创业教育政策中应对大、中、小、幼各学段的创业教育衔接作出明确指引，注重创业教育的"阶段式维度"，① 形成纵向目标体系。第二，教育行政部门应该对中小学创业教育在教育体系中的地位和要求以政策形式作出明确规定，包括创业教育的领导机构、组织实施、教学目标、课程设置、教学内容、实践类型、效果评价、教师培训等方面，真正使创业教育成为中小学教育教学的重要组成部分，充分发挥创业教育的素质教育功能，让学生从小就"爱上创新""善于创新""勇于创新"。第三，各地方应结合本地区实际情况制定具体衔接策略，出台相关引导性，甚至是强制性文件。第四，各级各类学校要负责制定具体的行动计划和教学方案，以及相关的管理措施，真正把创业教育融入学科教育和文化素质教育中，真正为创业教育的目标达成"保驾护航"。

2. 全员参与：政府—学校—企业—社区

创业教育作为一个生态系统，需要社会各方的广泛参与和协同推进，尤其针对高校创业教育的实践性特征，政府、企业、社区等都是创业教育的参与主

---

① 马小辉，2015. 大学创业教育的生态转型［M］. 北京：经济科学出版社：113.

体和支持要素，单纯在高校开展的创业教育也只是模拟和仿真，更多是一种"纸上谈兵"，没有其他要素的参与，也使得创业教育成为"空中楼阁"。从当前我国创业教育的政策文本中可以看出，虽然在2010年《教育部关于大力推进高等学校创新创业教育和大学生自主创业工作的意见》中只是"蜻蜓点水"式地提出"各级教育行政部门应该……"对于其他创业教育的参与主体如企业、社区等却很少谈及。即使在2015年国务院办公厅印发的《关于深化高等学校创新创业教育改革的实施意见》中也多是"各地区、各高校"的提法，重点还是对高校的创业教育提出明确要求，只是在基本原则中提出要坚持协同推进，集聚创业教育要素与资源，统一领导、齐抓共管、开放合作、全员参与。但基本原则更多的是一种意向性，整个政策文本中对于其他参与主体的具体责权、参与程度和保障措施等未提及，这也造成了各参与主体在具体的实施过程中的缺位、错位和越位。

从政策发布的隶属关系来看，现有的创业教育顶层政策多出自教育部高等教育司和就业指导中心，这也暗示着创业教育成为大学生的专属。在我国创业教育进行延伸的过程中，初步形成了多部门联动的创业教育组织框架，但目前我国缺少专业化的创业教育推进组织机构。第一，在完善现有创业教育推进组织的基础上，应以政策的形式进一步明确相应参与主体的职责分工。明确地方政府在高校创业教育中的职责，健全和完善地方推进创业教育的制度保障和政策支持，将创业教育的成效列入政府考核性指标。第二，整合地方产教资源，以专业化的创业教育推进组织，整合各部门出台的创业教育和创业扶持政策，避免现有创业政策的"政出多门"及具体落实过程中的推诿扯皮。第三，搭建平台，完善民间融资体系，健全参与创业教育的非政府机构和非营利性组织，加强激励性引导，充分调动企业参与创业教育的热情，使其为创业教育提供资金、技术、评估和认证等方面的专业化服务。第四，建立"第三方评估"制度，完善创业教育政策评价体系，对参与主体的完成程度进行监控，建立奖惩制度，形成政府、学校、企业、社区良性互动的创业教育网络。

3. 分类指导：创业型—研究型—教学型—应用型

当前我国高校的创业教育是一种自上而下的整齐划一式教育，学校因缺乏应有的特色而丧失了办学的积极性和创造性，致使创业教育出现了严重的同质化倾向，进而脱离学校和地区发展的实际。① 虽然《关于深化高等学校创新创业教育改革的实施意见》中提出创业教育要"树立先进的创新创业教育理念，面向全体、分类施教"的基本原则。但是，面对我国 3000 余所高校，面对不同办学层次和培养目标的高校，面对不同基础水平和发展需要的教育对象，广谱性的总体性目标是最基础的要求。如何通过合理的制度安排，使高校根据自身需要和区域实际，自主开展具有内在特点的创业教育是实现高校创业教育政策实施目标的关键。

对于高校的分类，本书在这里不作重点论述，因为对于高校的分类本身也存在很多的争议或分类本身并没有得到高校的认可。但是，至少有几种类型的高校大家达成了共识，即创业型高校、研究型高校、教学型高校和应用型高校。面对不同高校的办学定位、发展层次和人才培养目标的差异性，相关部门在制定创业教育政策中应该结合特定的学校和教育对象，开展分类指导，帮助各级各类高校在创业教育中制定符合本校实际和彰显本校特色的具体实施方案，即"三百六十行，行行出状元；三千所高校，校校有特色"。这将为我国创新型国家建设培养不同行业、不同层次、不同个性的创新型人才，满足社会发展对人才不同规格的多样化需要。

4. 体系完善：法律—课程—师资—评价—保障

政策生态首先要形成一个系统的政策体系，既要有宏观指导，也要有具体操作；既要有整体要求，也要有分项落实；既要有顶层设计，也要有实践指导。但是，纵观我国的创业教育政策现状，近年来国务院、教育部等部门发布的政策比较多，对我国的创业教育做出了整体部署和总体要求，各省份也及时制定了相应实施方案。但是，创业教育的政策除了整体实施方案或意见外，关于其中具体要素的实施方案却没有单独的指导性政策或文件。上有政策，下无"具策"，导致了创业教育政策中的总体目标成为"空中楼阁"，由于缺少相应的激励和推进政策，直接影响了创业教育的实效。

国务院办公厅印发的《关于深化高等学校创新创业教育改革的实施意见》是近年来国家关于推进创业教育的内容最全、理念最新、措施最明的指导性政

---

① 田贤鹏，2016. 教育生态理论视域下创新创业教育共同体构建 [J]. 教育发展研究（7）：66-72.

策。但是，在此文件的基础上，应该出台具体"子政策"，对其中的很多具体环节和关键要素作出说明，制定明确的落实方案，形成主文件指导、子文件落实、文件交叉支撑、环环紧扣的创业教育政策体系。第一，应该通过立法的形式确立创业教育在国民教育体系和终身教育体系中的重要地位，可以考虑在《中华人民共和国就业促进法》的基础上制定《创业教育法》[①]，加强创业教育法制建设。第二，应在现有创业基础课程的基础上，出台《创业教育课程标准》，进一步做好创业教育理论课程体系和实践实训教学的总体规划和建设方案，把创业教育有机融入专业教育和校内外实习实践，与大学生思想政治教育、就业教育和就业指导服务有机衔接，与现代信息技术、在线开放课程、手机 App 客户端等新媒体相结合，真正实现创业教育融入人才培养的全过程。第三，应出台《创业教育师资建设管理办法》，建立"双师型"教师引进与培养制度，建立健全创业类教师的评价与激励，培训与考核机制，通过制度完善增强创业教师的职业认同和价值认同，真正打造一批能够胜任创业教育课程与实践指导的专业型教师。第四，应出台《创业教育评价指标体系》，对创业教育的实施过程进行评价，既包括对创业教育课程、师资、条件等方面的评价，也包括对创业环境、体制、机制的评价；既包括对创业教育结果的评价，也包括对创业教育过程的评价；既包括对创业成果数量的定量评价，也包括对学生创新能力提升程度的定性评价；既包括对高校创业教育的评价，也包括对创业相关政策效力及执行度的评价。第五，应进一步健全创业教育保障政策体系，包括经费使用办法、组织管理办法、师资培训办法、基地建设办法、成果转化与利益分配办法等，使顶层政策中的指导性意见能在基层真正落地。

四、高校创业教育生态系统之环境生态的构建

生态和环境是不同的，也是相关的。生态着重于生物与其周围环境的关系，反映出系统性、整体性、相关性；而环境则强调以人类生存与发展为中心的外在

---

① 段素菊，2009. 我国职业院校创业教育发展中的政策问题与对策分析 [J]. 职教论坛 (5)：12-15.

因素，更多地体现在为人类社会提供广阔空间、丰富资源和生产生活的必要条件。可见，环境是相对于某种中心事物而存在的。在教育存在发展的环境中，教育作为中心事物与周围条件相互作用、相互影响，有着内在必然的联系机制。创业教育的环境是与高校创业教育生态系统有关的周围事物以及影响师生创业行为的各种社会因素和自然因素的总和，① 是对高校创业教育的开展及其效果产生影响的内外部环境之间关系及其结构的总和。关注创业教育环境生态因子，构建环境生态是以生态思维为指导推进高校创业教育理论与实践的重要体现。本章主要从文化环境和组织环境两个方面来构建高校创业教育环境生态，如图 6-6 所示。

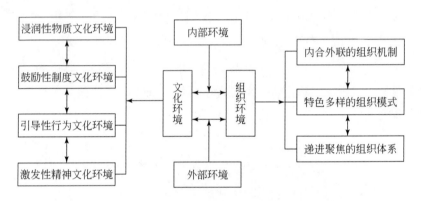

图 6-6　高校创业教育环境生态构建示意图

（一）创业教育环境生态的性质功能

创业教育环境是复杂的，不仅是因为其构成因子的复杂多样，还因为环境本身时刻处于动态过程中，有些是可以直观看到的，有些是隐形或无形的，我们只有认识到创业教育环境的不同，才能有效地选择环境、优化环境。根据环境的内容，可以把创业教育环境分为自然环境和社会环境。自然环境是影响创业教育发展的自然条件的综合，优美的校园自然资源可以成为优质的教育资源。创业教育的社会环境就是影响创业教育发展的社会条件的综合，包括国家

---

① 王章豹，李杨，王育行，2018. 高校创新创业教育内外部生态环境分析及优化策略 [J]. 合肥工业大学学报（社会科学版）(1)：111-118.

和地方的创新创业政策、经济发展状况、文化思想传统、人际关系因素等。根据对创业教育产生影响因素的来源，可把创业教育环境分为外部环境和内部环境。外部环境是高校以外的对创业教育产生影响的因素的综合，如政府参与行为、财政投入力度、社会教育观念、家庭教育理念等。内部环境是高校内部对创业教育质量产生影响的因素综合，如校园的物质环境、文化环境、制度环境、心理环境等。根据对创业教育产生作用的环境因素的存在方式，可把创业教育环境分为显性环境和隐性环境。显性环境是对创业教育发展直接的、可见的影响因素的综合，如高校创业教育的条件、资源、组织、管理等。隐性环境是对创业教育产生潜移默化作用的、以潜在的形式存在的因素的综合，如高校创业教育氛围、创业教育意识、创业教育心理等。创业教育生态环境是由若干个独立的环境因子以其特定方式构成的，综合上述多种维度的分类，笔者认为，无论从内部环境还是外部环境，都可以将其总体分为文化环境、组织环境两大类，每类环境包含若干子环境。

主体与环境的关系是生态学研究的主要关系之一，因为环境本身的复杂性和多元性，所以认清创业教育环境生态的性质成为建设优质环境的前提和基础。一是整体性。组成环境生态的各环境因子之间存在着普遍的物质、能量和信息等交换，并表现出整体的结构与功能，组成环境的各因子不是孤立存在和发展的，而是作为整体的一部分发展变化着的，在系统中它们总是力求保持协调一致，与环境的总体特征相统一，某一因子的变化会导致其他因子甚至整个环境的改变，具有"牵一发而动全身"的作用。虽然前文中我们从不同的维度与视角将高校创业教育的环境分为若干类型，但在实际作用过程中是不能割裂开来的，分类研究只是为了便于将问题进行细致分析。二是复合性。影响高校创业教育的各类环境因子在发挥作用和功能时呈现出多重叠加的形式。从其所在的地理位置来看，高校创业教育受到所处地区自然环境的影响，尤其对生态创业方面的影响更为明显；从所在的社会环境来看，高校创业教育的开展成效必然受到经济环境、文化环境、制度环境、组织环境和资源环境等因素的复合影响；从创业教育教师群体的视角来看，其行为活动受到学校制度规范、激励措施、专业文化、人际关系等因素的渗透与影响；从创业教育学生群体的视角来看，其接受程度与效果受学校文化环境、朋辈人际关系、家庭教育环境、师生主体间性等因素的影响。环境的生态发展与营造，形成生态环境，与生态系统中生态主体相对应，对生态主体及其他生态因子产生重要影响。[①] 高校创业教育的环境本身是一个复合环境系统，各类环境交互联动、相互融通、多元复合、共同作用。

创业教育环境生态的功能是生态环境对创业教育的作用，当然，环境对创业教育的功能表现为正、负两个方向。优化创新创业能力培养的环境就是形成创业教育与其环境的良性循环机制，充分发挥环境的正向功能。一是导向与调整功能。教育环境对教育价值取向具有干预、定向的作用，教育环境对创业教育的导向功能主要是通过政府、法规、制度、舆论等中介来实现的，这种导向转化为教育的价值取向，并最终落实到学校的办学指导思想和人才模式、人才规格上。二是激励与发展功能。良好的教育环境可以有效地激励教育工作者的教育教学热情和学生的学习热情，调动他们的自觉性、主动性和创造性。良好的创业教育环境一方面可以表现为推崇创新、尊重创造和鼓励创业的政策导向和舆论导向，为师生开展和接受创业教育提供信念支持和精神动力；另一方面表现为宽松的学习氛围，良好的人际关系和舒适的学习生活环境，有助于教师对创业教育专心地教、学生对创业知识用心地学。三是保障与规范功能。教育环境可以给教育的发展提供充分的资源和条件保障，高校创业教育的有效开展需要教学场地的充足和教学仪器设备的更新，需要创业教育教师队伍数量的增加与专业水平的提升，需要相关法律法规、政策制度的制定与实施、规范与保障，需要创业教育组织机制和体制的健全与运行顺畅等，这些都离不开创业教育环境生态的文化环境、组织环境等要素的参与。

(二) 创业教育文化环境的多维创设

文化"化人"，事半功倍。高校创业教育文化环境是大学生创业文化的子环境，大学的创业文化应该为学生创业提供一种思维可能性。高校在深入推进创业教育的同时，多维度建设创业教育文化环境成为提高创业教育实效和创新型人才培养质量的重要内容。从文化形态的角度看，高校创业教育的文化环境可分为物质文化环境、制度文化环境、行为文化环境和精神文化环境四个子环

---

① 凌烨丽，2012. 高校思想政治教育生态论 [D]. 南京：南京师范大学：149.

境。高校创业教育的物质文化环境是学校为大学生创业教育的推广和实施提供场所、设备、资金、人员等物质生活形式的有机整体；高校创业教育制度文化环境是高校在实施、管理、保障和评价创业教育过程中，通过相关制度、法规、文件和政策形成的有机整体；高校创业教育行为文化环境是在创业教育活动、创业教育实践、创业教育竞赛、创业教育研究等过程中师生共同行为构成的有机整体；高校创业教育精神文化环境是高校在长期的教育教学过程中，经过多年的积淀和凝练所形成的一种创新创业教育的特质文化，它是由创业精神、创业意识和创业价值观等精神成果构成的有机整体。在高校创业教育环境生态中，四个子环境是相互独立的，但也是相互影响的。精神文化环境规定和制约着其他三个子环境，而制度文化环境、物质文化环境和行为文化环境是精神文化环境的保障和表现，四个子环境构成了有机的大学生创业教育文化环境系统。①

1. 营造浸润性的创业教育物质文化环境

高校创业教育物质文化具有无形的精神启迪作用，对大学生创新意识和创新精神的培养有着潜移默化的影响。第一，学校所处的自然环境，即学校的地理位置、周边景观、区域环境等。美丽的自然风光能给身在其中的师生带来心灵的美好体验和精神享受，但是学校要注重文化的开放共享及与区域环境的融合。创业教育的开放性要求高校不是自我的封闭培养，尤其是当前各高校在新建新校区时，应该对学校的地理位置及周边的自然环境进行科学规划与统筹布局，充分利用现有的环境优势，实现校内外的开放协同，实现文化共育。第二，校内文化景观的创设。高校应注重校内各种建设和人文景观设计的文化个性，既要体现大学的文化底蕴与精神标识，也要充分融入创新与创造元素，以激发大学生创新创业的勇气和热情。学校可以通过校训石、宣传栏、雕塑、文化长廊、宣传海报等媒介，宣传创业、鼓励创业、引导创业，将"敬业、守信、诚实、合作、责任"确立为校园创业主流文化。第三，加强学校相关设施建设。高校应充分发挥"两馆一中心"，即图书馆和展览馆的辅助功能和大学生创新创业教育和实训中心的指导、咨询、模拟训练和实践体验的功能。高校

---

① 林刚，张正彦，2012. 论校园文化视阈下大学生创业文化环境及其优化路径［J］. 教育探索（2）：149–152.

可利用校园网、校园广播电视、校园期刊、校园公众号等加强对创业教育知识的宣讲和舆论营造。同时，有条件的高校可以将本校创业成功或者有创业价值的人与事汇编成册或制作展板，通过资料或实物展示和宣传创业历程，丰富创业文化的物质载体。

2. 建设鼓励性的创业教育制度文化环境

高校创业制度文化是指导和规范学生、教师和管理人员创业活动的各种规章制度的总和，不仅包括高校为促进大学生创业教育改革和发展而制定的一系列规定和制度，还包含促进大学生创业教育、引导和鼓励大学生创业实践的国家制度的相关内容。高校创业教育的制度文化不仅要构建创业教育的秩序价值和标准价值，也是激发创业潜力、提高创业意识、促进创业实践的重要内容。[①]第一，高校应按照建立现代大学制度的要求，把培养创新创业人才纳入人才培养的总体目标，在教学组织、创业实践、师资建设、创业教育成效评估与质量控制等方面引进和完善相应的制度，健全有效的创业教育机制。学校的管理制度既包括教学管理、学生管理，也包括师资管理和质量管理，如完善创新学分认定与奖励办法、改革大学生学籍管理规定、实施导师制或创业导师制等。第二，积极的激励制度。制度文化除了要对大学生的创业价值和创业行为进行引导和规范外，更重要的是调动和激发广大师生的创业激情。高校可建立创业奖学金、创业扶持基金、创业无息贷款等激励机制，完善大学生创业支持，如创业场所、项目孵化、成果转化等制度，促使学生的创业行为由自发走向自觉。同时，高校要注重对教师创新创业意识的培养与激励，改革和优化现有的教师评价与科研考核制度，整合各种资源，积极搭建产学研合作平台，积极引导和鼓励科研人员将成果转化为生产力，促进各类教学科研人员投身创业教育，增强创业能力。第三，完善的协同制度。高校创业教育的理论与实践、应用与推广离不开政府、企业、社会组织的协同与合作。高校应与创业教育各利益主体组建区域创业教育联盟，搭建网络平台，促进创业者、高校和企业知识的共享和信息的交流。在协同制度中，各参与主体目标明确、责任清晰、各司其职、各尽其能，为大学生创业教育的学习与实践提供广泛的平台支持、宽松的创业

---

① 江波，2015. 高校创业文化模式构建探究［J］. 江苏高教（5）：95-97.

制度环境，有效增强大学生对创业活动的心理接受与心理预期。

3. 组织引导性的创业教育行为文化环境

创业教育的行为文化主要是以丰富的师生参与各种类型的创业主题活动为主，在深化创业文化积累、强化创业文化氛围、丰富创业文化内容等方面具有重要作用。第一，开展丰富多样的创业活动。高校要在校园文化活动中渗透创业教育内容，积极组织大学生开展一系列有特色的创业文化活动，如邀请国内外商业成功人士举办创业讲座、创业沙龙、创业故事会等，也可以举办创业文化节、创业计划大赛、"互联网+"比赛以及创业精英事迹报告等。同时，各专业可以根据自身特点，开展与创业教育相关的专业竞赛，如专业技能竞赛、商务洽谈竞赛、广告策划竞赛等，促进创业教育第一课堂与第二课堂的衔接和融合。创业教育初期基础比较好的高校，可以创建创业文化品牌、设计创业教育标志、创作创业教育歌曲，通过各种形式增强大学生对创业文化的认同感。第二，加强创业学生社团组织建设。高校创业社团是学生交流创业信息、分享创业经验、运用和转化专业知识和创业知识的平台，也是大学生培养创业意识和开展技能培训的有效载体。学生在参与社团开展的创业实践活动中学习新知识、拓宽视野和思路、提高综合素质，逐步增强创业实践能力。高校可以成立创业学生协会，如大学生创意协会、创业俱乐部等，兴趣相近的学生可以互相学习、相互启发合作、开展创业文化活动。同时，高校可以对法律咨询服务中心、勤工助学服务中心等传统的学生组织进行改造转型，增加创业教育板块与内容。第三，鼓励和支持大学生创业实践活动。高校要充分利用各种资源，建设高校科技园、高校创业园、创业孵化器和微型企业创业基地，为学生提供场所和条件的支持。同时，学校可以利用教学实践基地、科研基地等资源，开展参观、与企业面对面、模拟创业等创业实践活动，使大学生了解经营理念、经营规范，并体验公司的企业文化和真正的企业精神。同时，学生可以在创业导师的指导下建立模拟公司，在高度仿真的环境中，提出实际创业环境中所遇到的类似问题，使学生能够独立探索和学习，这将极大地激发学生创业的热情。

4. 培育激发性的创业教育精神文化环境

校园精神是学校的灵魂和本质，是学校在漫长的历史中逐渐形成的，是一种普通的价值取向和普遍的心理追求。它是一种精神激励，激励着学校的全体师生积极为自己的美好目标而奋斗，体现了每个教师和学生的思维方式、行为方式和生活方式。精神文化是一种深刻的观念文化，它是在某种价值目标的支配下形成的对客观事物的看法、想法和观念体系，在个人成长中起着决定性的作用。高校创业教育精神文化是创业教育文化建设的核心内容，是创业教育文化的最高层次，主要包括在长期创业教育过程中形成的、被全体师生所认同的价值观思想。第一，创新精神。创新精神不仅提倡独立思考，还提倡团结合作、相互交流，具有创新精神的学生也具有质疑精神，追求新颖、与众不同，善于打破常规、改革现状，喜欢探索和尝试新方式、新规律。培养创新精神就是要激励大学生突破传统框架，将感性的创业激情根植于理性的批判态度中。第二，冒险精神。在艰苦的创业路上，充满着艰辛与变化，有很多不确定因素，这些因素往往是付出了时间、精力和资金等却不一定得到回报。冒险精神是创业和经营过程中不可缺少的品质，当然这里的冒险不是无知的冲动与鲁莽，而是在理智判断和长期实践基础上逐步升华的科学冒险精神，是在自信的前提下果敢超越，大胆决策，不断追求新的目标。第三，合作精神。社会化生产要求大部分工作必须通过大量的合作来完成，个人奋斗所取得成功的时代已经基本过去。合作与竞争并存，在竞争的基础上合作，在合作的基础上竞争，这个时代的特点越来越明显。大学生在创业过程中需要与政府、企业、社会组织等开展多方合作，高校应通过开设团队合作、组织与管理等课程和实践活动，培育学生的合作意识。第四，敬业精神。敬业精神是一种基于对一件事或一种职业的热爱或奉献精神，是社会对人们工作态度的道德要求，是在专业活动中的归属感和事业心。追求崇高事业理想的核心是无私的奉献精神。敬业的人具有坚定的理想信念和追求卓越的意志精神，能够克服在创业过程中遇到的各种障碍与挫折，锲而不舍、坚持到底，最终获得成功。

（三）创业教育组织环境的多元建构

组织环境是指所有潜在影响组织运行和组织绩效的因素或力量，其调节着组织结构设计与组织绩效的关系，影响组织的有效性，对组织的生存和发展，起着决定性的作用，是组织管理活动的内在与外在的客观条件。我国高校创业教育组织经历了 20 多年的演进，在组织形态、组织机制、组织模式等方面表现出不同的特征，创业教育组织环境的建构应该注重培育"内合外联"的组织机制，探索"特色多样"的组织模式，健全"递进聚焦"的组织体系。

1. 创业教育组织环境的多维分析

（1）创业教育组织形态呈现趋同性。组织形态是由纵向层次关系及其沟通关系、横向分工及其沟通关系所形成的无形且相对稳定的组织结构，它反映组织成员之间的分工协作关系，体现了一种分工和协作框架。创业教育组织形态是创业教育的组织形式、存在状态和运行机制。从当前高校创业教育的组织形态来看，主要呈现出模仿性同形和低水平同形特征。[①] 模仿性同形是当组织目标不清晰或未形成统一目标时，组织往往会倾向于模仿那些在实际运作过程中看上去比较成功的组织。由于我国的高校创业教育尚处于起步发展阶段，创业教育的目标、资源、组织、师资、课程与评价等方面存在很大的不确定性，高校尚未探寻到适合自身办学定位、办学特色、专业结构、办学实际的组织模式，为"省时省力"，很多高校都倾向于模仿在创业教育组织方面已经获得较大成功或得到广泛认可的组织。低水平同形主要体现在高校创业教育的专业化水平较低，创业教育的研究内容、研究范式等尚处于初级阶段。虽然，教育部成立了"高等学校创业教育教学指导委员会"，并在教育部的支持下成立了"中国高校创新创业教育联盟"等组织，但我国创业教育组织仍处于制定标准、设置评价等初级阶段。由于缺乏规范和专业标准，导致创业教育组织出现低水平同形。

（2）创业教育组织机制呈现多样性。组织机制是高校内外部与创业教育相关利益主体或职能部门进行设置和调整的功能体系，其作为创业教育管理系统运行机制的要素，主要功能是根据一定的原则，采用适当的形式，从组织上划分和确定各利益主体和相关职能部门的职责、任务，协调它们的行为。完善的创业教育组织机制是调动和开发校内外创业教育人力、物力的重要手段。从高校外部来看，创业教育的发展涉及政府、企业、家长等多个利益相关者，政府对大学生创业的投资和政策支持、企业对大学创业教育的参与、家庭对子女创业的鼓励和支持等都影响着高校创业教育组织机制的选择与组织环境的创造。政府主导下的创业教育组织机制更侧重于行政推动，企业主导下的创业教育更

---

① 梅伟惠，2016. 我国高校创业教育组织模式：趋同成因与现实消解［J］. 教育发展研究（13）：29-34.

侧重于产业革命，家庭主导下的创业教育更侧重于财富延续。从高校内部来看，创业教育主导部门的不同，其产生的效果也大为不同。教务部门主导的创业教育侧重于创业课程的设置，就业指导部门主导的创业教育侧重于以创业带动就业，创业学院主导的创业教育侧重于创业学的学科建设，以各学院为主导的创业教育侧重于创业平台的建设，以创业训练中心为主导的创业教育侧重于"大创项目"的建设，以团委主导的创业教育侧重于创业活动与竞赛的开展。随着创业教育的深入开展，各类创业教育组织机制在实际运行中均存在这样或者那样的不足或缺陷，这也使得高校开始更加理性地构建创业教育组织机制。

（3）创业教育组织模式呈现差异性。组织模式是高校为提高创业教育工作效率及实施效果而选择的不同组织形式，对创业教育内涵的不同认识，决定了创业教育组织模式的差异。当前，对于创业教育的内涵还没有在全体创业教育参与者中形成共识，很多时候也将创业教育与创新教育、创造教育、创客教育、创意教育等混淆，尤其是经常将创新教育与创业教育放在一起。虽然，创新教育与创业教育彼此融合，互为依存，但是在人才培养的侧重上各有不同。创新教育是对当前教育培养人的功能的重新定位，是以培养人的创新意识、创新精神、创新能力和创新人格为目标的教育。[①] 创业教育，广义上是开拓个人的发展，日益注重个体的主动性、冒险、创业和独立工作技能，以及技术、社会和管理技能。狭义上是以创办企业为目标，以创新或模仿为基础。正是由于不同高校对创新教育和创业教育的认识不同，导致了创业教育组织模式的差异。以创新教育为核心的高校，注重将创新精神融入现有的专业教育，注重培养大学生的创新精神和创业精神，多采用协调型组织模式。以创业教育为重点的高校更加注重创业成果的产出、应用和转化以及创业实体的建立，多采用实体型组织模式。

2. 创业教育组织环境的构建策略

（1）培育"内合外联"的组织机制。当前，高校创业教育改革已成为推动高校教育教学改革的一个突破口，通过创业教育改革倒逼传统教学的改革和人才培养目标的转型。这样的全面改革仅靠教务部门或者创业学院的"单打独

---

① 王鹏，王为正，2016. 高校开展创客教育的挑战与突破［J］. 思想理论教育（上半月综合版）(10)：88-93.

斗"或局部改良是远远不够的，高校应围绕创新型人才培养目标，培育"内合外联"的创业教育组织机制。即高校内部要"通力合作"，从创业教育改革的整体出发，从人才培养的全过程出发，围绕创业教育进行一系列的改革，打通部门壁垒，形成教务、科研、人事、学工、团委、创业中心等多部门有效支撑、分工协作的机制，在创业教育课程、师资、实践、项目、文化等方面形成全员参与的协同合力。高校外部要"广泛联系"，积极推动高校组织机制建设符合国家创业教育政策和评价标准的实际要求，加强高校与社会、企业、地区、产业的合作与共建，为创业教育的发展争取更多的社会资源，建立有效的创业教育组织协作机制。

（2）探索"特色多样"的组织模式。鉴于不同高校的办学发展定位，各高校应站在长远规划发展的视角，明确自身办学特色，探索多样化创业教育组织模式。从目前来看，我国高校大致可以分为创业型大学、研究型大学、应用型大学等不同的办学类型。不同的发展方向决定了开展创业教育的功能与职责的不同、目标与方向的不同、定位与模式的不同。创业型高校的创业教育作为全校的中心工作，围绕"开拓性"创业型人才培养，其组织模式的安排更强调组织柔性的实现，具体体现为目标任务的需求导向以及面向任务的整合式的知识生产方式，其内部资源配置更加重视知识生产效率的提升；研究型高校的创业教育组织模式应着眼于高端创新型人才的培养和高水平科研创新能力的提升，着力通过学术机构的改革，构建跨学科、跨专业的创新人才培养平台，突出学生创造潜能的激发，推进学科前沿性研究新成果；应用型高校创业教育组织模式应着眼满足和适应经济与社会发展需要的新技术、新技能和新技工，更加侧重培养具有较强社会适应能力和竞争能力的应用型人才，突出学生实践能力的培养和创业技能的培训，实现以创业带动就业。高校应根据自身发展实际构建"特色多样"的组织运行模式。

（3）健全"递进聚焦"的组织体系。马克斯·韦伯提出的"理想的行政组织体系理论"，其核心是要使得行政组织发挥作用。在构建创业教育组织体系的过程中，既要尊重创新创业规律，也要尊重教育的基本规律。创新是创业的前提和基础，创意是创新的种子和起点，创客是创新的实践和体验。因此，在组织体系建设中，高校要遵循"创意—创新—创客—创业"的规律培养创新创业型人才。在高等教育运行机制中，要对创业教育的课程设置、实践、研究和培训进行协调，逐步改变当前运行过程中的条块分割和重复现象。同时，应注意通过各环节之间的有效衔接，改变目前创业教育的实施过程中，我们更多把重点放在创业竞赛、创业规划项目、创业产品的研发等显性度或表现度较高的环节，忽视创业教育与专业教育、课程教学、考试改革、教学研究和实践教学的深度融合。高校创业教育要建立完整的"课程渗透—项目支持—活动培训—平台推进—研究促进"的"递进聚焦"型组织实施体系。

五、高校创业教育生态系统之课程生态的构建

课程生态观是新时期人们审视与反思课程发展的一种观念的变革，是运用生态学原理和生态主义理论研究课程问题，强调以一种生态的思维、方法和原理来关注、理解和解释课程问题，是一种整体观、系统观、联系观和均衡观下的课程研究，是一种充分体现和不断运用生态智慧的课程设计与实施。课程生态观要充分考虑人的发展与课程的关系，以促进学生的可持续发展为根本，其实质是在课程体系中促进自然、社会和人的有机统一与和谐发展。生态主义课程的目标是培养完全自由、完全解放的公民，注重课程目标一致性和差异性的统一，以及课程目标的个体需要与社会需要的辩证统一。[①] 高校创业教育课程生态的构建应遵循尊重生命、回归生活和促进发展的基本要求，依据基础性目标、普及性目标和发展性目标的递进发展关系，实现多种课程形态的有机融合，如图6-7所示。

（一）创业教育课程生态的基本要求

创业教育课程生态强调课程目标的广谱与精准相统一、共性与个性相统一；创业教育课程设计的知识传授与能力培养相统一、理论讲解与实践实操相统一；创业教育课程资源开发的校内与校外相统一、线上与线下相统一。高校创业教育课程生态的基本要求主要体现在尊重生命、回归生活和促进发展等

---

① 王牧华，靳玉乐，2000. 生态主义课程思潮引论 [J]. 辽宁师范人学学报（社会科学版）(4)：43-46.

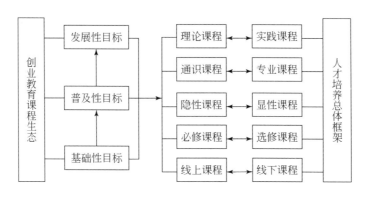

图6-7 高校创业教育课程生态构建示意图

方面。

1. 关注和尊重学生个体的生命

物存于世，必有其存在的意义。苍天大地，给予我们生存的空间；碧波清泉，成为生命的本源……世间万物都有它的价值，人作为具有鲜活生命特征的个体存在，更应该得到应有的关注和尊重，获得健康和谐的发展。教育的出发点是对个体生命的理解和尊重，关注个体生命不仅包括个体身体机能的健康发展，还包括个体人格和心智的健全发展，让个体学会与自然的共处、与社会的和谐、与他人的互助，充分领会和体验生命的价值和意义。课程生态观以尊重学生个体生命的存在为前提预设，要把每一位学生当作一个独特的生命存在，具有不可重复性与不可替代性，具有无限的发展潜能，教育要为不同学生的不同发展创造条件和提供可能。生命的成长与发展是一个动态过程，因此课程的发展也应该是动态的，其随着学生需求的变化而调整。在课程生态视域下，创业教育课程目标不只是创业知识的传授，而是促进学生知情意行的全面发展；创业教育课程的设置不应只利于部分学生的发展而忽视其他甚至大部分学生的发展需要；创业教育课程内容应关注每个个体的生命感受，促进学生健全个性的养成。

2. 重返学生的生活世界

生活世界是人的生命存在和人生价值得以实现的基础和条件，更是人生得以持续发展的基石。生活世界是人在其中的世界，课程生态应重返学生的生活世界，就是要确立人本意识和生命意识，就是要注重人的生活的动态过程，这里的生活世界包括现实的生活世界、精神的生活世界、动态的生活世界、未来的生活世界和内心的生活世界。现实的生活世界可以提供课程资源、课程知识的应用等；精神的生活世界帮助学生认知和追求美好的生活；动态的生活世界要求课程内容要关注生活世界的变化更新；未来的生活世界要求课程的设置和内容要有预见性和创新性，能够为学生未来的生活提供帮助；内心的生活世界可以反映每一名学生对生活世界的理解，保证每一个生活者生活的独特性。①创业教育源于生活而必须超越生活，学生在生活世界中获得的对自我、他人、社会的丰富认知以及在生活世界中形成的经验、经历与感悟将成为创业教育课程的重要基础。

3. 促进学生的可持续发展

发展性是相对于知识性而言的，人的本质既是一种生命意义的存在，还是一种超越生命的存在，因为人的存在更趋向于一种可能性的存在，而人的可能性存在具有无限的丰富性和多样性。②因此，学生的无数可能可以通过教育为指导走向一定的目标趋势。课程生态观要求关注学生的可持续发展和终身发展，在课程目标确定、课程内容设计、课程资源开发、课程实施方法和课程评价依据等环节中促进学生智力的发展、动作技能的掌握和情感意志的培养。人类自我发展是可持续发展的终极目标，教育的根本作用似乎比以往任何时候都更能确保人人享有充分发展其才能和尽可能坚定地保持其掌握自己命运所需的思想、判断、感觉和想象力的自由。③高校创业教育课程生态将以学生的可持续发展为目标，通过唤醒学生的创新意识和创新精神，为学生的终身发展提供不竭的动力支持，围绕学生发展这一中心任务，以更加开放的状态使创业教育课程本身充满活力，并能够适应不同教育个体的多样化发展需要，使其获得可持续发展的能力。

（二）创业教育课程目标的层级递进

从某种意义上说，所有教育目标都必须通过课程进行分解落实，课程目标

---

① 李长吉，秦平，2005. 教育应该回归怎样的生活世界 [J]. 中国教育学刊（10）：39-41.

② 黎君，2002. 论"人的可能"与教育 [J]. 南京师大学报（社会科学版）（2）：62-69.

③ 联合国教科文组织，1996. 教育—财富蕴含其中 [M]. 北京：教育科学出版社：85.

是指导课程发展过程的最关键准则，它是课程本身要达到的具体目标和意图。它定义了学生通过课程学习后在道德、知识和能力方面所达到的期望程度，它是确定课程内容、教学目标和教学方法的依据。在泰勒看来，确定教育目标是课程开发的出发点，学习者本身、当代校外社会生活和学科专家的建议是确立课程目标的三个来源。创业教育课程目标是创业教育目标的具体实现，其确立是基于学生的现实特点、社会发展的时代需求和相关学科的已有成果等多个方面的综合分析。依据对创业教育目标的理解，结合泰勒的"目标模式"和教育目标筛选原则，高校创业教育课程体系的目标可以从基础性目标、普及性目标和发展性目标三个层面加以定位。

1. 基础性目标

高校创业教育的最终目标不只是将每一位大学生都培养成成功的创业者，更是通过创业促进人的全面发展，帮助学生成长为完整的人、主体的人和发展的人，其核心是大学生创业心理品质、创新精神和创新意识的培养，这也是创业教育课程体系的基础性目标。优良的道德品质、坚韧不屈的精神、坚定不移的信念、丰富的经验、渊博的知识、充沛的体力和精力等优秀素质都将成为大学生未来事业成功的基本条件。创业本身是一个充满冒险的过程，"艰难困苦，玉汝于成"，对大学生来说，创业并非坦途。要想获得成功就必须有坚忍不拔的意志品格，这就要求创业者敢于面对挫折，正确看待失败，具有坚韧的意志力和顽强的战斗力。同时，应该具备积极、乐观、自信的心态；待人真诚、善于合作的精神；对社会、家庭和工作充满责任心等，这都是创业者必不可少的基本素养。创业教育课程体系的基础和核心是创业潜在意识的激发和创业精神的养成，因此，课程应注重培养大学生强烈的好奇心和批判性思维、开发创新思维，勇于独立思考、大胆质疑等。

2. 普及性目标

创业教育课程体系的普及性目标是帮助学生掌握相关创业的基本知识。广义的创业知识是指对创业实践过程有意义的知识体系及其个体结构，主要包括专业基础知识、管理知识和综合知识。狭义的创业知识是指应用于创业过程、步骤和方法的具体知识。专业基础知识是从事某一专业或职业所必需的知识，一般与专业和专业能力相结合。创业基础知识主要包括创业的基本概念、特点、原则和形式、创业的发展历史、创业活动的要素、创业团队、创业机会和计划、创业资源的开发以及创业知识案例和经验等；管理知识主要包括管理者的知识结构和技能、管理思想和理论的演进、管理伦理和社会责任、人力资源管理、激励与领导、沟通与控制、组织文化等；综合知识是发挥社会关系作用的多种专门知识，包括政策、法规、税收、金融、保险、人际关系等。当然，作为大学生或者有创业意向的学生还是最希望通过学习掌握最基本的创业相关知识，如创业机会的把握、创业项目的选择、创业经费的筹集、创业政策的了解、创业企划的设计、创业能力的评估等。因此，高校无论是开设的通识类创业基础课程还是结合专业类的创业教育课程都应该将学生所需要的创业知识作为普及性目标。

3. 发展性目标

创业教育课程的发展目标主要是培养学生以创业实践能力为核心的创业能力，即创业教育课程体系的个体目标。创业能力是创业成功的必要条件，创业是一种复杂的劳动，在创业实践中，创业能力是影响活动方式、效率和成果的直接因素。创业能力可分为专业能力、方法能力和社会能力。既然是创业教育课程体系的个性目标，对于不同类别、不同基础、不同愿望的学生，创业教育课程体系的目标不应"相同"，而应"因人而异"。专业能力是企业中的主要岗位或工作群所需要的能力，这是创业的前提条件，主要体现在创业过程中担任重要职务的必要能力，接受并了解与企业经营方向相关的新技术能力，将经济、劳动知识和法律法规运用到行业的实际能力；方法能力是创业者在创业过程中所需要的工作方法，这是创业的基本能力，它主要体现在接收和处理信息的能力、抓住市场机会的能力、分析和决策的能力以及联想、迁移和创造的能力；社会能力是创业过程中必备的行为能力，是创业的核心能力，主要体现在人际沟通、企业形象规划、合作、自我约束及适应变化和承受挫折的能力。

（三）创业教育课程体系的系统设计

创业教育的课程设置，无论在理论研究还是在实践探索方面都得到广泛关注，对于创业教育课程的分类也应所依据的标准不同而各有特色。从国外来看，Shepherd 和 Douglas 认为创业教育课程按照故事类、案例研究类、计划类、行动类四大类进行设置。Solomon 等学者则从微观的视角，认为创业课程的设置应分为三大类，即商业计划设计、案例研究和创业宣讲报告。① 国内学者李景旺认为创业教育课程可以设置为学科课程、活动课程和创业实践课程。② 胡业华等提出创业教育课程的三大模块：通识性创业教育课程、专业性创业教育课程、实践性创业教育课程。③ 尚恒志认为创业教育的课程体系可以分为四大模块，即创业意识类课程、创业能力类课程、创业相关知识类课程和创业体验类课程。④ 各位学者的不同研究成果为创业教育课程体系的构建提供了必要的、有价值的参考。课程体系的构建与实施，主要关注于培养什么样的人才，如何培养人才，以及如何达到高校培养目标的要求。因此，创业教育课程体系的构建应以创新型人才培养的总体目标和基础性、普及性和发展性的创业教育课程目标为基本依据，总体由隐性课程和显性课程两大类及基础类创业教育课程、专业类创业教育课程、实践类创业教育课程三大模块构成，各模块相互补充、相互融合、相互支持，从多重维度发挥着创业教育的育人功能。

1. 以培养学生创新精神和创新意识等基础性目标的隐性课程

创业教育是从意识水平到专业知识水平，最后到实际操作能力的一种培养，与以往的学术、技术技能培养有很大差异。从这个角度出发，充分发挥隐性课程无处不在的优势和潜移默化的作用，对学生的行为模式、价值观和心理品质产生自觉和间接的影响。高校应根据创业教育课程体系的目标、任务和要求，以环境创设与营造为依托，从物质文化、氛围营造、关系协调等方面构建一个隐性的创业教育课程体系。第一，高校要通过亭廊文化、报刊媒介、网站、自媒体等多种形式，宣传创业、鼓励创业、引导创业，将"敬业、守信、诚实、合作、责任"确立为校园创业主流文化。第二，通过评选创业标兵、校园创业能手等，培养学生勤为力行、爱岗敬业、奋发进取和严谨笃学的精神品性。⑤ 通过开展各类基于真实任务、团队合作等组织形式的创客工作坊、创业

---

① 夏人青，罗志敏，2010. 论高校人才培养框架下的创业教育目标——兼论高校创业教育课程的设置 [J]. 复旦教育论坛 (6)：56-60.

② 李景旺，2006. 探讨高校创业教育课程体系的构建 [J]. 教育与职业 (18)：22-24.

③ 胡业华，徐德培，倪锋，2014. 高校创业教育课程体系建设的探讨 [J]. 职教论坛 (34)：82-84.

④ 尚恒志，2009. 大学生创业教育的课程体系研究 [J]. 教育研究与实验 (S1)：7-9.

⑤ 王鹏，王秋芳，2010. 专业化的创业教育：现实困境与实践路径 [J]. 河北师范大学学报 (教育科学版) (2)：73-76.

挑战赛、创客沙龙和创新作品展等常态活动，帮助成熟的创业项目进行市场推广，在小众实践的基础上逐步吸引更多的学生加入。① 第三，通过创新师生关系、改革教学模式，帮助学生打破思维禁锢。任课教师在完成规定教学任务的前提下，可以自觉地将教学内容与创新思维、创新发明和成功创业案例联系起来讲授。教师还可以在课堂提问、作业布置、课程考试中渗透创新与创业，通过鼓励开放式的答案和制定多样化的成绩评价标准等方式培养学生树立"创新可贵、创新有理"的价值观。

2. 以培养学生创新创业知识等普及型目标的显性课程

通识教育是大学教育中的非专业教育部分，重在"育"而非"教"，是为学生进行任何专业学习准备的"共同教育"，目的在于培养健全的个人和自由社会中健全的公民。因为没有专业的硬性划分，它提供的选择是多样化的，学生可以通过多样化的选择，得到自由的、顺其自然的成长，其在某种程度上超越了功利性与实用性。芝加哥大学校长哈钦斯认为："通识教育的目标是致力于人的全面发展而并非人的职业技能建构"。高校创业教育是面向全体大学生的教育，具有通识教育的性质，根据通识教育的基本理念构建高校创业教育课程体系，是提升大学生创新精神和创新意识，普及创业教育基础知识的基本途径。2012 年，教育部印发的《普通本科学校创业教育教学基本要求（试行）》中提出"要面向全体，将创业教育纳入人才培养体系，贯穿人才培养的全过程，面向全体学生广泛、系统开展。""把创业教育与思想政治教育、就业教育和大学生就业指导服务有机衔接。"并明确要求高校要创造条件，面向全体学生开设"创业基础"必修课程，不少于 2 个学分和 32 个学时。一方面，高校应开设"职业生涯规划课—就业指导课—创业基础课"等系列通识必修类就业创业课程。通过职业生涯规划课程帮助学生自我认知，正确规划大学四年的学习目标、正确选择今后的职业目标。通过就业指导课程，帮助学生正确认识当前的就业形势和社会需求，树立正确的择业观、求职观。通过创业基础课程，帮助学生掌握开展创业活动所需要的基本知识，具备必要的创业能力，树立科学的创业观。另一方面，高校应围绕创业者素质能力要求，在创业基本知识的

---

① 王鹏，王为正，2016. 高校开展创客教育的挑战与突破［J］. 思想理论教育（上半月综合版）
（10）：88-93.

基础上开设高阶选修类课程，① 如批判性与创新思维方法、冲突解决、团队合作等，同时开设管理类、法律类、心理类等相关课程，满足不同学生的多样化发展需要。

同时，《普通本科学校创业教育教学基本要求（试行）》中也明确指出："要建立健全创业教育与专业教育紧密结合的多样化教学体系，在专业教学中更加自觉培养学生勇于创新，善于发现创业机会、敢于进行创业实践的能力。"创业教育与专业教育两者互促共生，一方面，创业教育不可能脱离知识教育和专业教育而独立运行，创业教育能力的培养不可能游离于专业课程之外，创业教育不但不排斥专业教育，而且必须与专业教育紧密结合，与专业教学有机重构。另一方面，专业教育对于创业教育来说是一种理想的教育方式。② 创业教育是专业教育与创业精神、创业能力培育相统一的教育，可以促进专业教育的改革、创新与发展。③ 因此，创业教育的最佳效果源于创业教育与专业教育的有机融合。专业创业教育课程以学科领域创业为主题，整合学科知识，培养学生的知识应用与创新能力。专业创业教育课程建设主要有两种模式：一种是增列课程模式，即单独设置专业类的创业教育课程。大力推进专业创业课程的开发，以专业必修课或选修课的形式尝试将创业教育的内容纳入专业课程体系中，开设"某专业+创业（创业管理）"类课程，如证券交易事务、产品设计与创业、音乐创业与营销、平面设计与创业、软件开发与团队创业等。另一种是内容嵌入模式，即以各学科课程教学为载体，渗透创业教育知识内容。教师要充分挖掘各专业课程中与创业教育相关的元素与内容，在课程设计中融入创业的理念与思维，从而从整体上优化课程教学内容，实现由"创业课程"向"课程创业"的转变。

3. 以培养学生创业实践能力等发展性目标的实践课程

创业教育的重要特征就是强调实践能力和实务操作，创业实践活动是大学生将创业教育知识、经验等转换为创业能力的重要途径。创业理论知识的理

---

① 沈文青，孙海涛，2014. 通识教育视野下的创业教育课程体系建构［J］. 当代教育科学（19）：17-20.

② 张政文，2013-06-17. 完善"融入式"创新创业课程体系［N］. 中国教育报.

③ 曾尔雷，黄新敏，2010. 创业教育融入专业教育的发展模式及其策略研究［J］. 中国高教研究（12）：70-72.

解、掌握、内化、提升等只依靠书本知识是非常有限的，只有在实际的创业活动或实践过程中才能提高自身的知识感受与体验，也才能帮助学生在未来的实际场景中有的放矢。提高学生创业实践能力的课程体系主要包括实践应用课程和实践活动课程两类。创业实践应用类课程是在学科课程的基础上，以强调实务操作为核心开设的充分体现创业教育特点和性质的课程，将与大学生创业实践能力形成相关的态度、知识、技能等融为一体，主要特征是以学生自主学习与体验为核心，使他们在实践中学习、学习中实践，从而全面提升学生的创业素质与能力。① 如开设创业实务课程，让学生结合所学专业进行创业流程设计和企业经营流程设计的实操；开设创业市场调查课程，让学生掌握对目标企业所在行业进行系统调查、分析的基本知识与技能；开设创业企划书写作课程，让学生掌握企划书撰写的基本要求和主要内容等。创业实践活动类课程以帮助学生获得直接的创业经验和创业信息为目的。② 创业实践活动类课程是通过素质训练活动和专题实践活动等方式进行，有利于学生开阔视野、丰富体验，形成综合性的知识结构和能力。其中，素质训练活动主要以各类活动竞赛为依托，主要包括学科兴趣活动、科技创新活动、公益服务活动等；专题实践活动是根据创业教育的课程目标和内容而设置的有明确主题的集体活动，包括行业参观、商业调查、群体访谈等，使学生通过真实体验获得创业的感性认识。

（四）创业教育课程形态的有机融合

创业教育课程与大学已有课程体系之间的关系成为值得研究的课题，如果把创业教育课程作为一个独立的课程体系与其他课程相并列，或直接独立于大学已有课程体系之外的观点似乎并不可取。因为作为大学人才培养的课程体系本身是一个整体，在创业教育没有被广泛提及并关注的时候，已有的课程体系在人才培养过程中发挥过积极的作用。如果将创业教育课程作为独立的体系，一方面会增加学生额外的课业负担，挤占原有课程的教学学时；另一方面，也会造成创业教育课程与其他类别课程之间的人为割裂，因为单一的课程形式不可能培养出符合现实要求的合格创业者。根据现代课程理论，课程形式是课程

---

① 胡业华，徐德培，倪锋，2014. 高校创业教育课程体系建设的探讨 [J]. 职教论坛 (34)：82-84.
② 林琳，2011. 基于广义课程概念的大学生创业教育课程体系建设 [J]. 思想教育研究 (4)：76-79.

多样性的表现，按照不同的分类标准，课程形式有多种划分方式，结合创业教育的课程目标和呈现形式，将创业教育课程分为理论与实践课程、基础与专业课程、隐性与显性课程、必修与选修课程、线上和线下课程等，创业教育课程生态的构建必须置于高校人才培养的整体框架下，并注重多种形态课程的有机融合。

1. 创业教育理论课程与实践课程相融合

理论性课程教学与实践性课程教学是创业教育教学的两大基本形式，两者是辩证统一的关系。从目前各高校开展创业教育的实际情况来看，存在两种偏向。一种是以理论讲授取代实践训练，即在培养方案中开设有创业教育相关理论课程，但是缺少对创业实践能力的有效培训，将创业教育止步于课堂知识的讲授和书本的传递。另一种是忽略理论知识的传授，而以各种赛事或活动等第二课堂的形式来取代创业教育的系统学习，将各种赛事的获奖作为检验创业教育效果的唯一依据。实质上，创业教育知识的理解与掌握、内化与应用既需要系统的理论知识做指导，同时也需要丰富的创业实践来实现。系统的专业知识是在长期实践的基础上总结出来的，专业理论指导下的实践比超脱理论和盲目的实践更具针对性和计划性。高校创业教育的课程体系不仅要强调理论知识的系统教学，而且要为学生提供充分的环境和条件，让他们感受和体验创业过程。高校应该在理论课程的教学中增加一定的实践教学环节，将两者合理安排，做到相辅相成，让"早实践、多实践和反复创新实践"贯穿于学生创业教育的全过程，通过理论课程与实践课程的合理配置和有机结合，在优化学生创业知识结构的同时提高创业能力。

2. 创业教育通识课程与专业课程相渗透

从目前来看，按照教育部文件规定，各高校基本都开设了创业基础等通识类课程，同时也开设了创新思维等一批通识选修课程。但是从各专业的实际情况来看，结合专业开设的创新创业类课程非常有限，一方面受传统观念的影响，专业课教师参与创业、理解创业、融合创业的意识、热情和能力不足；另一方面，受现有课程内容、教学方法、实践条件等限制，专业类创业教育课程的设置与实施效果不理想。在课程开发与设计方面，首先，高校要重视创业教育通识类课程的开发，增加创业教育通识类课程的数量，扩大其覆盖面以使更多的大学生能够选择满足自身需求的创业类课程。为了使大部分学生在不同程度上接触到创业的基本理念与基础知识，还可以考虑在现有的通识课程体系中融入创业教育的内容，可采取多学科协同的方式推进创业教育，加强多学科的思维、方法、知识的有机融合和互相借鉴，将创业教育与思想政治教育、通识素质教育、心理健康教育、就业指导教育等相融合，实现创业教育的"无处不在"和"无孔不入"。同时，高校要鼓励专业教师在专业课程的教学过程中渗透创业教育的内容，对现有专业课程进行综合改革，充分发掘已有专业课程中的创业元素，融入和渗透创业教育理念、意识和知识，引导学生基于自身专业知识背景去发掘创业机会。

3. 创业教育隐性课程与显性课程相衔接

创业教育的隐性课程主要体现在高校创业教育文化的营造、制度的完善、心理的准备和资源的保障，其在高校创业教育过程中对大学生创新意识的激发、创新精神的培养和创新品质的形成起着潜在的、非正式的和长期的影响。虽然隐性课程与显性课程在学习的计划性、学习环境和学生的学习结果等方面存在差异，但是，两者并不是各自孤立的存在，而是相互渗透、彼此影响，共同促进学生的综合素质发展。在创业教育课程建设体系中，显性课程是核心部分，是在隐性课程基础上的专业教育，隐性课程是显性课程在内涵和外延等方面的扩展与延伸。高校应在生态思维的统领下，围绕创业教育人才培养目标，使两者和谐统一、相生相长，使课程体系更显生机、更富活力。高校在进行整体教学规划时应把隐性课程纳入其中，进行合理综合设计，采取有效措施引导隐性课程的实施，将显性课程和隐性课程进行有机融合，把显性课程和隐性课程的无痕衔接提高到培养学生的创新素质的途径上来认识，充分发挥两类课程各自的优势与功能。

4. 创业教育必修课程与选修课程相补充

从教学目标看，必修课程注重培养大学生创业的基本知识、技能和素质，为学生未来的职业发展奠定共同的基础。选修课程更注重拓展学生的创业教育视野，深化创业知识和技能，满足学生的兴趣爱好，培养学生的个性。从教学内容来看，必修课程强调创业知识技能的基础性与完整性，选修课程则关注更加专业的创业知识技能，有较大的弹性，且须随时代变化及学生的要求进行及时调整。从教学方法来看，必修课程注重循序渐进，注重课堂讲授，选修课程则可跨越跃进，以非线性的方式加以实施，以满足不同学生的发展水平和发展需要。2012 年，教育部印发的《普通本科学校创业教育教学基本要求（试行)》中明确提出：高等学校应创造条件，面向全体学生单独开设"创业基础"必修课，支持有条件的高等学校根据办学定位、人才培养规格和学科专业特点，开发、开设创业教育类选修课程。2015 年，国务院办公厅印发的《关于深化高等学校创新创业教育改革的实施意见》中再次强调："应面向全体学生开发开设研究方法、学科前沿、创业基础、就业创业指导等方面的必修课和选修课。"高校创业教育的必修课程与选修课程都是以促进学生创业综合素质的发展为目标，两者相辅相成，一方面应加强必修课程教学内容、教学方法和管理的创新，提高创业教育课程的"广谱性"；另一方面要拓展选修课程的数量，改革教学形式，鼓励各专业教师开设专业类创业教育的选修课程，与必修课程教学内容形成系统衔接，提高创业教育课程满足不同学生需要的"精准性"，扩大创业教育在全校的影响力。

5. 创业教育线上课程与线下课程相支持

创业教育融入慕课将打破时空界限，实现资源共享，重构创业教育的教学模式和生态环境，促进师生互动。借助信息技术，慕课将创业教育的相关知识转化为更容易被学生接受的碎片化形式，学生可以利用网络资源安排自己的时间，自主学习，从而克服有限课堂学习的弊端。在传统线下课程的基础上，打造创业教育线上线下"混合式"金课成为新时代课程建设的趋向。未来，随着信息化建设水平的提升，更多的国家级在线开放课程将陆续上线，可以实现"名校、名师、名课堂"的资源共享。高校可以通过在线开放课程资源的对接与共享，搭建自己的创业教育慕课平台，实现优质资源的"校本化"。创业教育慕课平台的内容要按照创业课程教学大纲进行设计，将适合我国国情和本校学生特点的优质课程资源作为学生课外学习的内容上传到平台上，给学生足够的沟通和思考时间。在慕课平台上，可以设置创业项目交流模块和创业竞赛指导模块，学生可以在这里畅谈创业想法，了解国家、省、学校开展的各级各类创业竞赛，并可以根据自己的情况做出适当的选择。创业教育教师可以通过平台推荐国内外知名的课程资源链接，丰富课程内容，帮助学生掌握前沿创业方法。高校应注重线上与线下课程资源的支持与互补，充分发挥两者的各自优势，为学生提供更加丰富的课程资源。

六、高校创业教育生态系统之课堂生态的构建

生态哲学理念下的课堂教学打破了传统机械论哲学视域下课堂作为一个封闭实体的认识，认为课堂的本质是一个具有生命特质丰富而复杂的微观生态系统，具有与自然生态系统相同的整体性、开放性、多样性和共生性等特征，但是课堂生态系统作为一种人工生态系统，具有自然生态系统和文化生态系统的双重属性。① 研究创业教育课堂生态就是在生态哲学的指导下审视和分析当前的创业教育课堂，从课堂的系统性、生命性、生长性和创新性出发，研究和遵循生态规律在课堂教学这一特定领域中的体现、应用和发挥，旨在促进课堂生态主体之间及其与环境之间的物质流、信息流和情感流，使课堂生态系统处于良性循环发展的状态，更加彰显生态精神、体现生态气质，更好地实现课堂生态系统在创业型人才培养中的功能。高校创业教育课堂生态的构建遵循"微系统"整体性与协同性相统一、共生性与交互性相统一、依存性与自组织性相统一的原则，通过维系畅通的"信息流"、构建和谐的课堂生态因子、打造"多样态"的创业课堂等提高课堂教学的有效性，如图6-8所示。

（一）创业教育课堂生态的形态呈现

1. 复杂多元的要素形态

要实现创业教育的课堂生态离不开相关要素的结构组成，必要的构成要素形成了特定的关系结构。随着高等教育教学改革的深化、结构的转型、供给的调整等，高等教育从外延式的规模增长转变为内涵式的质量提升，而课堂教学质量成为提升人才培养质量的关键。遗憾的是，无论是《教育部关于大力推进高等学校创新创业教育和大学生自主创业工作的意见》，还是国务院办公厅发布的《关于深化高等学校创新创业教育改革的实施意见》中都没有对高校创业教育课堂教学提出明确的指导性意见，这也造成了创业教育的"末梢"大打折

①　李森，2005. 论课堂的生态本质、特征及功能［J］. 教育研究（10）：55-60，79.

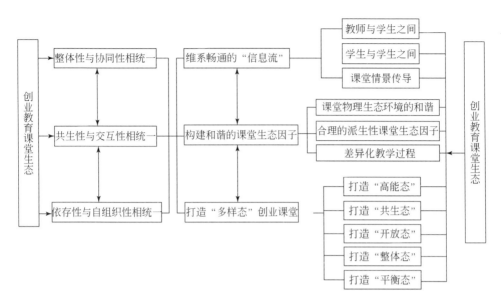

图 6-8 高校创业教育课堂生态构建示意图

扣。近年来，随着创业教育教学理论与实践的发展，创业教育课堂中的主体要素更具意识、客体要素更加多样、介体要素更加丰富、环境要素更加复杂、目标要素更具层次等，尤其是信息技术、大数据技术、创客技术等新兴技术的融合，创业教育的课堂要素更加趋于整合。一方面，要素自身所具有的性质、地位和角色构建了创业教育课堂生态的基本结构；另一方面，各要素之间的相互组合、彼此融合、有机契合和通力配合实现了课堂生态系统的功能升级。

2. 有序稳定的结构形态

参与创业教育课堂教学的诸要素，通过要素之间的内在关联及要素与内外环境之间的联系形成特定的关系链，形成课堂生态系统结构形态的基本样态。创业教育课堂生态系统是高校创业教育系统的子系统，其自身也是由各宏观、中观和微观要素组成的相互渗透、相互交错、动静结合的网络结构。[1] 随着生态意识和生态理念在教育领域的觉醒，作为高校人才培养核心单元的"课堂"逐渐呈现出生态化模式，首先体现在转变传统机械论范式下的思维方式，用生

---

[1] 徐玮，2008. 企业组织结构——21 世纪新环境下的演进与发展 [M]. 北京：经济管理出版社：144-146.

态系统的观点来计划、组织、实施和评价课堂教学，反思和解决课堂教学中的各种问题，其结果是系统内部要素的稳定合理和外部要素的有序多样。① 根据创业教育课堂要素的不同状态，可分为稳定的结构形式和动态的结构形式。稳定的结构形式是在一定时间内各成分之间、要素和要素之间以及要素和环境之间的相对稳定有序的关系，如师生关系、管理制度等；动态的结构形式随着某些要素的改变，如教学目标的升级、教学内容的更新和教学方法的改进等，会促进要素之间的关系链的改变，使各要素处于动态变化中，使课堂生态系统呈现出动态性特征。

3. 丰富多样的组织形态

组织是资源配置的一种机制，目前，组织正从传统的以所有权为基础、以命令和控制为构架的有形形态逐渐向现代的以各种关系为基础、以动态性和适应性为特征的无形形态转变。② 组织形态是由组织中各要素纵向层次关系及其沟通关系、横向分工和沟通关系所形成的无形而相对稳定的组织结构，它反映了各要素之间的分工和协作，并反映了一种分工和协作框架。作为一种典型的组织系统，课堂生态系统是由参与课堂教学的主体、客体、介体、环体等要素组成的有机整体，各要素不仅存在着纵向的知识传递的关系，也存在横向的分工合作和信息沟通的关系，纵横交错的要素关系构成了课堂生态系统的组织形态。随着信息技术与课堂教学的深度融合，现代课堂生态系统的组织形态呈现出虚拟型组织、网络型组织、学习型组织和创新型组织等多种形态，旨在培养整个组织的学习氛围，以充分发挥师生的创造性思维能力，通过激发师生之间的频繁对话和交流，从而实现师生之间的知识共享和不断创新。

4. 有机综合的价值形态

价值目标是课堂生态构建的基础，不同价值取向的课堂在目标、内容、方法、评价等方面存在较大差异。当前以培养学生核心素养和关键能力为核心指向的课堂强调人的全面发展和终身发展。高校创业教育的课堂生态价值既表现在对创业教育教学知识的探索与发展价值，也表现在促进学生自身综合素质发展的价值；既表现在对学生进行创业教育教学知识的传授与训练的价值，也表

---

① 刘志峰，智延生，2010. 课堂生态系统的形态表征分析 [J]. 教育探索（6）：45-46.
② 胡吉平，魏际刚，2001. 组织形态演变与未来组织形态模式的探讨 [J]. 技术经济（6）：4-6.

现在对师生创新精神、创新理性和创新思维的培养价值。多层次、多维度的价值形态的有机关联和相互影响，共同构成了课堂生态系统价值形态的整体概貌。[①] 一般来说，高校创业教育课堂的价值形态具有整体性、过程性和动态性三个特征，整体性表现为课堂生态的预期目标的实现建立在各层面、各维度目标实现的基础上，缺乏任何层面或层次的目标将限制和影响整个课堂价值目标的实现；过程性表现在课堂价值的实现是一个过程，在这个过程中，各种要素、结构和环境经过了长期的适应，需要各种保障的投入与质量的监控；动态性表现在构成要素的改变、结构的调整、功能的转向都会引起课堂价值形态的变化。

（二）创业教育课堂生态的价值追求

1. 创业教育课堂生态追求个体生命的整体发展

课堂是学生精神养成、知识学习、行为塑造的"主战场"，任何课堂教学的改革都必须以促进学生的健康成长为宗旨和目标。创业教育的本质目标是促进大学生成为"完整的人"，即促进学生全面和谐的发展。创业教育的课堂不同于常规的专业教学课堂，即创业教育的课堂除了向学生传授有关创业的专业知识外，更注重学生创新精神的养成、创业意识的激发和创业者素质的培养。创业教育的课堂生态不同于传统机械论范式下的传统课堂，即在课堂教学中学生不再是等待改造的机器和被动接受知识的容器，而是课堂生态场中的具有思想意识、丰富情感、兴趣爱好的生命个体，创业教育课堂生态要更加关注学生的生命存在、生活体验和成长需求，促进学生生命的整体发展。既然是造就"完整的人"，就必须充分发挥学生的自主性。受传统机械论和工具主义思维的影响，我们只关注学生在课堂教学中对教师和环境的依存性，而忽视了其"现实的人"的本质属性和作为生命个体的自主性。创业教育的课堂生态要尽量创造条件，彻底解放学生的大脑和双手，让学生在学习活动中自主发展。

2. 创业教育课堂生态追求师生合作的互利共生

共生最早描述的是生物现象，"在生态学中，共生指两个不同有机体之间

---

① 柳海民，常艳芳，2008. 论大学精神的价值［J］. 教育研究（8）：50-55.

有益的至少是无害的相互关系。"① "在当代，透过生物共生现象，人们认识到共生是人类之间、自然之间以及人与自然之间形成的一种相互依存、和谐、统一的命运关系。"在传统机械论范式下，课堂成为教师"独角戏"的舞台，学生成为很少挑剔的观众。按照生态学中的共生理论，创业教育课堂中教师与学生是一种相互依存的共生关系，这种关系比其他专业课程的课堂更为紧密。因为创业教育课程的实践属性，要求在课堂中必须充分开展师生的合作，形成发展共同体，学生和教师在共同的实践过程中互利共生。课堂不再是教师一个人的独白，而成为师生对话、交流、合作的平台。创业教育课堂生态要改变传统课堂的"偏利共生"现象，即过分强调教师的单向付出、奉献和牺牲。在互利共生的课堂中，不仅学生通过主动学习获得了综合发展，教师也在教学过程中，通过与学生的合作与交流，获得新的灵感和智慧，丰富了对已有知识的理解与应用，获得情感的调适，进而促进创业教育教师的自我专业发展。

3. 创业教育课堂生态追求多维互动的有效关联

根据生态学的基本观点，生态系统中的各种要素是普遍联系、相互依存和相互作用的，使生态系统成为一个相互联系的有机整体，这也是生态系统的一个基本特征。与自然生态系统相似，课堂生态系统也具有整体和关联的特征。这种关联既包括课堂生态系统内部各要素之间的普遍联系，如教育主体教师与学生之间的联系、教育主体与教育环境之间的联系、教育主体与教育内容之间的联系、不同学科内容之间的联系、教育内容与教育媒介之间的联系等；也包括课堂生态系统与外部社会生活的紧密联系，尤其是对于时代性和时效性非常强的创业教育，课堂教育内容、方式方法与经济社会和产业发展的现状与未来有着密切的联系，必须随着经济社会的发展变化而与时俱进。同时，课堂作为高校创业教育生态系统的组成部分，其与系统中的其他要素如目标、政策、环境、课程等都存在深度关联。"关联逻辑以有机的关联方式挑战学校机械的教育方式。"② 创业教育课堂生态意味着观点和思维的转变，就是把参与其中的各种要素作为一种关系性存在，充分关注和利用多元、多级、多向、多层次和多

---

① 金炳华，2001. 哲学大辞典（修订版）[M]. 上海：上海辞书出版社：454-455.

② 杰恩·弗利纳，2013. 课程动态学——再造心灵 [M]. 吕联芳，邵华，译. 北京：教育科学出版社：65.

维度互动关系。[①]

4. 创业教育课堂生态追求充分开放的动态生成

布鲁姆提出："人们无法预料到教学所产生的全部范围。"叶澜教授提出："课堂应是向未知方向挺进的旅程，并随时都有可能发现意外的通道和美丽的图景，而不是一切都必须遵循固定线路而没有激情的行程。"传统的机械论范式认为课堂是静态、封闭的实体，课堂教学是按照教师预先设计的轨迹开展的，教师在具体课程实施过程中往往要采取各种控制性措施以保证课堂的"预设性"进程。课堂生态就是要实现课堂教学的预设性向生成性的转变，课堂教学的动态生成既源于相关学科知识的发展与丰富，也源于各教育主体的能动性和创造性。在创业教育课堂生态构建过程中，随着创业学科的发展与完善，教育学、心理学、管理学等相关支持学科理论的不断创新，创业教育课堂教学的知识与内容呈现出动态生成的特点。同时，面对创业教育课堂的不同教育对象，由于其知识储备、兴趣爱好、生活经历和性格情感等方面的差异，这也为创业教育教学资源的形成提供了丰富的来源，这就要求创业教育教师在课程准备和实施过程中既要精心预设，为学生创设宽松的心理环境和空间，又要善于捕捉课堂中的"意外"，将之转化为课堂有效的教学资源。

5. 创业教育课堂生态追求轻负高质的高能高效

生态本身意味着低碳环保、和谐健康、绿色文明和低耗高能。创业教育课堂生态蕴含着师生在创业教育课堂教学过程中的轻松愉快、和谐健康。生态最终要实现课堂的"轻负高效"，高效课堂是以最小的教学和学习投入获得最大学习效益的课堂，基本特征是"自主建构、互动激发、高效生成、愉悦共享"。当然，传统机械论范式下的课堂也是追求高效的，但是那样的高效更侧重于对单纯知识数量的追求和高负荷的付出与运转，导致课堂中教师与学生之间关系的淡漠与疏远，教学过程的程式化与程序化，教学氛围的枯燥，大量时间、精力的投入最终换来的是教师辛苦和学生痛苦。创业教育课堂生态注重帮助学生以适合自己的方式对知识进行主动建构，注重在课堂教学过程中的师生主体的互动互益，注重教学氛围的愉悦共享，最终实现教学效果的高效生成。当然，创业教育课堂生态不是简单追求表现上的轻松愉快，也不是教学内容的越少越

[①] 岳伟，刘贵华，2014. 走向生态课堂——论课堂的整体性变革 [J]．教育研究（8）：99-106，134.

好，教学投入的越低越好，而是要将生态的思维、方法和智慧渗透到创业教育课堂教学的教学设计、教学实施和教学评价的全过程中，实现高效能、高效益和高品质的统一。

（三）创业教育课堂生态的构建原则

1. 整体性与协同性相统一

高校创业教育课堂生态系统由教师、学生、教学目标、教学内容、教学方法、教学环境等生态因子组成，每个生态因子都在系统中占有一定的生态位，共同构成了一个内在统一和完整的有机整体。高校创业教育课堂的整体性与协同性，既表现为师生作为独立个体的整体性与协同性，也表现为师生作为课堂学习共同体的整体性与协同性。作为学习活动主体的学生在创业教育课堂中的发展应该是身心协同发展，既注重对创业知识的掌握、理解和运用，也注重创新精神、情感、态度、价值观等方面的养成；作为教学活动主体的教师，尤其是承担创业教育课程的教师，既要向学生传授科学规范的创业学科知识并提供专项技能训练，更重要的是通过教师自身良好的创业素质、创新精神、创业能力、创业经历和职业素养等对学生的创新创业理想信念和实践能力等方面进行全方位地感染、激发与提升。只有自身具有良好创新创业知识和素质的教师才能培养出优秀的创新型人才。高校创业教育课堂生态的构建必须坚持整体性与协同性的统一，既重视各因子的整体功能，又要注重各因子之间的相互关联，促进师生创业知能的和谐发展。

2. 共生性与交互性相统一

生态视域下的课堂教学存在着多维度的共生关系，既有教学主体与学习主体之间的互利共生，也有课堂主体与课堂环境之间的互融共生。一方面，创业教育课堂的师生互动性更强。作为一种理论与实践相结合并更偏重实践能力培养的课堂，在创业教育教学中师生的价值认同、知识传递和智慧启发等显得格外重要，在这种互动中，教师与学生的创新热情得以激发、创新知识得以增长、创新能力得以提升。另一方面，创业教育课堂环境的生态功能更加突出。创业教育的课堂环境为师生主体在课堂这一生态场域内进行的教与学的活动提供了前提和基础；同时，课堂教学主体也会根据课程教学目标、教学内容和学习者的不同特性创设或调整创业教育课堂的内外部环境，实现课堂生态环境的最优化。高校创业教育课堂生态的构建要自觉遵循共生性与交互性相统一的原则，既要注重教师主体和学生主体的功能发挥，又要注重师生之间及师生与课堂环境之间良好的交互和共生关系的建立，推进师生间的知识交流、情感互动、创意碰撞、智慧启迪，通过彼此的项目合作、平等对话、深度讨论，共同构建创业教育学习和实践共同体。

3. 依存性与自组织性相统一

高校课堂作为微观生态系统，其生态因子之间存在较强的依存性。[①] 从学生的角度出发，创业教育效果的好坏受到自身家庭环境、自身成长经历、所处社会环境、教学目标、教学内容与方法和教师个人魅力等多种因素的影响，各因素在对学生的影响过程中应该在总体目标上保持一致，形成合力，避免顾此失彼的偏衡发展。从教师的角度出发，面对不同知识结构、成长经历、生活经验、家庭背景、情感体验和价值观念的学生，要实现创业教育课堂教学效果的优化对教师个人素质提出了更高要求，也呼唤创业教育教师的专业化发展。创业教育教师的专业发展受到自身职业信念、价值取向、创业经历、人际关系等方面的影响，也受到学校人事管理制度、教学发展制度、学术评价机制、创业文化环境等方面的影响，虽然这些因素在教师专业发展中的作用和功能各不相同，分量轻重不等，但共同促进和维持着系统的平衡与稳定。同时，创业教育课堂具有典型的自组织性，由于教育对象的心智成熟水平较高，当课堂出现生态失衡的时候，在没有教师的组织和参与下，学生可以利用自己的知识能力，采取有效措施，逐步使课堂生态趋于平衡。高校在创业教育课堂生态构建过程中既要提升各依存要素的有效功能，又要利用其自组织性，充分发挥自身的调试和补偿功能，实现新的秩序与平衡。

（四）创业教育课堂生态的实践路径

以生态思维来思考和重构课堂，通过激发生机、尊重生命、贴近生活、讲求生动、动态生成等途径，遵循教育生态学基本定律和规则，打造课堂的高能态、共生态、开放态、整体态和平衡态，是构建创业教育课堂生态的重要

---

① 徐建华，宋航，2017. 我国高校课堂生态建设应遵循的基本原则［J］. 黑龙江教育（3）：47-48.

组成。

1. 激发生机，转化"限制因子"，打造课堂的"高能态"

要提高创业教育课堂教学的"高能态"，必须找出并消除或转化制约因素。从广义上讲，创业教育课堂涉及的生态因素很多，如生态主客体的师生、生态环体的教学环境和学习氛围、生态介体的教学内容和教学方法等。当然，最重要的应该是"人"的因素。创业教育教师要激发课堂活力，调动学生的热情，增强学生的参与激情，使学生在体验中构建知识体系，不仅要解放学生的感官，把各种感官体验充分融入课堂，而且要给学生足够的"时间和空间"，使学生将自己的体验与兴趣、思维与活动、价值与观点与知识的理解与建构、学习与掌握、获取与管理相融合，还原和唤醒学生的主体地位和自我意识。

2. 尊重生命，遵循"社会性群聚"原则，打造课堂的"共生态"

创业教育课堂追求的"共生态"，意味着师生关系不再是二元对立，而是互利共生；课堂教学不再是单向的知识传递，而是双向的合作艺术；人才培养不再是标准的规格统一，而是多样生命的尽情绽放。生态系统中的任何有机体都具有"自主—依存"的双重属性。[①] 教师要按照教育生态学中的"社会性集群"的原则，完善程序、增强团队凝聚力，充分发挥"正式群体"在课堂上的规范功能；明确目标、合理组织，提高"半正式群体"的吸引力；有效引导、趋利避害，充分发挥"非正式群体"的积极作用；树立典型、榜样示范，充分发挥"参照群体"的激励功能。

3. 贴近生活，突破"花盆效应"，打造课堂的"开放态"

创业教育的课堂生态表现在课堂时空的开放，以及教师思想和自我精神世界的开放。在创业教育实施过程中，我们应该关注学生的实际生活、原有经验和成长经历。教师要突破"花盆效应"，打造创业教育课堂的"开放态"，首先要打破课堂生态的封闭，树立回归生活世界的理念，突出对学生的人文关怀，使学生的生活世界与知识世界有机融合，让学生的生命在社会大系统中找到自己的位置。另外，教师应提升开放意识，开放的课堂背后蕴含着开放的教

---

① 岳伟，刘贵华，2014. 走向生态课堂——论课堂的整体性变革 [J]. 教育研究 (8)：99-106, 134.

育理念和精神世界。教师应改变单一的课程设计、陈旧的教学内容、落后的教学方法，更新教育观念，丰富专业知识，打破原有的固化生态空间，形成"活水效应"。

4. 讲求生动，克服"边缘效应"，打造课堂的"整体态"

教育生态学对边缘效应有两种理解：一种是根据生态学边缘效应的含义进行分析；另一种被理解为教育中的薄弱环节。打造创业教育课堂的"整体态"，要求教师要讲求课堂教学的"生动"，即教师要科学领导课堂，根据不同生命个体的心理、性格、兴趣、经历等不同精心设计教学方案，既要加强教学方法、教学理念、评价方式、课程内容的改革，又要扩展学生的发展空间，为学生的多样化发展创设平台，让每位学生在课堂中找到自己的兴趣发展点，形成价值认同。同时，教师应积极组织课堂内外活动，为全体同学搭建自我展示的平台，通过活动挖掘每个学生身上的闪光点，让其体验到群体的认同和肯定，获得成功体验，培养学生的团队合作精神，增强课程的吸引力和凝聚力。

5. 动态生成，应用"生态位"原理，打造课堂的"平衡态"

由于课堂生态主体的能动性和课堂环境的复杂性，课堂呈现出高度集中的动态生成特征。[①] 在生态系统中，每一种生物都有其独特的生态位，这是由于其独特的组合、生理特性和行为习惯造成的。同一生态位产生的直接关联是竞争与排斥。创业教育教师要充分利用教育生态位分化原理，根据不同生态位学生的特点，树立生成性的课堂教学理念，确立不同的学习目标，设定针对性的教学内容，引入个性化的学习方法，创设普适性的学习环境，构建过程性的学习反馈，实现课堂中人际关系、学习目标、学习内容、学习方法、学习环境、学习反馈的平衡，充分发挥处于不同生态位的学生个体及群体之间的相辅相成、互相促进的作用，以保持系统的丰富多样和动态平衡。

---

① 刘贵华，岳伟，2015. 论教师的课堂生态意识及其提升 [J]. 教育理论与实践（16）：30-34.

结　语

利用生态视域来观察现实，解释现实世界，从整个生态系统的角度分析问题，是理解世界的新理论框架。生态思维揭示了生态系统的整体统一和丰富多样，它倡导全方位的生态关怀，强调人与社会、人与自然的和谐，是一种全新的整体思维方式。近年来，在创业教育研究中引入生态视域，是思维方式的一个重要转换，运用整体性、多样性、开放性等思维形式，分析创业教育本身各构成要素的生态作用关系和创业教育系统与外在社会生态系统的相互关系，厘清各要素对创业教育效果的影响，以确保创业教育取得实效。本书在生态视域下，立足高校创业教育问题研究，在对创业教育进行生态认知的基础上，试图通过对理想的高校创业教育生态系统的理论构建，解决当前高校创业教育实施中的诸多生态失衡问题，更好地服务高校创业教育实际。同时，本书在理论上拓展高校创业教育研究的视野，进一步促进生态思维与创业教育的"有条件"融合。

一、研究结论

第一，高校创业教育生态系统构建的理论前提。本书从生态理解的"三重性"开始，提出认识创业教育的三种视域：从本体立论，创业教育内含生态特质和生态要求；从方法立论，运用生态学分析方法来研究创业教育；从价值立论，创业教育有利于个体价值和社会价值的实现。

第二，高校创业教育各功能要素的生态失衡。本书通过问卷和访谈等方式全面了解当前高校创业教育各功能要素的实施现状。调查结果显示，大学生对当前高校创业教育实施效果非常满意的占 24.5%，总体满意度相比已有文献中的调查结果有所提升，但仍有31.5%的大学生和27.2%的创业教育教师和管理人员对创业教育的效果持不确定或不满意态度。通过对学生问卷的单因素回归分析，确定了目标设置、政策制度、文化组织、课程体系、课堂教学五个维度对大学生创业教育总体满意度有显著性影响。学生对各维度满意度平均得分从高到低依次为：目标维度3.86分、环境维度3.85分、课程维度3.82分、课堂维度3.77分、政策维度3.58分，且不同高校、专业、年级、性别的大学生对创业教育的总体满意度没有显著性差异。通过对创业教育教师和管理人员问卷的单因素回归分析，确定了文化组织、课程体系和课堂教学三个维度对教师创业教育总体满意度有显著性影响。创业教育教师和管理人员对各维度满意度的平均得分从高到低依次为：政策4.01分、课程3.98分、课堂3.91分、环境3.81分，总体来看，创业教育教师和管理人员的各维度满意度得分普遍高于学生各维度满意度得分。通过对12位高校创业教育主管领导的访谈调查，并结合定量分析结果，可以得出，当前我国高校创业教育实施中主要存在目标的功利性、政策的局限性、环境的封闭性、课程的孤立性和课堂的单向性等生态失衡问题。

第三，我国高校创业教育生态系统的整体架构。本书调查结果显示，94.4%的创业教育教师和管理人员认为高校非常有必要建立创业教育生态系统。笔者认为，高校创业教育生态发展是指高校创业教育通过自身系统内各要素的均衡发展及系统与环境之间的相互作用，实现自身的全面、系统、协调、可持续的发展。高校创业教育生态系统是以培养开创性人才为目标，由多元主体、客体、介体和环体等"实体要素"，以及目标、政策、环境、课程、课堂等"功能要素"构成的自我调节、动态平衡、开放互联的可持续发展的育人系统。该系统在宏观结构上强调关系调整，中观结构上突出内部治理，微观结构上关注课堂教学。

第四，高校创业教育生态系统各功能要素子系统的构建。笔者认为，创业教育生态系统之目标生态的构建应以"现实的人"为逻辑起点，"完整的人"为逻辑终点，"主体的人"为逻辑节点；创业教育生态系统之政策生态的构建应通过创业教育政策的生态转型，实现"大学—中学—小学—幼儿园"的全段覆盖，"政府—学校—企业—社区"的全员参与，"创业型—研究型—教学型—应用型"不同类型高校的分类指导，"法律—课程—师资—评价—保障"等全方位制度的完善；创业教育生态系统之环境生态的构建应通过营造浸润性的物质文化，建设鼓励性的制度文化，组织引导性的行为文化，培育激发性的精神文化建设创业教育文化环境生态。通过培育"内合外联"的组织机制，探索"特色多样"的组织模式，健全"递进聚焦"的组织体系建设创业教育组织环境生态；创业教育生态系统之课程生态的构建应置于高校人才培养的整体框架下，基于课程的基础性、普及性和发展性目标，注重理论课程与实践课程相融合，基础课程与专业课程相渗透，隐性课程与显性课程相衔接，必修课程与选修课程相补充，线上课程与线下课程相支持；创业教育生态系统之课堂生态的构建应打造创业教育课堂的"多样态"，旨在提高创业教育课堂教学效果。

二、可能的创新

提及"创新"，自觉非常小心，不敢妄自言之。作为一名高等教育教学管理人员，"从实践中来，到实践中去"应该成为研究的基本立场和最终归宿。目前关于创业教育生态系统理论与实践的研究专著和硕博论文较少，本书力图在以下四个方面有所突破：

一是思维方式的创新。本书尝试按照生态哲学和教育生态系统的思维方式对高校创业教育生态的内涵进行多维认知与审视，从本体、方法和价值的维度对内涵进行了解读，旨在为创业教育的学科理论基础作出有益补充。

二是研究视角的创新。本书尝试从学科差异的视角对创业教育引入生态学分析的合理性、可行性、风险性和限定性进行分析，旨在矫正已有研究的简单学科移植，旨在一定程度上提升学科交叉研究的合理性和科学性。

三是现状调查的创新。本书在对高校创业教育实施现状的调查过程中，使用了描述统计、因素分析、回归分析等多种统计方法，分析了各功能要素对师生创业教育总体满意度的影响和解释力，相比以往研究得出了新结论、发现了新问题。同时，除了对大学生的问卷调查外，还对高校承担创业教育课程的教师和创业教育管理人员进行了调查，特别是经多方努力，对12位高校分管创业教育工作的副校长及主管部门的院（处）长进行了访谈，为创业教育生态系统的构建提供了可行性的工作建议。

四是理论视野的创新。本书拓宽了创业教育研究的理论视野，通过对高校创业教育生态系统要素、结构、功能及要素之间关系的分析，在理论层面，从宏观视角构建了高校创业教育生态系统，从微观视角构建了创业教育各功能要素子系统。

三、存在的不足

作为一个新的研究视角，虽然具有很好的试验性，但由于时间、精力和学术能力等方面的原因，以及创业教育生态领域本身研究空间的宽泛，实在无法穷尽高校创业教育生态所牵涉的诸多因素及其相互间的密切关联，也无法对发现的所有问题一一做出理论上或实践上的回应，这造成了本书对某些问题的探讨还过于单薄和片面。

（1）将创业教育置于生态视域下进行认知、审视与重构涉及两个领域的融合问题，介于创业教育与生态学在本质、问题、现象等多方面的差异及自身学术积淀的薄弱，在融合的理论研究过程中存在不足和不深的问题，如两者融合的依据、融合的机理、融合的路径等方面还有待深入分析。

（2）在高校创业教育实施现状的实证调查中，本书主要立足于笔者工作和学习所在省份的相关高校，虽然也考虑到各高校的层次、地域和学科分布，但是在覆盖面上还有所欠缺，调查和访谈学校的样本数量和区域覆盖面有待扩展。

（3）本书对国外创业教育生态系统的了解和介绍多源于对已有中文文献研究成果的阅读与分析，虽然也搜集和研读了部分创业教育的外文文献，但总体是从国外高校网站获得的创业教育各环节的实施过程，缺少对国外创业教育理论研究成果和实践成功经验的系统把握和比较分析。

（4）关于高校创业教育生态系统功能要素的确定，由于篇幅及精力所限，本书只选取了目标、政策、环境、课程和课堂五个要素进行生态构建，不免会出现研究分类上的挂一漏万或指代不全的现象。现实中，影响高校创业教育效果的要素很多，今后还可以从创业教育的师资建设、评价体系、质量监控等方面进行多角度、深层次的挖掘和探索，以构建一个更为完整有效的高校创业教育生态系统。

四、研究展望

首先，高校创业教育生态系统包含高校内部生态系统和外部生态系统两部分，本书主要侧重对高校内部创业教育生态系统的探究，外部生态系统涉及经济、政治、文化等多因素的影响，涉及政府、高校、企业、社区等多主体的相互关系，这些要素和关系内容丰富、错综复杂，将成为后续研究的方向。

其次，在对高校创业教育实施现状的实证分析中，本书利用简单回归分析发现各维度要素对创业教育总体满意度都有显著性影响，但当把各维度要素放在一起使用多元回归分析时发现，原有个别要素的显著性影响程度有所增减，说明在创业教育的实施过程中诸要素之间存在着复杂的非线性关系，构建高校创业教育生态系统各要素之间功能作用的结构模型，找到各要素之间相互影响作用的强弱关系成为本书后续需要攻破的重点。

最后，本书虽然在理论层面构建了高校创业教育生态系统及运行机制，但缺少在实践中的试点或验证，缺少对理论成果推广应用的效果证明。今后，本书力争将理论研究成果与所在高校实际情况相结合，将理论构建与实践操作相结合，依托各类研究课题等，实现理论成果的实践转化，并在实践中不断修正理论，最终形成可供借鉴及应用推广的教学成果。

学术创新永无止境，高校创业教育生态系统的构建是对高校创业教育发展的一种理想化追求和愿景。然而，再完美的理论都面临着传统认知与现实情况的张力，目前要想实现我国高校创业教育的"生态化"，并非一蹴而就之事。正如布朗所说："将我们的经济转变为一种生态经济，是一项艰巨而伟大的工作。"对于高校创业教育生态系统的理论构建和实践探索，面对高校创业教育生态系统要素的复杂与多维，以一己之力在这么短的时间内很难穷尽所有，只能期待通过本书的以点带面、抛砖引玉，为后续更深入的研究和探索寻找新的增长点和更广阔的发展空间。

参考文献

［1］安宁，王宏起，2012. 理工科大学创业教育模式的国际比较及启示——基于多案例分析视角［J］. 高等工程教育研究（6）：68-72.

［2］白逸仙，2015. 创业教育与专业教育融合研究［M］. 北京：社会科学文献出版社.

［3］包水梅，杨冬，2016. 美国高校创新创业教育发展的基本特征及其启示［J］. 高教探索（11）：62-70.

［4］彼得·F. 德鲁克，1988. 革新与企业家精神［M］. 张遵敬，译. 上海：上海翻译出版公司.

［5］彼得·圣吉，1994. 第五项修炼［M］. 郭进隆，译. 上海：上海三联书店.

［6］伯顿·克拉克，1988. 高等教育新论——多学科的研究［M］. 王承绪，等译. 杭州：浙江教育出版社.

［7］伯顿·克拉克，2001. 探究的场所——现代大学的科研和研究生教育［M］. 王承绪，译. 杭州：浙江教育出版社.

［8］伯顿. 克拉克，2003. 建立创业型大学：组织上转型的途径［M］. 王承绪，译. 北京：人民教育出版社.

［9］曹扬，2014. 转变经济发展方式背景下高校创新创业教育问题研究［D］. 长春：东北师范大学.

［10］曹扬，邹云龙，2016. 西方创业教育理念的演进与启示［J］. 东北师范大学学报（哲学社会科学版）（4）：180-185.

［11］车文博，2004. 人本主义心理学［M］. 杭州：浙江教育出版社.

［12］陈晨，2018. 美国文理学院创业教育研究［D］. 上海：华东师范大学.

［13］陈成文，孙淇庭，2009. 大学生创业政策：评价与展望［J］. 高等教育研究（7）：24-30.

［14］陈春琳，2018. 构建高校创业教育的生态体系［J］. 中国高等教育（22）：21-23.

［15］陈静，2017. 构建高校创业教育生态系统的若干思考［J］. 思想理论教育（6）：87-92.

［16］陈少雄，2014. 大学创业教育生态系统培育策略研究——基于广东省高校的调查分析［J］. 教育发展研究（11）：64-69.

［17］陈诗慧，张连绪，2018. 发达国家高校创业教育生态系统建设经验及启示——基于美国、德国、日本的创业教育生态系统建设经验的比较［J］. 教育探索（1）：113-119.

［18］褚宏启，2013. 教育现代化的路径——现代教育导论：第 2 版［M］. 北京：教育科学出版社.

［19］邓小泉，2009. 中国传统学校教育生态系统的历史变迁［D］. 上海：华东师范大学.

［20］丁鸿富，虞富洋，陈平，1987. 社会生态学［M］. 杭州：浙江教育出版社.

［21］董晓红，2009. 高校创业教育管理模式与质量评价研究［D］. 天津：天津大学.

［22］董旖旎，徐阳，2013. 高校创业教育生态发展体系的构建［J］. 职业教育研究（2）：42-46.

［23］杜亚丽，2011. 中小学生态课堂的理论与实践研究［D］. 长春：东北师范大学.

［24］范国睿，1997. 教育生态系统发展的哲学思考［J］. 教育评论（6）：21-23.

［25］范国睿，2000. 教育生态学［M］. 北京：人民教育出版社.

［26］范国睿，2011. 共生与和谐：生态学视野下的学校发展［M］. 北京：教育科学出版社.

［27］范国睿，王加强，2007. 当代西方教育生态问题研究新进展［J］. 全球教育展望（9）：39-45.

［28］范琳，2017. 英国高校创业教育生态系统建设及启示［J］. 教育与职业（6）：41-46.

［29］方炳林，1975. 生态环境与教育［M］. 台北：台湾维新书局.

［30］方兴林，江建利，王瑞乐，2016. 高校大学生创新创业教育生态系统构建研究［J］. 黄山学院学报（4）：110-113.

［31］房国忠，刘宏妍，2006. 美国大学生创业教育模式及其启示［J］. 外国教育研究（12）：41-44.

［32］冯光伟，2010. 论高等师范院校创业教育目标及实现路径［J］. 当代教育论坛（34）：90-92.

［33］冯霞，侯士兵，2016. 厘清对当前高校创业教育认识的三种误区［J］. 思想理论教育（8）：95-98.

［34］弗雷德·R. 戴维，2001. 战略管理（第八版）［M］. 李克宁，译. 北京：经济科学出版社.

［35］付八军，2014. 教育散论付八军教育学术论文集［M］. 杭州：浙江工商大学出版社.

［36］高建，2008. 全球创业观察中国报告（2007）：创业转型与就业效应［M］. 北京：清华大学出版社.

［37］高明，2013. 英美创业型大学管理模式比较及启示［D］. 沈阳：东北大学.

［38］高文兵，黄伯云，2009. 大力推进我国高校创业教育［J］. 中国高教研究（7）：3-6.

［39］高晓杰，曹胜利，2007. 创新创业教育——培养新时代事业的开拓者——中国高等教育学会创新创业教育研讨会综述［J］. 中国高教研究（7）：91-93.

［40］葛莉，2014. 基于的高校创业教育能力评价与提升策略研究［D］. 大连：大连理工大学.

［41］郭玉清，夏文菁，2016. 开放教育视野下的高等教育生态研究发展分析［J］. 中国电化教育（8）：33-39.

［42］郭重庆，2011. 中国管理学者该登场了［J］. 管理学报（12）：1733-1736.

［43］海德格尔，1987. 存在与时间［M］. 陈嘉映，等译. 北京：三联书店.

［44］韩冠爽，吴术豪，黄兆信，2018. 新时代大学生创新创业教育发展路径研究［J］. 教育理论与实践（21）：16-18.

［45］韩力争，2013. 创业教育的本质和落实关键［J］. 中国高等教育（2）：49-50.

［46］汉斯·萨克塞，1991. 生态哲学［M］. 文韬，佩平，译. 北京：东方出版社.

［47］何郁冰，周子炎，2015. 慕尼黑工业大学创业教育生态系统建设及启示［J］. 科学学与科学技术管理（10）：41-49.

［48］贺祖斌，2004. 中国高等教育系统的生态学分析［D］. 武汉：华中科技大学.

［49］贺祖斌，2005. 高等教育生态研究述评［J］. 广西师范大学学报（哲学社会科学版）（1）：123-127.

［50］黑格尔，1979. 精神现象学（上卷）［M］. 贺麟，王玖兴，译. 北京：商务印书馆.

［51］黑格尔，1980. 小逻辑［M］. 贺麟，译. 北京：商务印书馆.

［52］亨利·埃茨科威兹，2005. 三螺旋：大学·产业·政府三元一体的创新战略［M］. 周春彦，译. 北京：东方出版社.

［53］洪世梅，2007. 教育生态学与大学教育生态化的思考［J］. 高等教育研究（6）：50-52.

［54］胡宝华，唐绍祥，2010. 高校创业教育课程设计探讨——来自美国百森商学院创业教育课程设计的启示［J］. 中国高教研究（7）：90-91.

［55］胡超，苌庆辉，2016. 高校创业教育组织新模式的构建设想——基于中美高校创业教育组织的比较［J］. 高校教育管理（1）：80-85.

［56］胡剑锋，百里清风，商量，2016. 高校创新创业教育生态体系建设研究［J］. 创新与创业教育（2）：31-34.

［57］胡天助，2018. 瑞典隆德大学创业教育生态系统构建及其启示［J］. 中国高教研究（8）：87-93.

［58］黄赐英，2006. 实践性课程：开展创业教育的重要途径［J］. 黑龙

江高教研究（2）：150-153.

[59] 黄兆信，郭丽莹，2012. 高校创业教育课程体系构建的核心问题 [J]. 教育发展研究（19）：81-84.

[60] 黄兆信，王志强，2017. 高校创业教育生态系统构建路径研究[J]. 教育研究（4）：37-42.

[61] 黄兆信，曾尔雷，施永川，2010. 美国创业教育中的合作：理念、模式及其启示 [J]. 高等教育研究（4）：105-109.

[62] 黄兆信，曾尔雷，施永川，2011. 高校创业教育的重心转变——以温州大学为例 [J]. 教育研究（10）：101-104.

[63] 惠兴杰，徐珂欣，罗国锋，2014. 基于创业生态系统理论的创新创业教育模式与实践 [J]. 创新与创业教育（4）：70-72.

[64] 季学军，2007. 美国高校创业教育历史演进与经验借鉴 [J]. 黑龙江高教研究（2）：40-42.

[65] 贾少华，2015. 大道至简：大学创业教育社会学解读 [M]. 厦门：厦门大学出版社.

[66] 杰弗里·蒂蒙斯，小斯蒂芬·斯皮内利，2005. 创业学 [M]. 周伟民，吕长春，译. 北京：人民邮电出版社.

[67] 杰拉尔德·G. 马尔腾，2012. 人类生态学——可持续发展的基本概念 [M]. 顾朝林，译. 北京：商务印书馆.

[68] 卡洛琳·麦茜特，1999. 自然之死——妇女、生命和科学革命[M]. 吴国盛，等译. 长春：吉林人民出版社.

[69] 克雷布斯，2003. 生态学第 5 版（影印本）[M]. 北京：科学出版社.

[70] 孔冬，2003. 管理生态学 [D]. 兰州：兰州大学.

[71] 李春琴，2010. 中国创业教育十年研究回顾与展望 [J]. 社会科学战线（9）：199-203.

[72] 李聪明，1989. 教育生态学导论——教育问题的生态思考 [M]. 台北：学生书局.

[73] 李军，2006. 基于生态位原理的中国高等学校生态竞争研究 [D]. 天津：天津大学.

［74］李时椿，常建坤，杨怡，2004. 大学生创业与高等院校创业教育［M］．北京：国防工业出版社．

［75］李硕，2014. 大学生创业教育的目标模型与评估——评《我国大学生创业教育运行机制研究》［J］．教育理论与实践（12）：64.

［76］李文英，王景坤，2010. 澳大利亚高校创业教育模式探析［J］．比较教育研究（10）：76-80.

［77］李炎炎，黄兆信，2017. 知识型创业生态系统构建及运行机制研究［J］．高等工程教育研究（6）：168-172.

［78］李远煦，黄兆信，2014. 从"融入"到"融合"：高校创业教育的社会融合模式研究［J］．高等工程教育研究（1）：76-80.

［79］李政，唐绍祥，2011. 地方综合性院校创业教育模式的研究和实践［J］．中国高教研究（4）：64-66.

［80］李志才，2000. 方法论全书：哲学逻辑方法［M］．南京：南京大学出版社．

［81］林航，邓安兵，2016. 中国高校创业教育生态系统引入及风险分析［J］．创新与创业教育，7（4）：4-9.

［82］林金辉，2007. 高等学校创造教育的理论研究［M］．厦门：厦门大学出版社．

［83］林文伟，2011. 大学创业教育价值研究［D］．上海：华东师范大学．

［84］刘贵华，朱小蔓，2007. 试论生态学对于教育研究的适切性［J］．教育研究（7）：3-8.

［85］刘海滨，2018. 高校创业教育生态系统构建策略研究［J］．中国高教研究（2）：42-47.

［86］刘丽君，李斌，郑焱，等，2009. 美国一流大学理工创业教育与我国创新创业人才的培养［J］．中国高教研究（5）：50-51.

［87］刘林青，夏清华，周潞，2009. 创业型大学的创业生态系统初探——以麻省理工学院为例［J］．高等教育研究（3）：19-26.

［88］刘敏，2010. 法国创业教育研究及启示［J］．比较教育研究（10）：72-75.

［89］刘伟，2011. 高校创新创业教育人才培养体系构建的思考［J］. 教育科学（5）：64-67.

［90］刘月秀，2012. 生态系统视域下美国高校创业教育探析［J］. 中国高等教育（10）：61-63.

［91］刘月秀，刘卫民，2015. 农业院校创业教育生态链的培育与实践［J］. 教育与职业（30）：110-112.

［92］刘铸，张纪洪，2010. 大学生创业教育的基本功能与重要意义［J］. 中国高等教育（18）：45-46.

［93］卢宝臣，2011. 创新创业教育视阈下的人才培养体系的构建［J］. 黑龙江高教研究（7）：140-141.

［94］卢风，曹孟勤，2017. 生态哲学：新时代的时代精神［M］. 北京：中国社会科学出版社.

［95］罗伯特·J. 卡尔文，2003. 创业管理［M］. 郑兴山，杨晓玲，霍婕，译. 北京：中国财政经济出版社.

［96］罗伯特·K. 殷，2017. 案例研究：设计与方法［M］. 周海涛，史少杰，译. 重庆：重庆大学出版社.

［97］罗志敏，夏人青，2011. 高校创业教育的本质与逻辑［J］. 教育发展研究（1）：29-33.

［98］马小辉，2013. 创业型大学的创业教育目标、特性及实践路径［J］. 中国高教研究（7）：96-100.

［99］马永斌，柏喆，2015. 大学创新创业教育的实践模式研究与探索［J］. 清华大学教育研究（6）：99-103.

［100］马永斌，柏喆，2016. 创新创业教育课程生态系统的构建途径——基于清华大学创业教育的案例分析［J］. 高等工程教育研究（5）：137-140，150.

［101］梅伟惠，2008. 美国高校创业教育模式研究［J］. 比较教育研究（5）：52-56.

［102］梅伟惠，2009. 中国高校创业教育的发展难题与策略［J］. 教育研究（4）：67-72.

［103］梅伟惠，2011. 高校创业教育评价的类型与影响因素［J］. 教育发

展研究 (3)：45-49.

[104] 梅伟惠，2016. 我国高校创业教育组织模式：趋同成因与现实消解 [J]. 教育发展研究 (13)：29-34.

[105] 孟新，胡汉辉，2016. 高校创业教育实践系统的构建及其实现评价 [J]. 南京农业大学学报（社会科学版）(2)：144-151.

[106] 米银俊，许泽浩，2016. 全过程融合　构建创客教育生态系统 [J]. 中国高等教育 (11)：46-48.

[107] 木志荣，2006. 我国大学生创业教育模式探讨 [J]. 高等教育研究 (11)：79-84.

[108] 纳卡墨拉，2002. 健康课堂管理：激发、交流和纪律 [M]. 王建平，等译. 北京：中国轻工业出版社.

[109] 尼科·斯特尔，1998. 知识社会 [M]. 殷晓蓉，译. 上海：上海译文出版社.

[110] 宁德鹏，2017. 创业教育对创业行为的影响机理研究 [D]. 长春：吉林大学.

[111] 潘剑峰，2002. 加强创业教育培养大学生创业能力 [J]. 中国高教研究 (2)：61-62.

[112] 潘懋元，2001. 多学科观点的高等教育研究 [M]. 上海：上海教育出版社.

[113] 彭福扬，邱跃华，2011. 生态化理念与高等教育生态化发展 [J]. 高等教育研究 (4)：14-18.

[114] 彭钢，1995. 创业教育学 [M]. 南京：江苏教育出版社.

[115] 秦敬民，2009. 基于 QFD 的高校创业教育质量评价研究 [D]. 天津：天津大学.

[116] 曲殿彬，2009. 论高等学校创业教育体系的构建 [J]. 东北师大学报（哲学社会科学版）(3)：43-48.

[117] 任凯，白燕，1992. 教育生态学 [M]. 沈阳：辽宁教育出版社.

[118] 任丽，2013. 生态学视角下大学英语教学研究 [D]. 上海：上海外国语大学.

[119] 尚玉昌，2003. 生态学概论 [M]. 北京：北京大学出版社.

［120］盛四辈，2012. 系统论视角下的我国国家创新体系战略群演进研究［D］. 合肥：中国科学技术大学.

［121］石中英，2001. 知识转型与教育改革［M］. 北京：教育科学出版社.

［122］史晶，李杨，冯泽冉，2019. 新建本科院校创新创业教育生态体系构建研究［J］. 学校党建与思想教育（5）：83–84，96.

［123］宋妍，2017. 高校创新创业教育与思想政治教育关系研究［D］. 长春：东北师范大学.

［124］隋姗姗，铁凤欢，王树恩，2018. 我国创新创业人才培养路径探析——基于国外经验比较与创新创业教育生态系统构建的角度［J］. 科学管理研究（5）：105–108.

［125］孙惠敏，陈工孟，2016. 全球创新创业教育研究报告［M］. 北京：经济管理出版社.

［126］谈丹，黄兆信，2016. 大学生创业的高校支持体系研究［J］. 高等工程教育研究（5）：49–52.

［127］唐德海，常小勇，2001. 从就业教育走向创业教育的历程［J］. 教育研究（2）：30–33，72.

［128］田贤鹏，2016. 教育生态理论视域下创新创业教育共同体构建［J］. 教育发展研究（4）：66–72.

［129］童晓玲，2012. 研究型大学创新创业教育体系研究［D］. 武汉：武汉理工大学.

［130］万力勇，康翠萍，2016. 互联网+创客教育：构建高校创新创业教育新生态［J］. 教育发展研究（7）：59–65.

［131］王长恒，2012. 高校创新创业教育生态培育体系构建研究［J］. 继续教育研究（2）：124–126.

［132］王长伟，王艳伟，2017. 基于"互联网+"视角的大学生创新创业教育生态系统探析［J］. 教育与职业（24）：73–75.

［133］王东强，2013. 生态学视域下高校思想政治教育主体研究［D］. 重庆：西南财经大学.

［134］王贵兰，2010. 对高职创业教育目标定位及其实现途径的探索［J］.

职教论坛（2）：4-8.

　　［135］王加强，2008. 学校变革的生态分析［D］. 上海：华东师范大学.

　　［136］王加强，范国睿，2008. 教育生态分析：教育生态研究方式初探［J］. 教育理论与实践（7）：7-10.

　　［137］王娇，2016. 基于大数据时代高校创业教育生态系统构建［J］. 太原城市职业技术学院学报（11）：43-44.

　　［138］王牧华，2004. 课程研究的生态主义向度［D］. 重庆：西南大学.

　　［139］王涛，刘敬东，2015. 生态系统构建下的高校创业教育研究［J］. 辽宁教育行政学院学报（2）：39-42.

　　［140］王雁，孔寒冰，王沛民，2002. 世界一流大学的现代学术职能——英国剑桥大学案例［J］. 清华大学教育研究（1）：27-33，48.

　　［141］王占仁，2012. "广谱式"创新创业教育体系建设论析［J］. 教育发展研究（3）：54-58.

　　［142］王志强，黄兆信，李菲，2015. "创新驱动"战略下大学变革的内涵、维度与路径［J］. 全球教育展望（11）：3-15.

　　［143］沃尔特·W. 鲍威尔，保罗·J. 迪马吉奥，2008. 组织分析的新制度主义［M］. 姚伟，译. 上海：上海人民出版社.

　　［144］吴鼎福，诸文蔚，1990. 教育生态学［M］. 南京：江苏教育出版社.

　　［145］吴国盛，1993. 自然本体化之误［M］. 长沙：湖南科学技术出版社.

　　［146］席升阳，2008. 我国大学创业教育的观念、理念与实践［M］. 北京：科学出版社.

　　［147］夏人青，罗志敏，2010. 论高校人才培养框架下的创业教育目标——兼论高校创业教育课程的设置［J］. 复旦教育论坛（6）：56-60.

　　［148］向东春，肖云龙，2003. 美国百森创业教育的特点及其启示［J］. 现代大学教育（2）：79-82.

　　［149］肖龙海，2011. 创业教育的价值取向及实践路径——兼论企业家精神教育［J］. 教育研究（3）：69-72.

　　［150］谢维和，2007. 教育活动的社会学分析：一种教育社会学的研

究［M］．北京：教育科学出版社．

［151］谢志远，戴威，徐倩倩，2018．应用新技术背景下高校创新创业教育生态系统构建——以浙江省为例［J］．科技管理研究（22）：92-99．

［152］熊伟，2009．大学生创业政策体系的构建框架与实施模式［J］．陕西教育学院学报（3）：18-23，90．

［153］徐华平，2004．应多学科研究创业教育［J］．高等教育研究（6）：47．

［154］徐建华，2016．共建式高校课堂生态环境研究［D］．哈尔滨：哈尔滨师范大学．

［155］徐萍平，叶伟巍，2010．基于动态能力的创业教育模式研究——以浙江省为例［J］．高等工程教育研究（6）：67-72．

［156］徐小洲，2015．高校创业教育体系建设战略研究［M］．杭州：浙江教育出版社．

［157］徐小洲，李志永，2010．我国高校创业教育的制度与政策选择［J］．教育发展研究（11）：12-18．

［158］徐小洲，倪好，2018．面向2050：创新创业教育生态系统建设的愿景与策略［J］．中国高教研究（1）：53-56，103．

［159］徐小洲，王旭燕，2016．GALCHS视野下的创业教育生态发展观[J]．华东师范大学学报（教育科学版）（2）：16-21．

［160］徐小洲，叶映华，2010．中国高校创业教育［M］．杭州：浙江教育出版社．

［161］徐小洲，张敏，2012．创业教育的观念变革与战略选择［J］．教育研究（5）：64-68．

［162］徐志怀，2016．高校构建大学生创新创业教育生态模式的机理及运行方式［J］．教育评论（6）：83-86．

［163］许继芳，2012．高校创业教育生态链的构建［J］．黑龙江高教研究（3）：94-96．

［164］许进，2008．高校创业教育模式：基于案例的研究［J］．教育研究（4）：99-102．

［165］许朗，熊素兰，2011．"项目参与式"大学生创业教育体系构建策

略［J］. 江苏高教（2）：104-105.

　　［166］许涛，刘涛，杨新，等，2016. 校园创客教育生态系统的要素及构建研究［J］. 远程教育杂志（5）：50-58.

　　［167］许涛，严马丽，2017. 国际高等教育领域创新创业教育的生态系统模型和要素研究——以美国麻省理工学院为例［J］. 远程教育杂志（4）：15-29.

　　［168］薛烨，朱家雄，等. 2007. 生态学视野下的学前教育［M］. 上海：华东师范大学出版社.

　　［169］严毛新，2009. 我国高校创业教育发展目标及实现路径研究［J］. 中国高教研究（3）：88-89.

　　［170］严毛新，2011. 政府推动型创业教育：中国大学生创业教育的历程及成因［J］. 中国高教研究（3）：45-48.

　　［171］杨超，2017. 公益创业教育价值研究［D］. 长沙：湖南大学.

　　［172］杨健，2015. 生态学视野下的县级政府高等教育职能研究［D］. 兰州：兰州大学.

　　［173］杨婷婷，2014. 基于生态学视角的地方政府行政文化研究［D］. 长春：吉林大学.

　　［174］杨同毅，2010. 高等学校人才培养质量的生态学解析［D］. 武汉：华中科技大学.

　　［175］杨文燮，2016. 高校制度创业教育模式及运行机制研究［D］. 南京：东南大学.

　　［176］杨晓慧，2018. 高校创业教育生态系统建设的国际比较和中国特色［J］. 中国高教研究（1）：48-52.

　　［177］杨义，刘丝雨，曲小远，等，2016. 大学生村官岗位创业的培养机制研究［J］. 高等工程教育研究（6）：92-97.

　　［178］杨益彬，2010. 基于多层次创业教育目标的高校多维创业教育课程体系的构建［J］. 教育探索（6）：38-40.

　　［179］杨增崇，2015. 思想政治教育生态分析引论［M］. 北京：中国社会科学出版社.

　　［180］姚冠新，徐剑，巫蓉，2016. 实践性教育改革与大学生创业教育模式的转变［J］. 黑龙江高教研究（11）：105-108.

［181］姚小玲，张雅婷，2018. 美国斯坦福大学创新创业教育生态系统探究［J］. 山西大学学报（哲学社会科学版）(5)：122-127.

［182］叶映华，2011. 大学生创业政策的困境及其转型［J］. 教育发展研究(1)：34-38.

［183］易高峰，2017. 构建地方本科院校创新创业教育生态系统［J］. 中国高等教育(17)：53-55.

［184］游振声，2011. 美国高等学校创业教育研究［D］. 重庆：西南大学.

［185］余谋昌，王耀先，2004. 环境伦理学［M］. 北京：高等教育出版社.

［186］郁义鸿，李志能，罗博特·D. 希斯瑞克，2000. 创业学［M］. 上海：复旦大学出版社.

［187］袁芳逸，2016. 我国大学生创业教育研究［D］. 武汉：武汉理工大学.

［188］袁贵仁，1988. 人的哲学［M］. 北京：工人出版社.

［189］约翰·S. 布鲁贝克，1987. 高等教育哲学［M］. 郑继伟，等译. 杭州：浙江教育出版社.

［190］约翰·亨利·纽曼. 2001. 大学的理想［M］. 徐辉，顾建新，何曙荣，译. 杭州：浙江教育出版社.

［191］臧玲玲，梅伟惠，2019. 高校创业教育课程生态系统的生成逻辑与建设路径［J］. 华东师范大学学报（教育科学版）(1)：23-29.

［192］张德江，2006. 对创业教育的认识与实践［J］. 中国高教研究(5)：10-14.

［193］张桂春，2011. 高等学校学生创业教育的若干问题探析［J］. 教育科学(4)：58-62.

［194］张国昌，胡赤弟，2009. 区域高等教育生态多样性：内涵与发展策略［J］. 教育发展研究(23)：53-57.

［195］张昊民，马君，2012. 高校创业教育研究［M］. 北京：中国人民大学出版社.

［196］张昊民，张艳，马君，2012. 麻省理工学院创业教育生态系统成功

要素及其启示［J］．创新与创业教育（2）：56-60.

［197］张宏军，2010. 大学生创业教育发展的困境及对策［J］．教育探索（4）：65-68.

［198］张竞，马韵涵，徐雪娇，2018. 三螺旋理论视角下中国创业教育生态系统构建研究——基于美国创业教育生态系统的经验借鉴［J］．教育探索（5）：110-113.

［199］张茉楠，2007. 面向创业型经济的政策设计与管理模式研究［J］．科学学研究（21）：73-79.

［200］张平，2002. 创业教育：高等教育改革的价值取向［J］．中国高教研究（12）：43-44.

［201］张勤，王盼，2013. 青少年创新教育生态机制探讨［J］．学校党建与思想教育（S1）：75-76.

［202］张庆辉，2010. 生态学视野下的大学战略管理［D］．武汉：华中科技大学.

［203］张睿，王德清，2008. 我国高校创业教育存在的问题及建议［J］．教育研究（7）：128-129.

［204］张森，贺国庆，2011. MIT 视域下的创新型人才培养的教育生态环境［J］．河北师范大学学报（教育科学版）（12）：29-32.

［205］张帏，高建，2006. 斯坦福大学创业教育体系和特点的研究［J］．科学学与科学技术管理（9）：143-147.

［206］张文武，2006. 论创业教育的意义及实施［J］．中国成人教育（1）：47-48.

［207］张项民，2015. 创业教育与专业教育耦合研究［M］．北京：科学出版社.

［208］赵志军，2006. 关于推进创业教育的若干思考［J］．教育研究（4）：71-75.

［209］赵志军，2010. 以创业教育带动创业文化建设［J］．中国高等教育（23）：47-48.

［210］郑颖，赵冬梅，2009. 本科院校创业课程设置刍议［J］．河北师范大学学报（教育科学版）（12）：45-48.

[211] 中共中央马克思恩格斯列宁斯大林著作编译局，1995. 马克思恩格斯全集 [M]. 北京：人民出版社.

[212] 周鸿，2002. 人类生态学 [M]. 北京：高等教育出版社.

[213] 周秋江，赵伐，2009. "三位一体"：大学生创业教育模式的建构及其运行——来自宁波大学的经验 [J]. 中国高教研究（4）：84–85.

[214] 周营军，2010. 我国高校创业教育面临的问题及对策研究 [J]. 郑州大学学报（哲学社会科学）（1）：174–176.

[215] 周勇，凤启龙，2013. 基于创新文化的高校创业教育生态系统建构——以江苏省为例 [J]. 高校教育管理（3）：119–124.

[216] 朱家雄，2007. 生态学视野下的学前教育 [M]. 上海：华东师范大学出版社.

[217] 朱健，2015. 高校创业教育应着力构建创业生态体系 [J]. 中国高等教育（17）：14–17.

[218] 卓泽林，黄兆信，庄兴忠，2018. 美国高校创新创业型人才培养的机制与路径研究——以威斯康辛大学麦迪逊分校为例 [J]. 浙江社会科学（11）：78–84.

[219] 卓泽林，赵中建，2016. 高水平大学创新创业教育生态系统建设及启示 [J]. 教育发展研究（3）：64–71.

[220] Bechard J P, Toulouse J M, 1998. Validation of a didactic model for the analysis of training objectives inentrepreneur Ship [J]. Journal of Business Venturing, 13（4）：317–332.

[221] Bowers C A, Flinders D J, 1990. Responsive teaching：An ecological approach to classroom patterns of language, culture, and thought [M]. New York：Teachers College Press.

[222] Brown, 2000. Entrepreneurial education teaching guide. The center for entrepreneurial leadership clearinghouse on entrepreneutship education [EB/OL]. http://www. celee. edu.

[223] Brush G G, 2014. Exploring the concept of an entrepreneurship education ecosystem [M]//Hoskinson S, Kuratjo D F. Innovative pathways for university entrepreneurship in the 21st century. Bingley, UK：Emerald Group

Publishing Limited：25-39.

[224] Caiazza R, Volpe T, 2016. Innovation and its diffusion：Process, actors and actions [J]. Technology Analysis & Strategic Management, 29 (2)： 181-189.

[225] Carvalho L, Costa T, Dominguinhos P, 2010. Creating an entrepreneurship ecosystem in higher education [M] //Soomro S. New achievements in technology, educationand development. New York：In Tech：2-19.

[226] Cheng K, 2012. Visibility of the MIT entrepreneurship ecosystem：MIT undergraduate awareness of on-campus entrepreneurship resources [D]. Massachusetts Institute of Technology.

[227] Colin J, Jack E A, 2004. Contemporary approach toentrepreneurship education [J]. Education & Training, 46 (8)：416.

[228] Cremin L A, 1976. Public education [M]. [S. L.]：[s. n.].

[229] David W. Orr, 1992. Foreword to Ecological Literacy [EB/OL]. http：//www. ecoliteracy. org/publications/pdf/CEL David Orr-Forward. pdf.

[230] Dodd S D, Hynes B C, 2012. The impact of regional entrepreneurial contexts upon enterprise education [J]. Entrepreneurship and Regional Development, 24 (9)：741-766.

[231] Garavan T N, B O Ginneide, P Fleming, 1997. Entrepreneurship and Business start-ups in Ireland, Vol. 1 [M]. Dublin：Oak Tree Press.

[232] Goodlad J I, 1987. The ecology of school renewal：Eighty - sixth yearbook of the National Society for the Study of Education, Part I [M]. Chicago： University of Chicago Press.

[233] Hills G E, 1988. Variationsin university entrepreneurship education：An Empirical Study of an Evolving Field [J]. Journal of Business Venturing, 3 (2)： 109-122.

[234] Kuratko D F, Jennings D F, 1999. Guest Editorial：Entrepreneurship and the Acquisition of Dynamic Organizational Capabilities [J]. Entrepreneurship Theory and Practice.

[235] Lambert R, 2003 - 12 - 04. The Lambert Review of Business University

Collaboration ［EB/OL］．http：//www. hm-treasury. gov. uk/d/lambert_review_final_450. pdf.

［236］ Lundström A, Stevenson, 2003. Entrepreneurship policy for the future ［R］．Swedish Foundation for Small Business Research.

［237］ Mc Keon T K, 2013. A College's Role in Developing and Supporting an Entrepreneurship Ecosystem ［J］．Journal of Higher Education Outreach and Engagement, 17（3）：85-90.

［238］ Pittaway L, Cope J, 2007. Entrepreneurship Education：A Systematic Review of the Evidence ［J］．International Small Business Journal （5）：479-510.

［239］ Solomon G T, Duffy S, Tarabishy A, 2002. The state of entrepre-neurship education in The United States：A nationwide survey and analysis ［J］．International Journal of Entrepreneurship Education （1）：65-86.

［240］ Vesper K H, Gartner W B, 1997. Mersuring progress in entrepren-eurship ［J］．Journal of Business Venturing （4）：403-421.

［241］ Waller W, 1932. The sociology of teaching ［M］．［S. L. ］：［s. n. ］．